Collection « Études africaines »

dirigée par Denis Pryen et son équipe

Forte de plus de mille titres publiés à ce jour, la collection « Études africaines » fait peau neuve. Elle présentera toujours les essais généraux qui ont fait son succès, mais se déclinera désormais également par séries thématiques : droit, économie, politique, sociologie, etc.

Dernières parutions

Chrysostome CIJIKA KAYOMBO, *Histoire de la pédagogie. Lumière sur la pédagogie traditionnelle africaine*, 2020.

Olo Sib PALE, *Au cœur d'une administration douanière africaine*, 2020.

Thalès DJIMRASSEM et Reoular NDIGMBAYEL, *Pour une éducation à la paix et au développement au Tchad,* 2020.

Firmin Marius Olivaint NYAMA (coord.), *La violence au Gabon*, 2020.

Jose Do NASCIMENTO, *La pensée politique de Cheikh Anta Diop,* 2020.

Giscard Kevin DESSINGA, *Démocraties au four et au moulin, Alternance et conflits électoraux,* 2020

Roger NDONA KAYAMBA, *La production agricole dans la Province du Kwilu (RDC)*, 2020.

Georges Moussavou, *Organisation et système universitaire au Gabon. Sociologie des processus et systèmes institutionnels*, 2020.

Abdoulaye Wotem SOMPARÉ, *L'énigme d'Ebola en Guinée. Une étude socio-anthropologique des réticences*, 2020.

Arsène Francoeur NGANGA et Roland Christian MBINDA-NZAOU, *Peuples et civilisations kongo dans le sud du Gabon*, 2020.

Sylvain OBAME, *Gabon : la réforme administrative sans la réforme de l'État,* 2020.

Bernadette Clara Alvine AYO MBARGA, *La mission de la femme dans le processus de réconciliation*, 2020.

L'économie politique de la décentralisation en Afrique

5-7, rue de l'École-Polytechnique ; 75005 Paris

http://www.editions-harmattan.fr/

ISBN : 978-2-343-21037-7
EAN : 9782343210377

Abraham Ky

L'économie politique de la décentralisation en Afrique

Les défis actuels du Burkina Faso

Préface de Bernard Dafflon

L'Harmattan

Du même auteur

« Décentralisation au Burkina-Faso : une approche en économie institutionnelle », Thèse de doctorat, Faculté des sciences économiques et sociales de l'université de Fribourg (Suisse), 2010. (Version numérique en libre accès sur le site du « Réseau des bibliothèques de Suisse occidentale » sous http://doc.rero.ch).

On peut ôter une couronne royale d'une tête
mais jamais on ne peut ôter le savoir d'une tête

Bienba

SOMMAIRE

PRÉFACE

L'ouvrage que vous tenez entre vos mains, chères lectrices et chers lecteurs, est à double titre une contribution majeure à la compréhension des mouvements de décentralisation en Afrique. D'une part, cette étude dresse l'état des lieux, le bilan et les enjeux de la décentralisation au Burkina Faso, pays de l'auteur. D'autre part, tout autant essentielle, elle offre une approche méthodologique et instrumentale du point de vue de l'économie politique et institutionnelle qui en fait un outil indispensable à la démarche de décentralisation, transposable aux autres pays de la région en recherche de solutions adaptées à leur propre situation. Elle s'inscrit dans la logique des recherches économiques appliquées au fédéralisme financier de seconde génération et à leur application à la décentralisation via l'économie politique et institutionnelle.

C'est pour moi un honneur et un plaisir de rédiger cette préface à la demande du Dr Abraham Ky, dont j'ai été le directeur de thèse à l'université de Fribourg (Suisse). Cet ouvrage se fonde d'ailleurs en grande partie sur ladite thèse (Ky A., 2010), mise à jour pour tenir compte des évolutions burkinabè récentes et restituée dans la forme d'un ouvrage destiné à un cercle de lectrices et de lecteurs plus large que les seuls milieux académiques. Cette démarche est à saluer car elle répond à un besoin de connaissance et s'inscrit dans la mouvance générale des réformes décentralisatrices et des besoins de démocratie que l'auteur rappelle dans son introduction générale. Abraham Ky donne ensuite à sa recherche, dans le premier chapitre, un cadre conceptuel pour expliquer les grands thèmes de la décentralisation et permettre la cohérence des questionnements et des analyses thématiques. Cette manière de procéder appartient à une école de pensée récente, issue des théories du fédéralisme financier de seconde génération, mais tournée vers la pratique, c'est-à-dire axée sur la mise en œuvre de la décentralisation dans des contextes nationaux fort différents. Il convient ici de rappeler les circonstances qui présidèrent au développement de cette approche, dont Abraham Ky fut un des acteurs.

Les théories des finances publiques décentralisées (Derycke et Gilbert, 1998), et celle du fédéralisme financier de première génération (Oates, 1972 ; King, 1994) proposaient une organisation de l'Etat axée sur l'efficience économique dans l'offre, la production et le financement des services collectifs locaux ou décentralisés. Selon Oates (1999, 1121) – notre traduction) «Les canons de ces approches théoriques étaient que la décentralisation offrait des avantages décisifs dans la branche allocative des politiques publiques (la production et le financement des services publics), mais occasionnait des coûts significatifs si elle s'étendait à la branche redistributive de l'action gouvernementale ou /et aux mesures macroéconomiques. La théorie se fondait sur quatre hypothèses clés : les caractéristiques des services publics dits locaux, la fiscalité territoriale liée au principe d'équivalence de l'impôt (coïncidence des trois cercles décideurs, bénéficiaires et payeurs des services publics locaux), la mobilité des agents économiques (pour choisir le lieux de la meilleure alternative personnelle coûts/bénéfices des budgets publics locaux) et l'absence d'externalités géographiques ». Mais, on le sait et on le constate en pratique, si les finances publiques comptent bien entendu, ni les Etats fédéraux et ni les Etats décentralisés ne sont organisés en fonction des seuls critères économiques : les contextes historiques, géographiques, démographiques, socio-politiques comptent autant pour façonner les Etats sur le long terme. Il faut alors réformer, réinventer les théories du fédéralisme financier et de la décentralisation. Une étape marquante fut le deuxième Congrès du Forum des Fédérations, tenu à St-Gall (Suisse) en 2002 sous le titre «Federalism in a Changing World» (Blindenbacher and Koller, 2002). En clair, organiser l'Etat et la décentralisation sur la base des seuls critères économiques est une approche clairement et définitivement inappropriée. Les objectifs économiques ne peuvent pas être séparés des aspects politiques, constitutionnels et institutionnels propres à chaque nation. Le questionnement peut être le même, mais les réponses, donc la mise en œuvre des politiques publiques décentralisées doivent prendre en compte les contextes nationaux. Toutefois il faut une logique et une cohérence analytique dans l'approche des problèmes, une analyse transversale et ordonnée des thématiques de la décentralisation (Bird et al., 2002, 353). Le présent ouvrage d'Abraham Ky, comme initialement sa thèse de doctorat, se situe parfaitement dans cette mouvance.

Partant des théories du fédéralisme financier de seconde génération, la nouvelle approche inclue les enseignements de l'économie politique et de l'économie institutionnelle pour construire une méthodologie permettant la compréhension des enjeux, le questionnement systématique des objectifs contextualisés de décentralisation, et les approches pratiques qui en découlent. Dès le Congrès de St-Gall, cette approche fut développée et explorée par une équipe de chercheurs liés à la Chaire de finances publiques de l'Université de Fribourg, non seulement sous l'angle théorique, mais également en pratique. Ainsi, plusieurs thèses de doctorat appliquèrent ce modèle dans des contextes nationaux différents : Hongrie (Beer-Tòth, 2009), Burkina Faso (Ky, 2010), Ethiopie (Baraki, 2014). Elle le fut également par un mandat d'étude confié à la Chaire par l'Agence Française de Développement formulé ainsi : *« Le but de l'analyse n'est pas d'évaluer si le modèle de décentralisation adopté est juste ou non – il n'existe d'ailleurs pas de «modèle de décentralisation» qui servirait de référence puisque les causes sont multiples. Il est de prendre la mesure de la décentralisation telle qu'elle a été réalisée à ce jour, dans un contexte national particulier, et de la confronter à l'architecture institutionnelle annoncée. Les divergences qui résultent de l'observation et de l'analyse permettent alors au pays de décider les réformes appropriées. La méthode préconisée établit clairement ce point: il n'y a pas transposition d'une analyse « occidentale » ou « européenne » à l'Etat africain. L'approche est clairement contextualisée à chaque pays. La grille de lecture servant de référence fournit une démarche analytique incluant des arguments qui ne sont pas qu'économiques et budgétaires, mais aussi socio-politiques. Elle organise un questionnement par séquence qui vise à forcer la cohérence de réponses, et donc de la démarche décentralisatrice. La grille de lecture ne fournit pas de réponse, ni de modèle. Il appartient aux partenaires des négociations de décentralisation de s'approprier cette grille de lecture et d'en faire usage dans le contexte et les spécificités de leur propre démarche décentralisatrice* ». En d'autres termes, dites-nous quelle décentralisation est envisagée, nous examinons si les institutions et les textes correspondent à ce que vous annoncez, et in fine si ce que vous faites réellement correspond à ce que vous aviez dit que vous alliez faire. Cela permet de confirmer les bonnes pratiques, de renforcer celles qui sont porteuses de bons résultats et de corriger les points faibles, voire de réformer les insuffisances et fausses trajectoires. Ce mandat portait sur la mise en œuvre de cette nouvelle approche dans quatre pays de l'Afrique sub-saharienne : le Burkina Faso et le Sénégal pour la partie francophone, le Ghana et le Kenya pour la partie anglophone. Les résultats furent publiés dans un ouvrage de l'AFD paru en 2011 (Dafflon et Madiès, eds), Abraham Ky, dans la cadre de sa thèse de doctorat, fut un des artisans du chapitre consacré au Burkina Faso. Les résultats de cette recherche, novatrice tant par son approche méthodologique que son objectif de servir en pratique, intéressa la Banque Mondiale, qui en publia la seconde édition, en langue anglaise, en 2013. Enfin, de 2011 à 2019, cette même approche, renouvelée et améliorée, servit de cadre de réflexion pour la décentralisation en Tunisie. Publiés récemment (Dafflon et Gilbert, 2018), leurs travaux présentent en synthèse de manière précise et aboutie la méthodologie qui fonde ces recherches et leur application, celle qu'Abraham Ky a utilisé dans sa thèse de doctorat et pour le présent ouvrage.

On peut, au risque d'une grande simplification, utiliser les abréviations DDD pour « Décentralisation, Démocratie et Différences » et FFF pour « Fonctions, Finances, Fonctionnaires » pour séquencer l'approche suivie dans cette recherche. Il faut tout d'abord préciser le vocabulaire, le poids des mots et les contenus mis sous le chapeau de la «décentralisation ». Il est important que les acteurs de la *décentralisation*, élus, électeurs, demandeurs et bénéficiaires des services publics locaux, contribuable et, plus largement, la «société civile» usent des mêmes concepts et en aient la même compréhension : les débats doivent porter sur les contenus, non pas s'accrocher sur les mots. C'est l'objectif du premier chapitre de ce livre. Cela est d'autant plus important que l'organisation démocratique de l'Etat est essentielle et inséparable de la décentralisation. Comme l'écrit l'auteur au chapitre 2: «*L'adaptation de l'offre de BCL aux préférences des citoyens est l'un des principaux arguments évoqué en faveur de la décentralisation des politiques publiques* ». La *démocratie* est le seul cadre d'expression de ces préférences. Il n'est pas seulement question d'élections démocratiques périodiques, mais de la possibilité en cours d'années d'exprimer les besoins (n'est-ce pas ce que les budgets concrétisent) et de vérifier les actions (ce que les comptes exécutés devraient permettre de mesurer). Ainsi, la décentralisation burkinabè, une fois comprise dans ces termes (chapitre 1) se découle dans le contexte spécifique à ce pays, décrit dans le chapitre 2, qui en fixe les contours et les limites. Il ne s'agit pas de prétendre à l'immuabilité de ce contexte, qui peut évoluer sans doute, mais ce serait un leurre de croire que seuls des arguments de finances publiques décentralisées dicteraient cette évolution. Admettre une capacité locale de décider des politiques publiques, certes et probablement à la marge seulement, c'est aussi admettre des *différences* possibles entre les régions et entre les communes. Il faut donc leur laisser la possibilité d'ajuster les politiques publiques, voire les financements, aux capacités locales, sans les soumettre à une tutelle exagérée des autorités centrales. Abraham Ky le souligne avec pertinence, notamment dans le chapitre 4 relatif aux finances des collectivités territoriales. Toutefois, des écarts tant des besoins que des capacités financières peuvent surgir dus à la position des collectivités territoriales dans l'espace économique national, écarts non maîtrisables dans les décisions des autorités locales. D'où la nécessité d'une politique péréquative, encore inexistante au Burkina Faso.

Venons-en aux trois FFF. Très justement, l'auteur traite les questions de la répartition des tâches entre les niveaux de gouvernement (le premier F pour Fonctionnement) au chapitre 3 avant l'étude des transferts de ressources (le deuxième F pour Finances), dans le chapitre 4. On est bien dans une logique pour laquelle les collectivités territoriales (avec le concours du Centre) examinent leurs besoins, ce qui doit être fait (dépenses liées) et ce qu'elles souhaitent faire (dépenses relatives aux compétences dévolues) compte tenu de la contrainte budgétaire, c'est-à-dire des moyens financiers transférés et des moyens financiers mobilisables. De manière systématique dans les deux chapitres, l'auteur commence par analyser et décrire les concepts théoriques qui servent ensuite de cadre de référence : ces concepts ne dictent pas la ligne de politique économique à suivre, mais servent dans la seconde partie des deux chapitres à comprendre et à analyser l'état des lieux et les enjeux. Cela permet une analyse critique (menée ici au sens noble du terme) pour consolider ce qui va bien, pour corriger ce qui est déficient ou incohérent, pour réfléchir à ce qu'il faudrait pour aménager ce qui fait défaut.

Le troisième F, que nous mettons pour «Fonctionnement», fait référence au sens large aux fonctions managériales de la décentralisation. Capacité des élus : ils doivent comprendre les besoins des résidents, citoyens, électeurs contribuables, usagers (des cercles qui ne se recoupent pas forcément) régionaux et locaux pour les transformer en offre, et accepter aussi que l'expression des besoins durant une législature puisse ne pas coïncider exactement à la plateforme politique qui les a vus être élus. Capacité des agents économiques, des employés de la fonction publique, de prolonger l'offre en fonction de production pour servir la collectivité. Responsabilité aussi des citoyens-contribuables à la fois pour exprimer ouvertement et explicitement leurs besoins, et pour contribuer au financement des services publics locaux sans éluder leurs obligations fiscales. L'auteur a choisi, dans son chapitre 5, de circonscrire ce débat à la question des procédures budgétaires. On regrette, mais les limites éditoriales expliquent sans doute cette omission, que la question de l'équilibre budgétaire et son implication en termes de limite de l'endettement et de gestion de la dette ne soit que mentionnée sans être explorée plus concrètement (par exemple : Dafflon et Gilbert, 2018, chapitre 3).

En introduction de sa conclusion, Abraham Ky écrit: «*Cet ouvrage se veut être une contribution à une meilleure connaissance du processus de décentralisation burkinabè à travers la mise en évidence de ses défis actuels qu'il conviendrait de relever.* ». Affirmation ou intention que le lecteur aura pu vérifier. Toutefois ce livre est plus que cela. Parce qu'il y habite, parce qu'il est profondément attaché à la nation qui l'a vu naître, parce qu'il souhaite une décentralisation harmonieuse, paisible et source de bien-être pour chacun, l'auteur place le Burkina Faso, bien évidemment, au centre de son analyse. Mais ce pays sert aussi de révélateur dans l'application d'une nouvelle méthodologie permettant une analyse systémique, une lecture transversale et cohérente d'un processus de décentralisation transposable à d'autres spécificités nationales. De ce point de vue, l'extension territoriale du titre à « l'Afrique » est parfaitement opportune et justifiée. Le lecteur attentif appréciera à sa juste valeur cette double lecture.

Cet ouvrage aborde les thèmes fondamentaux de la décentralisation, ici appliquée au Burkina Faso – aussi divers que le découpage du territoire, son organisation institutionnelle, la répartition des compétences entre les différents échelons des collectivités, la répartition des impôts, les transferts financiers de l'Etat et les politiques budgétaires – sont analysé non pas séparément mais de façon transversale, cohérent dans toute leur complexité et leurs interrelations. Un ouvrage indispensable pour comprendre la décentralisation en Afrique du point de vue de l'économie politique et de l'économie institutionnelle. Un ouvrage qui s'adresse non seulement aux élus, nationaux, régionaux et locaux, mais encore à tous les acteurs de la décentralisation et à tous ceux qui, au travers de la décentralisation, souhaitent participer au devenir harmonieux des collectivités territoriales, au développement équilibré de leur région ou de leur commune.

Pr Bernard DAFFLON
Professeur émérite de finances publiques
Directeur de la Chaire de finances publiques et de gestion des politiques publiques (1990 – 2013)/Université de Fribourg (Suisse)
Président du département d'économie politique (2000 – 2007)/ Université de Fribourg
Chef du service (1977 – 1990), Direction de l'intérieur du canton de Fribourg, Services des communes du canton de Fribourg (Suisse)

AVANT-PROPOS

Les politiques publiques de décentralisation en Afrique en général et au Burkina Faso en particulier ont été marquées ces dernières années par certains faits majeurs ainsi qu'ils sont déclinés ci-dessous.

Le principal fait majeur qu'il convient de mentionner pour ce qui concerne l'Afrique demeure l'adoption par la vingt-troisième session ordinaire de la conférence des Etats membres de l'Union africaine (UA) tenue à Malabo (Guinée Équatoriale) le 27 juin 2014 de la « Charte africaine des valeurs et des principes de la décentralisation, de la gouvernance locale et du développement local ». Cette Charte qui exprime la volonté des Etats du continent africain à promouvoir les valeurs et principes de la décentralisation, de la gouvernance locale et du développement local comme préalable à l'amélioration des conditions de vie de l'ensemble des peuples dudit continent est entrée en vigueur le 13 janvier 2019.

Pour ce qui concerne le Burkina Faso le premier fait marquant qu'il y a lieu de signaler a été l'adoption courant avril 2018 de nouveaux référentiels de la décentralisation enclenchant ainsi ce qu'il est convenu d'appeler « l'acte III » du processus de décentralisation. Ces référentiels sont constitués d'un document d'orientation sous forme de politique nationale de la décentralisation, d'une stratégie décennale de la décentralisation (2017-2026) comportant un plan d'actions quinquennal comme instrument d'opérationnalisation. Tous ces documents ont comme fondement une vision prospective de la décentralisation (VPD) à l'horizon 2040 formulée de la façon suivante : « des collectivités territoriales performantes délivrent des services publics locaux de qualité et accessibles, impulsent un développement local inclusif et durable et animent une démocratie locale ancrée dans le substrat socio-culturel » (VPD, 2018).

Le deuxième fait important en ce qui concerne ce même pays a été la transposition en juin 2019 de la directive 01-2011/CM/UEMOA du 24 juin 2011 portant régime financier des collectivités territoriales au sein de l'Union économique et monétaire ouest-africaine (UEMOA). Cette transposition effectuée à travers le régime financier et comptable des collectivités territoriales au Burkina Faso (décret 2019-0575) marque la volonté de l'État burkinabè de se conformer aux normes communautaires en matière de décentralisation. Même si elle intervient avec plus de cinq années de retard par rapport au délai fixé par la directive ci-dessus évoquée, cette transposition permet tout de même d'insuffler un nouvel élan à la gestion financière et comptable des communes et des régions burkinabè.

Le dernier fait majeur qui mérite d'être signalé en ce qui concerne le Burkina Faso a été son adhésion au cours du dernier trimestre de l'année 2019 à la Charte africaine ci-dessus évoquée. Cette adhésion qui a consisté au dépôt le 30 octobre 2019 des instruments de ratification auprès du Président de la commission de l'UA engage le Burkina Faso à prendre des mesures législatives et administratives appropriées afin d'aligner les dispositions institutionnelles nationales avec les valeurs, principes et objectifs de la décentralisation ainsi qu'ils sont contenus dans ladite Charte.

Au regard de ces faits, du reste non exhaustifs, il apparaît clairement que quand on a, en tant que chercheur, des centres d'intérêt constitués, entre autres, des finances publiques, de la décentralisation et de la gouvernance locale, on a là suffisamment matière à investiguer, à analyser et à restituer les résultats de ses recherches. Mieux, on serait d'autant plus motivé dans une telle démarche de recherche s'il se trouve que l'on a déjà soutenu et publié une thèse de doctorat (PhD) d'économie politique sur la thématique de la décentralisation ainsi que nous l'avions fait courant l'année 2010 auprès de la Chaire des finances publiques et de gestion des politiques publiques du département d'économie politique de l'Université de Fribourg (Suisse) et que l'on avait un projet d'édition d'une version revisitée et actualisée de ladite publication mais que l'on avait dû retarder de plusieurs années pour des raisons de contraintes et d'urgences professionnelles.

C'est dans ce contexte que l'ouvrage que vous avez entre les mains a été élaboré tout en prenant pour acquises certaines parties de la thèse de doctorat pour lesquelles le dispositif contextuel et l'argumentaire analytique sont toujours d'actualité. Il met en évidence les défis actuels qui doivent être relevés afin de faire de la décentralisation burkinabè une véritable décentralisation-dévolution aboutie permettant aux citoyens-contribuables de capter les avantages attendus de cette politique publique.

L'auteur

ABRÉVIATIONS ET ACRONYMES

ACD : Agent Communautaire de Développement
ADP : Assemblée des Députés du Peuple
AMBF : Association des Municipalités du Burkina Faso
AN : Assemblée nationale
AOF : Afrique-Occidentale Française
ARBF : Association des Régions du Burkina Faso
APA : Arrangement politico-administratif
Art. : Article
ASCE-LC : Autorité supérieure de contrôle d'Etat et de lutte contre la corruption
BCL : Biens collectifs locaux
CBMT : Cadre budgétaire à moyen terme
CDR : Comité de Défense de la Révolution
CE : Communauté européenne
CFA : Communauté Financière Africaine
CEBNF : Centre d'Éducation de Base Non Formel
CGCT : Code Général des Collectivités Territoriales
CM : Centre Médical
CMA : Centre Médical avec Antenne chirurgicale
CMPRN : Comité Militaire Pour le Redressement National
CND : Commission Nationale de la Décentralisation
CNR : Conseil National de la Révolution
COREI : Collectif de Recherche en Économie Institutionnelle
CPAF : Centre Permanent d'Alphabétisation Fonctionnelle
CPF : Code des Personnes et de la Famille
CSMOD : Cadre Stratégique de Mise en Œuvre de la Décentralisation
CSP : Conseil de Salut du Peuple
CSPS : Centre de Santé et de Promotion Sociale
CSLP : Cadre Stratégique de Lutte contre la Pauvreté
Cst. : Constitution
CT : Collectivité Territoriale
CVD : Conseil Villageois de Développement
CVGT : Commission Villageoise de Gestion des Terroirs
DGE : Dotation Globale d'Équipement
DGF : Dotation Globale de Fonctionnement
DPBEP : Document de programmation budgétaire et économique pluriannuelle
DOB : Débat d'orientation budgétaire
EPCD : Établissements Publics Communaux pour le Développement
EPR : Établissements publics Régionaux
FMI : Fonds Monétaire International
FODECOM : Fonds d'appui au Démarrage et au Développement des Communes
FP : Front Populaire

FPDCT : Fonds Permanent pour le Développement des Collectivités Territoriales
FSC : Fonds de Solidarité des Communes
GIS : Guichets d'Interventions Spécialisées
HV : Haute-Volta
IFR : Impôt Forfaitaire sur le Revenu
IGF : Inspection générale des finances
IGT : Inspection générale du trésor
INSD : Institut National de la Statistique et de la Démographie
IUTS : Impôt Unique sur les Traitements et Salaires
LOLF : Loi organique relative aux lois de finances
OSC : Organisation de la Société Civile
PAS : Programme d'Ajustement Structurel
PdA : Plan d'Action
PAQ : Plan d'Actions quinquennal
PCD : Plan communal de développement
PCR : Président de conseil régional
PDDEB : Plan Décennal de Développement de l'Éducation de Base
PED : Pays En Développement
PNBG : Plan National de Bonne Gouvernance
PND : Politique nationale de décentralisation
PNDES : Plan National de Développement Économique et Social
PNGT : Programme National de Gestion des Terroirs
PNUD : Programme des Nations Unies pour le Développement
PPA : Programme Politico-Administratif
PRD : Plan régional de développement
PTF : Partenaire Technique et Financier
RFCCT : Régime Financier et Comptable des Collectivités Territoriales
RFCT : Régime Financier des Collectivités territoriales
SAEH : Schéma d'Aménagement de l'Espace d'Habitation
SAEPC : Schéma d'Aménagement de l'Espace de Production et de Conservation
SDAU : Schéma Directeur d'Aménagement Urbain
SDD : Stratégie Décennale de la Décentralisation
STD : Services Techniques Déconcentrés
UA : Union africaine
UEMOA : Union Économique et Monétaire Ouest-Africaine
VPD : Vision Prospective de la Décentralisation

LISTE DES TABLEAUX, ENCADRÉS ET FIGURES

Liste des tableaux

Liste des encadrés

Liste des figures

INTRODUCTION GÉNÉRALE

La dernière décennie du vingtième siècle précédent a connu en Afrique, plus que par le passé, des vagues de revendications démocratiques qui se sont traduites par la mise en place dans certains pays du continent des cadres de dialogue national appelés conférences nationales au Bénin, au Mali, etc. ou forum de réconciliation nationale au Burkina Faso. Convoquées spécialement pour débattre des réformes à apporter aux États en crise, les Conférences nationales qui ont regroupé la plupart des acteurs politiques et des organisations de la société civile (OSC) ont été les événements nationaux fondateurs des processus de démocratisation et des réformes décentralisatrices (Nach Mback, 2003 : 57).

Mais, la crise de l'État africain en ce vingtième siècle finissant n'était pas seulement qu'une crise politique, elle était aussi et surtout une crise des finances publiques dont la manifestation la plus emblématique fut la crise de la dette publique qui avait déjà été amorcée une décennie plus tôt. Pour faire face à cette dernière crise qui était plutôt structurelle, l'immense majorité des pays africains ont mis en œuvre, depuis le début des années quatre-vingt, des politiques économiques de stabilisation et d'ajustement sous fortes suggestions et avec l'appui du Fonds monétaire international et de la Banque mondiale. Les solutions proposées par ces institutions de Bretton Woods dans le cadre des programmes d'ajustement structurel (PAS) ont été presque partout les mêmes sur le continent africain : assainissement de la gestion des finances publiques, suppression des distorsions, ouverture au marché mondial, réformes institutionnelles conduisant à la démocratisation. En d'autres termes, les réformes structurelles comportaient deux volets (Hugon, 2006 : 81-85) : le premier volet concernait des mesures dites de « déréglementation et de privatisation » avec pour but de réduire les gaspillages, de rationaliser les ressources et de trouver de nouveaux modes de gestion plus efficients. Le second volet – les réformes institutionnelles – était axé sur l'amélioration de la gestion publique, l'instauration de plus de transparence et d'une plus grande implication des citoyens dans les formulations et implémentations des politiques publiques. L'objectif principal de ce deuxième volet était la modernisation de la gestion politico-administrative des États sous PAS. Considérant la décentralisation comme l'un des meilleurs moyens de modernisation des appareils d'États centralisés, de promotion de la participation citoyenne et de la bonne gouvernance, les bailleurs de fonds l'ont donc fortement recommandée dans le cadre de cette dynamique d'ajustement structurel.

C'est donc sous ces pressions conjuguées d'acteurs internes et de partenaires techniques et financiers (PTF) que les processus de décentralisation des États africains des dix dernières années du siècle précédent furent suscités et impulsés avant de donner lieu aux ancrages institutionnels de ces processus qui semblent, de nos jours, irréversibles.

Convaincue des caractères irréversibles des processus de décentralisation dans les différents États du continent et convaincue surtout du fait que des autorités infranationales élues sont les meilleurs piliers d'un système de gouvernance démocratique qui promeut le développement local, l'Union africaine (UA) a adopté en juin 2014 la « *Charte africaine des valeurs et des principes de la décentralisation, de la gouvernance locale et du développement local* ». Cette Charte qui est entrée en vigueur en janvier 2019 s'inscrit en droite ligne de l'agenda 2063 de l'UA adopté courant 2013 en tant que cadre stratégique de développement du continent pour les cinquante prochaines années. Aussi, la Charte a-t-elle comme, entre autres objectifs, la promotion des valeurs et principes fondamentaux de la décentralisation et du développement local, la promotion de la démocratie et de la bonne gouvernance locales, la promotion d'une meilleure participation des populations, des OSC et du secteur privé à la gouvernance locale et au développement local.

L'Union Économique et Monétaire Ouest-Africaine (UEMOA) a, quant à elle, appréhendé la question de la décentralisation presque exclusivement sous l'angle de la bonne gouvernance des finances publiques. En effet, ce n'est que dans la directive 01-2009 portant Code de transparence dans la gestion des finances publiques au sein de l'UEMOA que des principes de distribution des pouvoirs respectifs des exécutifs locaux et des organes délibérants en matière de gouvernance des finances publiques ont été évoqués. Lesdits principes devant être, précise le Code en son point II. 2.8, des versions adaptées au niveau local des principes appliqués au niveau de l'État central. C'est dans la même perspective et sans doute soucieux de doter les collectivités territoriales des pays de l'Union d'un outil de gouvernance transparente, efficace et rigoureuse des finances publiques locales que la directive 01-2011 portant régime financier des collectivités territoriales au sein de l'UEMOA a été édictée courant juin 2011. Les États membres avaient jusqu'au 31 décembre 2012 pour transposer ladite directive.

Même si le Burkina Faso n'a adhéré à la Charte africaine de la décentralisation que courant l'année 2019 à travers le dépôt auprès du Président de la Commission de l'UA des instruments de ratification[1] le

[1] La loi n° 004-2019/AN portant autorisation de ratification de la Charte adoptée le 26 mars 2019 a été promulguée par le décret présidentiel n° 2019-0300/PRES du 15 avril 2019.

30 octobre de la même année et n'a transposé la directive 01-2011 de l'UEMOA qu'en juin 2019[2], il reste que les débuts de la nouvelle[3] décentralisation burkinabè sont tout de même vieux de près de trois décennies. En effet, les premières bases de cette nouvelle décentralisation ont d'abord été jetées dans le cadre de la commission constitutionnelle qui a rédigé le projet de Constitution de la IVe République avant de faire l'objet de larges débats à l'occasion d'assises nationales convoquées expressément à cet effet. Les résultats des travaux de ces assises ont révélé que la nécessite d'une mise à l'agenda d'un nouveau processus de décentralisation faisait l'objet d'un certain consensus national. Mais, il faut noter que ce consensus des acteurs sociopolitiques internes autour du principe de la réforme était à l'époque en congruence avec les recommandations des PTF du pays en la matière. En effet, en ce début des années 1990, le Burkina Faso venait de convenir avec le FMI et la BM de l'adoption de son premier programme d'ajustement structurel dont l'une des conditionnalités était justement la formulation et la mise en œuvre d'un processus de décentralisation des décisions de politique publique (R. A. Sawadogo, 2001 : 216). C'est ce nouveau processus de décentralisation, dont le principe a été inscrit dans la Constitution de juin 1991 et dont les premières normes spécifiques ont été adoptées courant l'année 1993 avant d'être modifiées en 1998 puis en 2004, qui constitue le centre d'intérêt de cet ouvrage.

Mais, quel peut être, de nos jours, l'intérêt d'une recherche consacrée au thème de la décentralisation au Burkina Faso ? Quel aspect spécifique de la thématique intéresse-t-il cette recherche ? Quelle est la délimitation du champ d'étude de la recherche ?

La plupart des auteurs des manuels de méthodologie déconseillent le choix d'une thématique en perpétuelles mutations comme sujet de recherche. Ainsi pour Beaud (2001 : 23) le risque encouru avec une telle thématique est qu'elle est susceptible d'évoluer au fur et à mesure de l'avancement de la recherche. Il faut signaler que ce risque s'est quelque peu confirmé dans les faits puisque certaines parties du texte initial ont dû être recomposées pour tenir compte de l'évolution récente de certaines dispositions institutionnelles. Mais, il faut convenir que ce genre de risque est inhérent à toute recherche qui, du reste, peut être minimisée à travers une délimitation temporelle précise du champ de la recherche. Au-delà de ce risque et sans reposer sur un simple effet de mode, l'étude de la décentralisation présente un intérêt certain pour plusieurs raisons. Comme évoqué précédemment, les États membres de l'UA sont convaincus de ce que la promotion des valeurs et principes de la décentralisation, de la gouvernance locale et du

---

[2] Le décret n° 2019-0575 portant régime financier et comptable des collectivités territoriales (RFCCT) du Burkina Faso qui est le texte de transposition de la directive 01-2011 est daté du 5 juin 2019.

[3] Elle est nouvelle par rapport à la période coloniale et aux tentatives postcoloniales de décentralisation non abouties d'avant la IVe République.

développement local constitue un préalable à l'amélioration des conditions de vie des peuples du continent. Du reste, le plan national de développement économique et social (PNDES)[4] dont l'un des objectifs stratégiques de son tout premier axe est de « renforcer la décentralisation et promouvoir la bonne gouvernance locale » est bien en ligne avec cette conviction de l'UA. L'un des aspects de l'intérêt du présent ouvrage étant de contribuer à une meilleure connaissance des valeurs et principes de la décentralisation participe finalement de la promotion et du renforcement desdits valeurs et principes.

En outre, la décentralisation fait l'objet d'un large consensus[5] – fait suffisamment rare dans le contexte burkinabè actuel pour être souligné – tant au stade de la mise à l'agenda qu'au stade de la programmation, ce dernier stade ayant donné lieu à une importante production normative. Or, une notion aussi consensuelle soit-elle peut masquer d'importantes imprécisions ou reposer sur des malentendus conceptuels entre les parties prenantes que seule une analyse distanciée peut permettre de révéler. Du reste, pour aussi consensuelle qu'elle soit, la décentralisation n'a jamais été conçue pour la contemplation. Elle a été conçue pour une finalité bien précise. Il est donc important de s'interroger sur la cohérence d'ensemble de son « design » institutionnel de même que sur le caractère incitatif de ses dispositions institutionnelles dans le sens de la réalisation de ladite finalité.

Enfin, le dernier aspect de l'intérêt de cet ouvrage qu'il convient de signaler est que la décentralisation peut influencer directement, plus que d'autres politiques publiques, la vie sociale quotidienne de l'ensemble des populations burkinabè au point que le débat à son sujet ne saurait être l'apanage des seuls acteurs politiques et autres praticiens de terrain. Aussi, présente-t-elle un important intérêt heuristique pour les sciences sociales en général et pour l'économie politique en particulier. Pourtant, en dehors de la thèse de doctorat de Ky (2010), des ouvrages collectifs[6] publiés sous la direction de Dafflon et Madiès (2011), (2013) qui traitent de la thématique de la décentralisation dans le contexte burkinabè, il n'y a pas d'ouvrage récent consacré à cette thématique et qui l'aborde suivant l'approche de l'économie politique. Il existe, certes, quelques publications[7] traitant d'aspects particuliers de la décentralisation burkinabè mais lesdites

---

[4] Le PNDES est le référentiel de développement économique et social adopté en juillet 2016 par le gouvernement burkinabè et mis en œuvre sur la période 2016-2020.

[5] Ce large consensus a tout au moins été exprimé par deux fois au Parlement burkinabè. En effet, le Code général des collectivités territoriales (loi n° 055-2004/AN) avait été adopté le 21 décembre 2004 à l'unanimité par l'Assemblée nationale. De même, la loi n° 004-2019/AN portant ratification de la Charte africaine des valeurs et des principes de la décentralisation, de la gouvernance locale et du développement local précédemment évoquée avait été adoptée à l'unanimité des 101 députés votant du 26 mars 2019.

[6] L'auteur des présentes lignes a contribué aux travaux de recherche ayant abouti à la publication de ces deux ouvrages collectifs.

[7] Certaines de ces publications sont recensées en bibliographie.

publications s'inscrivent généralement dans d'autres champs disciplinaires que celui du présent ouvrage qui s'inscrit dans la perspective de l'économie politique des institutions.

Si le thème de la décentralisation a, en soi, un intérêt, il reste que la décentralisation couvre un champ si vaste que toute recherche qui lui est consacrée doit s'imposer des limites. Pour ce faire, il faut rappeler que dans le cadre de cet ouvrage, la décentralisation est appréhendée comme étant une politique publique entendue au sens du « produit de l'activité d'une autorité investie de puissance publique et de légitimité gouvernementale » (Mény, Thoenig, 1989 : 129) cité par Knoepfel, Larrue, Varone (2006 : 28). Comme telle, la décentralisation peut être appréhendée soit comme un état, soit comme un processus. Mais, pour notre part, elle est considérée comme un processus séquentiel dont les produits de chaque étape peuvent être identifiés et analysés selon la logique du cycle de politique publique. Sous ce rapport et avant d'indiquer la délimitation précise du champ de la recherche, il convient de décliner succinctement les différentes étapes d'un cycle de politique publique.

Tout cycle de politique publique comporte quatre étapes qui génèrent six produits se caractérisant de la façon suivante (Knoepfel, Larrue, Varone, 2006 : 125-126) :

Première étape : la mise à l'agenda politique : cette étape comporte un seul produit qui est la définition politique du problème public (DP). Celle-ci comprend la décision de l'intervention politique, la délimitation du périmètre du problème public à résoudre, l'identification des causes probables par les acteurs publics ainsi que les modalités de l'intervention publique envisagée. En ce qui concerne la décentralisation, cette première étape a été réalisée à travers les conférences nationales dans certains pays ou à travers des assises nationales comme il en a été le cas au Burkina Faso.

Deuxième étape : la programmation : cette étape génère deux produits que sont le programme politico-administratif (PPA) et l'arrangement politico-administratif (APA). Le PPA recouvre tous les choix programmatiques, toutes les décisions législatives et/ou réglementaires tant de l'État central que des collectivités territoriales (CT), nécessaires à la mise en œuvre de la politique publique. En d'autres termes, la PPA correspond au choix des objectifs stratégiques, des instruments et procédures à mettre en œuvre pour résoudre le problème considéré. Appliqué à la décentralisation, le PPA renvoie à la Constitution (1991), au Code général des collectivités territoriales (CGCT, 2004), à la vision prospective de la décentralisation (VPD, 2018), à la politique nationale de décentralisation (PND, 2018), etc. L'APA, quant à lui, concerne les dispositifs institutionnels qui structurent et opérationnalisent les compétences et responsabilités des CT et de leurs organes tout en organisant les interactions intra-collectivités territoriales et/ou inter-collectivités territoriales de même que les interactions entre les CT et l'État central.

Troisième étape : la mise en œuvre : l'étape de mise en œuvre ou d'implémentation génère deux produits que sont les plans d'action (PdA) et les actes de mise en œuvre (outputs). Les PdA déterminent les priorités de mise en œuvre dans l'espace géographique ou social et dans le temps. Les outputs recouvrent toutes les décisions et activités administratives d'application des PdA. Le Plan d'actions quinquennal (PAQ, 2018) de la stratégie décennale de la décentralisation (SDD), les résultats des activités des CT ou de leurs organes telles que l'exécution budgétaire, la production des comptes de résultat, etc. constituent, entre autres, des produits de cette étape.

Quatrième étape : l'évaluation : le produit de l'étape d'évaluation est d'un seul ordre. Il s'agit des énoncés évaluatifs sur les effets de la politique publique dont le but est de mettre en évidence les impacts et/ou outcomes de la politique publique. L'évaluation permet d'apprécier l'effectivité, l'efficacité, l'efficience, voire la durabilité de la politique publique implémentée.

Le modèle du cycle de politique publique a fait l'objet de critiques de la part de certains auteurs. Ils lui reprochent notamment de s'inscrire dans une interprétation « légaliste » des activités du secteur public et d'être centré sur l'action de l'État suivant une approche « top-down » sans prendre en compte l'approche alternative partant des acteurs sociaux et leur contexte, c'est-à-dire l'approche « bottom-up ». Cependant, la plupart des auteurs reconnaissent qu'en tant que modèle heuristique, ce modèle a des avantages dont cette possibilité qu'il offre de pouvoir combiner analyse de politique publique avec une approche rationaliste de l'activité du secteur public (Knoepfel, Larrue, Varone, 2006 : 42-43). En outre, il convient de nuancer la critique de la démarche dite « légaliste » faite au modèle en précisant que la légalité constitue, dans un État de droit, un critère essentiel de validité de l'activité du secteur public. De ce fait, toute analyse de ladite activité, pour être rigoureusement et convenablement réalisée, doit intégrer cette caractéristique fondamentale. Enfin, appliquée à l'objet de la présente recherche, l'approche top-down reprochée au modèle de cycle de politique publique a plutôt un fort pouvoir explicatif qui en fait une qualité. En effet, la politique de décentralisation sous analyse est précisément un processus de décentralisation top-down qui ne peut être mieux appréhendé et analysé que selon une approche en ligne avec la logique de sa propre dynamique, c'est-à-dire l'approche top-down.

Ainsi qu'il résulte du modèle, chacune des quatre étapes du cycle de la décentralisation en tant que politique publique pourrait constituer un champ d'étude en soi. Mais, on pourrait également envisager une étude sur deux étapes successives prises ensemble. De même, une analyse sur l'ensemble du cycle serait faisable. Cependant, le présent ouvrage a des ambitions tout à fait modestes. De ce fait, il se borne à l'analyse des produits (PPA et APA) de l'étape deux (2) du cycle de la politique publique de décentralisation depuis la première génération des produits de cette étape de la décennie 90 jusqu'en fin 2019. Il s'agit d'un choix de raison. En effet, par rapport aux autres étapes, l'étape deux (2) est celle qui offre, sur cette période temporelle, un contenu beaucoup plus consistant et concret en termes de matériaux ou d'informations permettant une consistante analyse heuristique. Ceci étant dit, quid de la question de recherche et de l'approche méthodologique ?

La question centrale qui structure cette recherche se formule de la façon suivante : les dispositions institutionnelles de la décentralisation sont-elles performantes pour permettre de capter tous les avantages attendus de cette politique publique ? La formulation de cette question principale de recherche met en évidence certains concepts qui doivent être explicités afin de rendre toute la question plus intelligible. Cependant, la notion de « décentralisation » qui constitue la notion centrale de la problématique ne sera pas définie à ce stade. En effet, en tant qu'objet de recherche, un développement spécifique est consacré, plus loin dans le corps de l'ouvrage, à la définition et aux différentes déclinaisons de la notion de décentralisation. De même, les « avantages » de la politique publique de décentralisation qui feront ultérieurement l'objet de développements appropriés ne sont pas pour l'instant explicités.

Le concept de politique publique ayant déjà été explicité supra, les termes qu'il convient d'évoquer plus en détail dès à présent sont les termes « dispositions institutionnelles » et « performantes ». La définition des « dispositions institutionnelles » ou « institutions » pour certains auteurs est souvent variable selon l'approche disciplinaire, voire selon les auteurs d'une même discipline. Toutefois, pour Knoepfel, Larrue, Varone (2006 : 101-102), il y aurait trois catégories d'approches de la notion : l'approche dite « culturaliste » des sociologues qui considère les dispositions institutionnelles comme étant des normes sociales ; l'approche « structuraliste », c'est-à-dire celle des historiens, qui associe les dispositions institutionnelles aux structures étatiques et l'approche dite « calculatrice » des économistes. Pour les auteurs ci-dessus cités, l'approche économique – celle qui intéresse la présente recherche – appréhende les institutions comme étant des arrangements permettant de « réduire l'incertitude inhérente à toute décision collective et découlant de l'information imparfaite et des capacités cognitives limitées des acteurs » (Knoepfel, Larrue, Varone, 2006 : 102). Hugon (2014 : 6) ne dit pas autre chose lorsqu'il affirme que « les arrangements institutionnels renvoient à l'ensemble des règles et comportements qui gouvernent les actions et les relations entre les individus ; ils peuvent être à la fois formels (familles, firmes, hôpitaux, universités, etc.) ou informels (valeurs, coutumes, traditions, etc.) ; ils répondent à la fois à une fonction de réduction des coûts de transaction et des incertitudes ». Du reste, cette conception fonctionnelle et matérielle des institutions semble faire un certain consensus en économie politique institutionnaliste. Ainsi, pour les économistes institutionnalistes regroupés au sein du Thorstein COREI[8] « en contexte d'incertitude et de complexité, les acteurs ont besoin, pour décider et agir, d'anticipations stables et réciproques ainsi que de la connaissance des droits et devoirs de chacun, ce que les institutions rendent possibles ». En conséquence, les dispositions institutionnelles sont des « "règles du jeu" sociales ou d'une communauté particulière, allant des coutumes au droit ou à la constitution d'une nation ». Plus ou moins formelles, elles ont un « caractère contraignant », mais aussi « incitatif » et « permissif pour l'action » (Thorstein COREI, 1995 : 8-9).

Appliquées à la problématique de la présente recherche, les institutions sont entendues au sens de dispositions formelles (Constitutions, lois, décrets, arrêtés, circulaires, etc.) produites par l'État central afin de déterminer les objectifs stratégiques de la décentralisation, d'instrumenter les procédures, de fixer les compétences et responsabilités des acteurs (gouvernement central et gouvernements locaux) de même que les interactions entre ceux-ci. En effet et comme noté précédemment, dans un État de droit, la légalité est le principal critère de validité de toute action du secteur public. Le but de cette légalité étant d'assurer une certaine prévisibilité des comportements des acteurs et de prévoir autant que possible les résultats de l'action publique. Dans cette perspective, les dispositions ou règles institutionnelles performantes sont celles qui sont explicites, cohérentes et incitatives permettant de réduire les comportements stratégiques et de réaliser les objectifs projetés de la décentralisation. Au regard des éléments de clarification ci-dessus déclinés, il est aisé de formuler l'hypothèse selon laquelle le niveau actuel de performance des dispositions institutionnelles de la décentralisation burkinabè ne permet pas de capter tous les avantages attendus de cette politique publique.

Avant de dérouler la méthode, il faut rappeler que l'encrage disciplinaire de la recherche est bien l'économie politique des institutions même si, tout au long du texte, des concepts d'autres disciplines des sciences sociales[9] sont quelquefois convoqués afin de mieux expliciter tel ou tel aspect de la problématique. Compte tenu de cet ancrage disciplinaire, la méthode d'investigation adoptée ici est fondée sur la démarche qualitative. Selon Dafflon (2002) cité par Blum (2008 : 108) la méthode d'investigation privilégiée par l'économie politique des institutions se situe en amont de l'analyse des résultats chiffrés. De ce fait, cette méthode est la plus

[8] Le Collectif de recherche sur l'Économie Institutionnaliste (COREI) est un regroupement de chercheurs français qui se consacrent principalement aux travaux de recherche en économie institutionnaliste dans la ligne du sociologue et économiste américain Thorstein Bunde Veblen (1857-1929) considéré comme étant le « père fondateur » de ce courant de pensée économique.

[9] Ce choix est non seulement en cohérence avec notre conception de la méthodologie de la recherche en économie politique des institutions mais en plus il tient à l'objet même de la recherche qu'est la décentralisation. En effet, la thématique de la décentralisation est par excellence celle de l'interdisciplinarité.

appropriée pour mener une étude consacrée à l'étape 2 du cycle d'une politique publique. En effet, les produits de cette étape se situent en amont de la mise en œuvre des plans d'actions de la politique publique qui génère, quant à elle, entre autres, des produits chiffrés.

La démarche qualitative dans laquelle s'inscrit la méthode retenue comporte trois techniques de cueillette des données (Giauque, 2003 : 136) : (i) l'enquête par questionnaire ou entretien ; (ii) l'observation directe ou participante et (iii) l'analyse documentaire. Mais, la technique de cueillette des informations retenue dans le cadre de la présente recherche est celle de l'analyse documentaire et il s'agit, encore une fois, d'un choix de raison. D'abord, il est à noter que la technique par observation directe ou participante n'est pas toujours très appropriée pour une recherche en économie politique des institutions. Par contre, il était possible de coupler l'enquête par questionnaire ou entretien avec l'analyse documentaire pour réaliser la collecte des données. Ceci aurait permis d'appréhender la perception des acteurs par rapport à l'objet de l'étude. Cependant, pour un champ d'étude délimité à l'analyse des produits de l'étape de programmation de la politique publique, la perception des acteurs peut être intéressante en soi sans toutefois être indispensable pour cette analyse. La prise en compte de la perception des acteurs aurait été indispensable s'il s'était agi d'une évaluation de l'implémentation des PdA de ladite politique publique. Ceci étant, il convient toutefois de signaler que même si l'enquête formalisée par questionnaire n'a pas été mise en œuvre de façon systématique, il reste que quelques entretiens ciblés avec certaines personnes de ressources ont été utilisés afin de clarifier la compréhension de certains matériaux collectés. En outre, il y a lieu d'indiquer que certaines données secondaires utilisées comme données d'appoint pour approfondir certains aspects de la problématique et pour la composition du présent texte ont, elles, été élaborées sur la base de la technique de l'enquête par questionnaire.

Si donc, le choix de la technique de l'analyse documentaire fut un choix de raison, il reste que cette technique a ses raisons que l'on ne doit pas ignorer. Celles-ci se posent en termes d'exigences principalement au nombre de deux telles qu'elles ont été précisées par Giauque (2003 : 138) : la première exigence de l'analyse documentaire est l'identification et la compréhension du contexte dans lequel les documents ont été produits. En effet, en tant que matériaux « muets », les documents (Constitution, loi, décret, arrêté, VPD, PND, etc.) ne prennent sens que dans leur contexte de référence et c'est en les situant dans ledit contexte qu'ils peuvent être décrits et analysés convenablement. Cette exigence est encore plus cruciale pour l'étude de la politique publique de décentralisation qui ne saurait être convenablement réalisée en méconnaissance du contexte sociopolitique et administratif de référence. La seconde exigence est la réintégration systématique des documents par rapport au temps. Ainsi, en matière de normes législatives, l'on doit toujours s'assurer que les différents textes collectés n'ont pas été abrogés ou modifiés sur la période étudiée et qu'ils sont toujours pertinents par rapport à l'objet de l'étude ou par rapport à la thématique sous analyse.

En somme et conformément aux préconisations du professeur Yao (2005 : 172) contenues dans son excellent ouvrage consacré à la « méthode d'études et de recherche en sciences économiques et sociales : avec applications au contexte de l'Afrique noire », une attention particulière a été accordée à la fiabilité et à la validité des différents documents collectés. Aussi, s'est-on assuré de la pertinence desdits documents en « tout lieu et en tout temps » dans l'espace géographique de référence qu'est celui de l'Afrique en général et du Burkina Faso en particulier. En outre, l'on s'est bien assuré, à travers la triangulation des données, que les documents qui étaient recherchés pour la conduite de cette recherche sont bien ceux qui ont été obtenus et utilisés pour la composition du texte du présent ouvrage.

Pour ce qui concerne la structure de présentation des résultats de la recherche, elle comprend, outre la présente introduction générale, cinq chapitres plus une conclusion générale. Mais, il importe de préciser au préalable que cette structure a été bâtie autour de l'objectif fondamental qui est d'investiguer pour vérifier l'hypothèse précédemment énoncée. Ceci en partant du postulat de base qui veut que l'implémentation efficace d'une politique publique présuppose l'existence d'un dispositif institutionnel caractérisé par une robuste performance.

Le premier chapitre est une présentation du cadre conceptuel général. En effet, la recherche en économie politique des institutions, plus particulièrement lorsqu'elle opte pour une démarche qualitative comme il en est le cas dans la présente espèce, considère la conceptualisation comme l'un des objectifs spécifiques de la recherche. Autrement dit et contrairement à ce que professent certains courants économiques quantitativistes orthodoxes, les concepts qui recèlent des significations ne sauraient être que de simples outils neutres de transmission de l'information. De ce fait, il n'y a pas lieu de chercher à séparer les éléments de forme de l'information du fond de celle-ci tout en subalternisant les premiers par rapport aux seconds. Pour autant, il ne s'agit pas non plus de s'inscrire dans un formalisme juridique pour proclamer que la forme tient le fond en l'état. Il s'agit plutôt d'indiquer que la forme et le fond se tiennent mais que la forme doit résolument être au service du fond. Sous ce rapport, ce chapitre premier passe en revue les concepts théoriques de base avant d'exposer les fondements analytiques de la décentralisation suivant la perspective de l'économie politique des institutions. Son point **I.1** est consacré aux différentes définitions de la notion de décentralisation ainsi qu'elles résultent de la littérature. Elle décline également les éléments de définition institutionnelle avant d'exposer les différentes typologies et les modalités de la décentralisation sous la deuxième section (point **I.2**). Le dernier point (**I.3**) du chapitre énumère, avant de les lire sous un angle critique, les avantages attribués par la théorie économique à la décentralisation.

Le deuxième chapitre est une description et une lecture analytique d'ensemble du cadre institutionnel de la décentralisation burkinabè. Ainsi, un aperçu historique, partant des premières communes « mixtes » jusqu'à l'avènement de l'actuelle décentralisation, est d'abord proposé sous le point **II.1**. Ensuite, compte tenu de ce que la décentralisation n'est pas une fin en soi mais que sa finalité réside dans les objectifs qu'elle permet de réaliser, les objectifs projetés de la nouvelle décentralisation sont évoqués et analysés sous la deuxième section (**II.2**) du chapitre. Le principe de subsidiarité et la règle de la progressivité sont décrits tels qu'ils résultent des dispositions institutionnelles avant qu'une lecture analytique leur soit consacrée sous le point **II.3**. Le dernier point (**II.4**) de ce deuxième chapitre déroule rapidement le découpage du territoire en circonscriptions administratives et collectivités territoriales avant de décliner les arrangements politico-administratifs desdites collectivités territoriales tels qu'ils sont consacrés par le dispositif institutionnel. Ce dernier point s'achève par une lecture en économie politique institutionnelle des enseignements tirés de la description des arrangements politico-administratifs précédemment évoqués.

Le troisième chapitre est consacré au transfert des tâches. Son premier point (**III.1**) aborde les théories économiques de répartition des tâches dans un maillage administratif à plusieurs niveaux tout en mettant l'accent sur les critères de répartition. Ainsi, les critères de (dé)centralisation des fonctions proposés par le fédéralisme financier de première génération sont d'abord explicités avant l'exposé des critères plus opérationnels du fédéralisme financier de deuxième génération. Cette partie théorique du chapitre s'achève par la présentation d'une matrice déclinant les dimensions des modalités théoriques. Les critères théoriques de même que la matrice sont usités par la suite comme grille de lecture du transfert des tâches en pratique exposé dans la deuxième partie du chapitre (**III.2**).

Le transfert des ressources forme le quatrième chapitre du texte. Ce chapitre expose, préalablement, les concepts théoriques pertinents en matière de transfert des impôts (**IV.1**). Ainsi, les modalités de répartition des impôts dans un système de gouvernement à plusieurs niveaux et les critères du « bon » impôt local sont déclinés. Ensuite, une fonction d'objectifs en matière de répartition des impôts de même que des exemples indicatifs d'impôts locaux sont proposés. Sont également évoqués dans cette partie théorique du chapitre, les redevances d'utilisation de même que les transferts budgétaires. Sous ce dernier point, les justifications économiques des transferts budgétaires sont explicitées avant la présentation des typologies théoriques des transferts budgétaires. La deuxième partie (**IV.2**) de ce quatrième chapitre est consacrée au transfert des ressources en pratique. Elle consiste en une description générale des ressources transférées au niveau local suivie d'une analyse en économie politique des mêmes ressources.

Le chapitre **V** de l'ouvrage est consacré aux processus budgétaires des CT. La première section (**V.1**) décrit lesdits processus tandis que la seconde section (**V.2**) constitue une lecture analytique des mêmes processus.

La conclusion générale présente la synthèse des principaux enseignements de la recherche déclinés en termes de défis actuels de la décentralisation burkinabè qu'il conviendrait de relever avant de proposer quelques recommandations et de signaler les perspectives possibles.

CHAPITRE I

Le cadre conceptuel

L'étude de la décentralisation, objet de cet ouvrage, fera appel tout au long des différents chapitres à certains concepts qu'il convient de clarifier dès à présent afin d'éviter tout quiproquo. Ainsi en est-il de la notion même de décentralisation qui peut être source de confusions tant il y a plusieurs approches théoriques et institutionnelles qui la caractérisent. Dans cette perspective, le but du chapitre est de définir la décentralisation et de mettre en évidence ses différentes déclinaisons à travers un essai de typologie. Mais les différentes approches de définition et de typologie mettent en évidence le fait que la décentralisation n'est pas une fin en soi. Sa finalité réside plutôt dans ses fondements qu'il convient de préciser. Aussi, le chapitre comporte-t-il trois sections :

La première section est consacrée aux différentes propositions de définition de la décentralisation. Elle évoque certaines propositions de la littérature scientifique avant de décliner les définitions institutionnelles de la décentralisation proposées par la Charte africaine des valeurs et des principes de la décentralisation, de la gouvernance locale et du développement local (la Charte, ci-après) et par la loi burkinabè de référence, c'est-à-dire le Code Général des Collectivités Territoriales (CGCT, ci-après).

La deuxième section est relative à des approches de typologie de la décentralisation ainsi qu'elles sont proposées par certains auteurs. Ces approches montrent qu'aux nombreuses définitions de la décentralisation correspondent des variétés de classifications qui peuvent être déroulées suivant une perspective générale ou selon une approche plus spécifique des finances publiques.

La troisième section est relative aux fondements analytiques de la décentralisation. Cette dernière section du chapitre présente préalablement, sous forme d'encadré, les arguments en faveur de la centralisation avant de développer les avantages théoriques de la décentralisation. Mais à ce stade, il ne s'agit que des grands traits desdits avantages étant donné que des développements plus détaillés y sont consacrés dans les différents chapitres ultérieurs de cet ouvrage. Les fondements de la décentralisation tels qu'ils sont consacrés par le CGCT sont également signalés dans cette section avant d'être davantage explicités au chapitre II suivant consacré à l'analyse du contexte institutionnel de la décentralisation burkinabè.

I.1. Les Approches de définition de la décentralisation

I.1.1. Des définitions proposées dans la littérature scientifique

La décentralisation fait l'objet de nombreuses définitions dans la littérature au point que la notion semble polysémique. Pour autant, on se contentera d'énoncer dans le présent cadre, les définitions qui sont les plus évocatrices. Ainsi, selon Ebel et Yilmaz (2001 : 25), en « règle générale, décentraliser le pouvoir d'élaboration de politiques publiques consiste, pour le gouvernement central et ses organismes, à transférer la responsabilité juridique et politique de la planification de projet, de la prise de décision et de la gestion d'activités publiques à des gouvernements infranationaux ». Étant entendu qu'un tel transfert de responsabilité se fonde sur la capacité desdits gouvernements infranationaux à adapter les services aux besoins et aux préférences des citoyens locaux. En effet, selon ces deux auteurs, les gouvernements locaux sont bien placés pour fournir des services publics dont les bénéfices sont bien circonscrits géographiquement de telle sorte que le transfert des ressources et des pouvoirs de décision à ces gouvernements peut se traduire par une amélioration de la qualité de vie de la population locale. Mais, comme Bird et Vaillancourt (1997) le relevaient bien avant déjà, la définition de la décentralisation telle qu'évoquée ci-dessus, se situe dans une perspective « de haut en bas ». En effet, cette définition part de l'idée d'un État central unitaire dont la taille et les pouvoirs devront être réduits dans le cadre d'un processus de décentralisation au profit de gouvernements infranationaux. Pourtant, selon ces derniers auteurs, la décentralisation peut se concevoir également au sein d'un État fédéral. Et dans ce dernier cas, la perspective est « de bas en haut » de telle sorte que « [...] ce sont les États qui forment l'unité de base du pays et qui se sont unis plus ou moins librement pour donner naissance à l'État (fédéral) » (Bird et Vaillancourt, 1997 : 2-3).

Pour Yatta (2009 : 14), « la décentralisation implique une différenciation institutionnelle et politique entre l'État (central) et les collectivités locales et la légitimité de la représentation au niveau local d'intérêts publics, distincts de ceux dont l'État (central) a la charge ». Mais, l'auteur, tout en invitant à retenir qu'à ce stade, la notion de décentralisation n'implique pas nécessairement l'élection des autorités locales, précise néanmoins que l'idée moderne de la décentralisation reste indissociable du principe démocratique, c'est-à-dire qu'elle se caractérise par l'existence d'autorités locales élues (Yatta, 2009 : 16). Ce point de vue est également celui du Partenariat pour le Développement Municipal en Afrique de l'Ouest. En effet, selon cette institution, la conception moderne de la décentralisation implique la libre administration des collectivités locales entendue au sens du libre choix des dirigeants de la collectivité par les citoyens suivant des procédures démocratiques. En d'autres termes, « c'est seulement lorsque l'on est en présence d'une collectivité locale dont les organes délibérant et exécutif sont élus que l'on a affaire à une décentralisation véritable » (Mback, 2003 : 36). En somme, une décentralisation authentique est incompatible avec un régime d'exception. Elle doit plutôt être considérée comme un sous-produit d'un système démocratique.

En guise de synthèse à cette approche théorique de la décentralisation, on peut retenir trois caractérisations de la notion : **(i)** l'existence de gouvernements infranationaux institutionnellement et politiquement différenciés de l'État central ; **(ii)** l'attribution auxdits gouvernements de compétences décisionnelles en matière de planification de l'offre et de gestion de la production des politiques publiques locales ; **(iii)** la désignation par élection des organes de gestion (délibérants et exécutifs) de ces gouvernements.

I.1.2. Éléments de définition institutionnelle

Pour la Charte africaine, la décentralisation signifie « *le transfert des pouvoirs, des responsabilités, des capacités et des ressources du niveau national à tous les niveaux sous-nationaux de gouvernement afin de renforcer la capacité des gouvernements sous-nationaux à promouvoir la participation des populations et la fourniture des services de qualité* » (Charte, article 1er). Il reste entendu que le concept de « gouvernements sous-nationaux » désigne en l'espèce les collectivités territoriales ou locales tandis que le « niveau national » désigne l'État central.

En revanche, pour la loi n° 055-2004 portant Code général des collectivités territoriales, la décentralisation se définit comme étant « *le droit des collectivités territoriales à s'administrer librement et à gérer des affaires propres* » (CGCT, art. 2). Autrement dit, du point de vue du législateur burkinabè, la décentralisation a trois caractéristiques :

(i) l'existence de collectivités territoriales, c'est-à-dire des entités territoriales infranationales juridiquement distinctes de l'État central ainsi que le précise le législateur lui-même en indiquant que la collectivité territoriale est une subdivision du territoire dotée de la personnalité juridique (CGCT, art. 8) ;

(ii) la libre administration : elle implique que chaque collectivité territoriale doit disposer d'un arrangement politico-administratif propre et la désignation par élection des organes délibérants et exécutifs qui fonctionnent de façon autonome ainsi qu'il résulte de l'article 143 et suivants du livre III du CGCT ;

(iii) les affaires propres qui sont entendues au sens des compétences dévolues aux collectivités territoriales telles qu'elles sont énumérées par le CGCT (arts. 85 et svts).

La lecture croisée des différentes approches de définition de la décentralisation révèle une certaine congruence entre les définitions théoriques et l'entendement consacré par le dispositif institutionnel burkinabè. Cette congruence résulte du recoupement constaté entre les caractéristiques théoriques et institutionnelles de la décentralisation. Mais, ces approches ont également permis de mettre en évidence le fait que la notion de décentralisation a plusieurs typologies résultant principalement de la variété des définitions.

I.2. Quelques typologies de la décentralisation

La diversité des définitions de la décentralisation rime avec une diversité des typologies. Mais, on peut retenir deux catégories de typologies dont une plus générale et une autre appréhendée suivant la perspective organique des finances publiques. Pour ce qui concerne la typologie générale, en plus des deux formes de décentralisation de « haut en bas » (top-down) et de « bas en haut » (bottom-up) suivant le système de gouvernement (Bird et Vaillancourt, 1997 : 2-3) on peut indiquer également la classification proposée par Ebel et Yilmaz (2001 : 25). En effet, pour ces derniers, la décentralisation a trois facettes :

- la « décentralisation politique » qui vise à donner aux citoyens locaux et à leurs représentants élus d'importants pouvoirs de décision en matière d'élaboration de politiques et législations. Autrement dit, cette décentralisation suppose un pluralisme politique fondé sur la démocratie libérale ;
- la « décentralisation administrative » qui vise, quant à elle, à répartir les pouvoirs, les responsabilités et les ressources financières entre différents paliers de gouvernement. Cette répartition de pouvoir se décline sous deux angles : premièrement, elle peut être fonctionnelle consistant à transférer des pouvoirs à des entités spécialisées qui exercent des activités dans toutes les juridictions. Mais, la répartition peut être également territoriale. Et elle visera dans ce cas à transférer des responsabilités de politiques publiques à des entités à l'intérieur d'un territoire géographique et politique déterminé ;
- la « décentralisation budgétaire » implique, en revanche, que des domaines de dépenses soient attribués aux gouvernements locaux de telle sorte que ceux-ci disposent de larges marges de manœuvre en matière financière et budgétaire. Mais, selon ces auteurs, la notion de décentralisation budgétaire peut être appréhendée dans une

perspective plus extensive et englober des fondements politiques, économiques et institutionnels.

En plus de ces trois aspects, Yatta (2009 : 13-14) signale que le PNUD et la Banque mondiale intègrent dans la typologie générale de la décentralisation « la décentralisation du marché qui désigne l'externalisation de certaines activités du secteur public vers le secteur privé, la libération du marché, la dérèglementation, la privatisation des entreprises publiques, etc. ». Cependant, l'auteur précise qu'en raison notamment du fait que les décisions des opérateurs privés ne peuvent pas être soumises à des procédures démocratiques, « il a été préférable de réserver la notion de décentralisation aux rapports entre les pouvoirs publics [...] ».

Partant de la classification générale et suivant la perspective du modèle « top-down », la littérature distingue habituellement trois modalités de décentralisation (Ebel et Yilmaz, 2001 : 26 ; Gauthier et Vaillancourt, 2002) :

1) La « déconcentration » qui a lieu lorsque l'État central garde la maîtrise des responsabilités et compétences de certaines fonctions tout en les faisant exécuter par ses antennes locales. Autrement dit, la déconcentration consiste à rapprocher l'administration de l'État central de l'administré local. Elle vise à améliorer l'efficacité opérationnelle du gouvernement central à travers son déploiement dans les circonscriptions administratives. Par contre, dans un État de tradition administrative française comme le Burkina Faso, il serait inexact de considérer la déconcentration comme étant une modalité de la décentralisation, encore moins si l'on s'en tient aux trois caractéristiques de la décentralisation évoquées précédemment. En effet, les circonscriptions administratives, expressions territoriales de la déconcentration, constituent le déploiement territorial de l'État central. De ce fait, lesdites circonscriptions administratives n'ont pas de personnalité juridique. Autrement dit, elles ne sont pas institutionnellement différenciées de l'État central. En outre, les organes ou les responsables chargés de la gestion de ces circonscriptions ne sont pas élus, ils sont nommés et révoqués par le gouvernement central de qui ils dépendent hiérarchiquement. Enfin, ces entités administratives n'ont que des pouvoirs d'exécution qui sont délégués par le gouvernement central au nom et pour le compte duquel elles les exécutent. Par exemple, au Burkina Faso, la circonscription administrative régionale n'a pas de personnalité juridique. Le Gouverneur de région n'est pas désigné par élection, il est nommé par le gouvernement central. Enfin, le Gouverneur n'a qu'une « délégation de pouvoir » du gouvernement central qu'il exécute sous le contrôle hiérarchique de ce dernier.

2) La délégation qui consiste à faire des collectivités locales des agents directs en lieu et place du gouvernement central, celles-là étant récipiendaires des ressources et compétences déléguées par celui-ci. On parle également de relation d'agence entre l'État central (« principal ») et les collectivités territoriales (« agent ») qui sont ainsi amenées à offrir certains biens et services par délégation dudit principal. Par exemple, la tâche de gestion de l'état civil est une tâche déléguée par l'État central aux communes à travers le maire et ses adjoints qui ont, pour ce faire, le statut d'officier d'état civil (CGCT, arts. 263 et 267).

3) La dévolution : utilisée couramment pour dénoter la décentralisation, elle correspond au transfert des responsabilités et compétences aux collectivités locales, étant entendu, qu'en l'espèce, ces dernières deviennent totalement ou partiellement responsables de la définition des politiques et de l'implémentation de celles-ci. Selon Ebel et Yilmaz (2001 : 27), la dévolution se confond habituellement avec la décentralisation budgétaire et englobe généralement des fondements politiques, économiques et institutionnels.

Sous l'angle des finances publiques en revanche, certains auteurs distinguent deux catégories de décentralisation en fonction de la nature de l'État (Bird et Vaillancourt, 1997 : 3) : (**i**) dans les États fédéraux centralisés, unitaires centralisés ou unitaires décentralisés, on a les « finances publiques décentralisées ». Ainsi, l'État central ou fédéral définit les règles institutionnelles, opérationnelles et financières et les supervise ; (**ii**) par contre, dans les systèmes fédéraux décentralisés, on a l'approche pure du fédéralisme financier dite des « finances fédérales ». Dans cette approche, les niveaux de gouvernements sont relativement autonomes et interagissent plus ou moins comme des égaux.

Dafflon et Madiès (2008 : 14-18) synthétisent ces éléments de typologie de la décentralisation dans deux tableaux (**I.1** et **I.2**) ainsi qu'ils sont représentés ci-après.

Le premier tableau appréhende la question suivant la perspective de la typologie générale. Ainsi, si l'on part de la logique descendante (colonne centrale du tableau I.1) et d'une position dominante de l'État central, le tableau montre qui va décider de l'attribution des compétences aux niveaux infranationaux de gouvernement. Il en est de même si l'on se situe dans la colonne de droite du tableau I.1, c'est-à-dire qu'on appréhende à ce niveau également qui va décider des compétences dans la perspective « ascendante en posant un a priori attribuant les compétences de facto au niveau local » (Dafflon et Madiès, 2008 : 15).

Pour ce qui concerne les objectifs, le tableau reprend l'essentiel des fondements analytiques de la décentralisation ainsi qu'ils seront évoqués ultérieurement. Par exemple, mieux adapter l'offre de biens collectifs aux préférences locales (meilleure adéquation entre choix dépensiers et coûts fiscaux), assurer une bonne gouvernance. Mais, en plus de ces deux exemples, on peut également signaler le développement local qui est, en plus de la bonne gouvernance locale, un des fondements de la décentralisation burkinabè.

Tableau I.1 : Typologie générale de la décentralisation

<table>
<tr><td rowspan="2"></td><td colspan="2">Décentralisation</td></tr>
<tr><td>Descendante (top-down)
= devenir local</td><td>Ascendante (bottom-up)
= rester local</td></tr>
<tr><td rowspan="3">Objectifs</td><td>- Déplacer la contrainte budgétaire vers le niveau local (report des charges plutôt que véritable dévolution) ;
- Accroître le bien-être national (meilleure adaptation de l'offre à la demande) en maintenant des standards minimaux des politiques publiques décentralisées offertes (normes de tutelle).</td><td>- Accroître le potentiel d'innovation au niveau Local</td></tr>
<tr><td colspan="2">- Accroître l'efficacité allocative (mieux adapter l'offre de biens collectifs aux préférences locales)</td></tr>
<tr><td colspan="2">- Assurer une bonne « gouvernance » (congruence ou « accountability »)</td></tr>
<tr><td>Critères d'évaluation</td><td>- Contribution aux objectifs fixés par le centre</td><td>- Protection des collectivités locales contre le centre et maximisation des choix locaux</td></tr>
<tr><td>Modalités</td><td>- déconcentration : L'État central garde la maîtrise des responsabilités et compétences de certaines fonctions tout en les faisant exécuter par ses antennes locales.
- délégation : Les collectivités locales sont des agents du gouvernement central qui est le principal. Celles-là sont récipiendaires des tâches et ressources déléguées par celui-ci.
- dévolution : la dévolution se confond habituellement avec la décentralisation fiscale et englobe généralement des fondements politiques, économiques et institutionnels (Ebel et Yilmaz, 2001 : 27). Ainsi, elle est couramment utilisée pour dénoter la décentralisation stricto sensu qui correspond au transfert des responsabilités et compétences aux collectivités locales, étant entendu, qu'en l'espèce, ces dernières deviennent totalement ou partiellement responsables de la définition des politiques et de leur implémentation.</td><td>- Autonomie locale
- Subsidiarité
- Coopération décentralisée
- Concurrence horizontale et verticale.</td></tr>
<tr><td>Modèle dominant</td><td>- dominance des relations verticales entre centre et collectivités locales (centre et communes, respectivement communes et régions)
- asymétrie d'information en faveur du centre
- domination des préférences du centre selon le modèle du principal (centre) – agent (les régions ou les communes).</td><td>- Conflit central/local (si la société est hétérogène, les décisions locales diffèrent de celles préférées par le centre)
- Dominance de l'autonomie locale
- Subsidiarité
- Coopération et concurrence
- domination des préférences locales</td></tr>
</table>

<u>**Source**</u> : *adapté de Dafflon et Madiès (2008 : 14).*

Tableau I.2 : Typologie de la décentralisation sous l'angle des finances publiques

	Finances décentralisées	**Fédéralisme financier**
Système de gouvernement	*Fédéral centralisé (Allemagne) ; Unitaire décentralisé (Espagne) ; Unitaire centralisé (France)*	*Fédéral décentralisé (Suisse)*
Cadre constitutionnel (institutions)	*- Les institutions sont organisées dans une « Constitution » normative (nombre d'échelons de gouvernement, carte, compétences, financement, règles de transferts et ressources)* *- La Constitution établit les collectivités et fixe les règles des relations intergouvernementales* *- Tout pouvoir qui n'est pas attribué explicitement aux collectivités décentralisées reste au centre* *- Les préférences du centre sont dominantes*	*- Le découpage territorial préexiste à la Constitution adoptée ex post. Celle-ci entérine les limites des collectivités.* *- La Constitution est le reflet d'une association volontaire de collectivités souveraines (une Confédération) et fixe les règles de coopération intergouvernementale ;* *- Les compétences appartiennent de fait aux collectivités locales et cantonales. Les Constitutions (cantonales respectivement fédérales) doivent mentionner explicitement les compétences transférées de bas en haut, de même que les sources de financement (hors transferts).* *- Consensus « naturel » entre les niveaux de gouvernements ;* *- La Constitution= ensemble des règles + consensus exigeant une double majorité (des votants et des cantons) pour les transferts ascendants de responsabilités et des impôts.*
Type de transferts intergouvernementaux	*- Transferts péréquatifs visant l'égalité des situations individuelles face aux BCL et aux impôts ;* *- Importance de transferts incitateurs spécifiques.*	*- Respect de l'autonomie des choix : peu de transferts incitatifs spécifiques* *- Transferts péréquatifs visant à limiter les disparités, mais sans égard aux positions individuelles*
Modèle de relations intergouvernementales	*- Modèle typique : « principal-agent ».* *- Dans les pays unitaires centralisés, le principal définit les compétences et les règles de financement en fonction de ses objectifs propres, des asymétries d'information et des aléas moraux.*	*- Modèle de « marchandage entre principaux »*
Cas types	*Pays fédéraux centralisés : Venezuela, Autriche, Inde ; Pays semi-fédéraux ou unitaires décentralisés : Espagne, Pays-Bas, Suède ; Pays unitaires centralisés : France, Royaume-Uni, Burkina Faso ;* « fédéralisme impur » : Allemagne, USA.	*« dialogue/diplomatie » entre provinces et gouvernement fédéral au Canada ; Suisse.*

Source : *adapté de Dafflon et Madiès (2008 : 18).*

Le tableau **I.2** synthétise les données de typologie de la décentralisation selon la logique organique des finances publiques. Dans cette perspective, il y a deux approches (Dafflon et Madiès, 2008 : 16-17) :

- Dans le premier cas, c'est-à-dire celui des « finances publiques décentralisées » (colonne centrale du tableau), toutes les tâches et ressources sont a priori des compétences de l'État central : il faut de ce fait que le texte constitutionnel délègue ou dévolue explicitement les responsabilités ou les catégories d'impôts aux gouvernements régionaux ou locaux afin que ceux-ci puissent agir dans les limites fixées. Cependant, dans les pays africains de succession française s'inscrivant dans cette typologie, les fonctions et les impôts des collectivités territoriales ne sont pas déterminés par le texte constitutionnel. La dévolution et/ou la délégation des responsabilités ou des catégories d'impôts relèvent des lois ordinaires (loi de décentralisation, Code des impôts) et non de la loi fondamentale qu'est la Constitution (Mback, 2003 : 397-449). Cette dernière se limite généralement à évoquer certains grands principes de la décentralisation : organisation du territoire en collectivités territoriales et libre administration de celles-ci notamment. Par exemple, au Burkina Faso, la Constitution (1991) a fixé lesdits principes en ses articles 143, 144 et 145 et les transferts des compétences en matière de tâches et ressources sont déterminés par la loi n° 55-2004 portant CGCT qui n'est même pas une loi organique mais bien plutôt une loi ordinaire.
- Dans le second cas, forme pure du fédéralisme financier (colonne de droite du tableau), les responsabilités et ressources sont de facto au niveau local. Il faut alors mettre en mouvement une procédure constitutionnelle pour transférer l'une ou l'autre au niveau régional ou central.

Ces développements sur les différentes classifications de la décentralisation révèlent la diversité des approches du concept : une diversité théorique qui se traduit par une diversité de propositions de typologie, mais aussi une diversité institutionnelle tenant aux différences de contexte. Pour autant, les trois critères précédemment retenus demeurent les caractéristiques principales de la décentralisation, c'est-à-dire l'existence de collectivités territoriales distinctes juridiquement de l'État central ; des compétences dévolues (ou déléguées) au niveau local en matière de tâches et de ressources ; de même que des organes délibérants et exécutifs élus garantissant la légitimité démocratique de ceux-ci tout en garantissant leur contrôle par les citoyens locaux. Les différentes épithètes « politique », « administrative » ou « budgétaire » accolées souvent au mot décentralisation ne visent généralement qu'à grossir les traits de l'une ou l'autre de ces caractéristiques.

I.3. Les fondements analytiques de la décentralisation

Les arguments en faveur de la décentralisation sont généralement développés a contrario des arguments en faveur de la centralisation. Ces derniers arguments sont synthétisés dans l'encadré I.1 ci-dessous.

Encadré I.1: Des arguments en faveur de la centralisation

Tout en partant de la distinction conceptuelle des domaines d'activités de l'État en trois « bureaux » telle que consacrée depuis 1959 par Musgrave, les auteurs ont développé un certain nombre d'arguments justifiant la centralisation de certaines compétences. Par contre, des trois bureaux que sont les activités d'allocation, de stabilisation et de redistribution, ce sont les deux dernières qui rallient le plus les thèses en faveur de la centralisation. Ainsi, quatre arguments sont généralement avancés en faveur de la centralisation des politiques de stabilisation (Derycke et Gilbert, 1988 : 40-41 ; Bird et Vaillancourt, 1997 : 3-4) :

- L'inflation étant un « mal » collectif pur dont les effets peuvent s'étendre sur tout le territoire national, l'offre de monnaie devra être contrôlée par une agence centrale afin d'éviter que les gouvernements infranationaux ne financent leurs budgets par la « planche à billets ». En effet, un tel financement constituerait une source additionnelle d'inflation.

- L'échec des politiques conjoncturelles locales constitue un autre argument évoqué pour justifier l'incapacité des échelons décentralisés à mettre en œuvre une politique de stabilité efficace. En effet, les collectivités locales étant généralement dans la situation du « petit pays » en économie ouverte, les bénéfices des actions qu'elles seront amenées à entreprendre seront non seulement médiocres mais en plus, ils seront le plus souvent exportés vers d'autres communautés. Par exemple, il serait peu probable que de grands travaux publics décidés et réalisés par une collectivité locale puissent permettre de relancer une conjoncture déficiente pour deux raisons : premièrement, il n'est pas évident que les entreprises locales de génie civil aient la capacité technique pour soumissionner à l'appel d'offres qui, du reste, devrait être national ou international suivant le montant en jeu. Deuxièmement, les revenus qui seront générés par lesdits travaux, en termes de salaire de la main-d'œuvre, d'achat de matières premières, d'équipements techniques, etc. ne seront pas forcément acquis in situ, ni dépensés localement. En somme, la collectivité locale aurait plus intérêt à adopter un comportement stratégique au lieu d'emprunter pour financer de tels grands travaux dont les bénéfices seraient captés par d'autres collectivités locales.

- Le comportement de « passager clandestin » des collectivités locales : étant donné que les économies locales sont fortement interdépendantes favorisant une transmission des mouvements conjoncturels, une collectivité territoriale peut adopter un comportement stratégique en attendant que d'autres collectivités mettent en œuvre des politiques macroéconomiques afin de bénéficier des effets de débordement. Cependant, si toutes les collectivités locales adoptent le même comportement, il est évident qu'aucune d'entre elles n'agirait. Aussi, pour sortir d'un tel éventuel « dilemme du prisonnier », l'intervention de l'État central s'avère-t-elle nécessaire.

- La nécessité de contrôler l'endettement local : même si certains auteurs soutiennent qu'il est préférable de réduire le contrôle central sur l'endettement local tout en laissant la discipline du marché fonctionner y compris « l'acceptation de la banqueroute vers les conséquences qui s'imposent » (Bird et Vaillancourt, 1997 : 8), il est en revanche évident que lesdites conséquences sont généralement sociales et elles ne s'arrêtent pas aux frontières de la collectivité locale qui se serait endettée de manière excessive. En effet, la mobilité des contribuables entre collectivités associée à l'illusion fiscale, incite le plus souvent à une nette préférence pour le financement des politiques publiques par l'emprunt plutôt que par l'impôt. Dans cette perspective, il est nécessaire que l'État central mette en place un mécanisme de contrôle de l'endettement local.

Pour ce qui concerne la politique de redistribution, certains auteurs estiment qu'elle devra être en priorité dévolue à l'État central en se fondant sur la mobilité des agents économiques. « *Supposons en effet qu'une collectivité locale A mette, seule, en place un programme redistributif de ressources, si la mobilité des agents entre les collectivités est totale, les pauvres de toutes les communautés émigreront vers A. Les riches la quitteront pour des collectivités moins défavorables. La richesse fiscale disparaîtra de A et avec elle, les sources de financement de la politique redistributive qui devra être réduite, voire abandonnée. Ainsi, un système local de redistribution doit être d'autant plus uniforme de collectivité à collectivité que la mobilité des agents est grande* » (Derycke et Gilbert, 1988 : 38). En d'autres termes, la fonction de redistribution devra être de la compétence du gouvernement central pour autant que la mobilité des individus soit parfaite. Étant entendu que toute imperfection dans la mobilité devra plutôt légitimer une politique redistributive du niveau local. Pour autant, il faut faire remarquer que cet argument est développé sur la base de l'hypothèse non banale de « toutes choses égales par ailleurs ». En effet, la mobilité génère deux sortes de coûts privés pour l'agent économique : au départ, il y a l'abandon d'un logement, d'un environnement social et familial, etc. ; à l'arrivée, il y a la recherche d'un nouveau logement, les efforts d'insertion sociale, etc. Dans cette perspective, un agent économique rationnel devra mettre en rapport coûts privés et gains « budget public » d'une nouvelle localisation (meilleurs BCL, moins d'impôts, etc.) avant de prendre sa décision. Ceci implique que le niveau local a une marge pour engager une politique redistributive dont, du reste, l'absence explicite ne signifie pas une absence d'effets redistributifs dans les autres politiques financières menées par les gouvernements locaux (Derycke et Gilbert, 1988 : 40).

Les arguments évoqués en faveur de la décentralisation des politiques publiques, quant à eux, se réfèrent quasi exclusivement au domaine de la politique allocative. Ces arguments peuvent être synthétisés de la façon suivante (Derycke et Gilbert, 1988 : 33-36 ; Greffe, 1997 : 360-362 ; Ebel et Yilmaz, 2001 : 10-20 ; Dafflon et Madiès, 2008 : 23-25) :

1) L'adaptation de l'offre de BCL aux préférences des citoyens est l'un des principaux arguments évoqué en faveur de la décentralisation des politiques publiques. Puisque la quantité et la qualité des BCL peuvent varier selon les besoins d'une collectivité locale à une autre, « la décentralisation accroîtra l'efficacité parce que les gouvernements locaux connaissent mieux les besoins de leurs citoyens que le gouvernement central. Les décisions en matière de dépenses publiques prises par un palier de gouvernement qui est plus près d'une collectivité locale et plus sensible à ses besoins ont plus de chance de refléter les choix des gens que les décisions prises par un gouvernement central » (Ebel et Yilmaz, 2001 : 12). Il faut noter que cet argument a lui-même pour fondement théorique le « théorème » de la décentralisation qui repose sur l'hypothèse selon laquelle l'État central ne peut fournir que des biens et services uniformes compte non tenu des préférences locales a contrario de l'offre décentralisée qui est plus efficace en ce sens qu'elle permet la prise en compte des disparités locales des préférences. En effet, pour Oates (1972) auteur de ce fameux théorème, chaque prestation publique devrait être fournie par la collectivité publique exerçant un contrôle sur le territoire géographique minimum permettant d'internaliser les avantages et les coûts de ladite prestation.

2) La décentralisation favorise l'expérimentation et l'innovation en matière de fourniture des services publics locaux (Derycke et Gilbert, 1988 : 35). En effet, les échanges d'informations entre collectivités locales, la concurrence entre elles et l'expérimentation de plusieurs formules alternatives de gestion que favorise la décentralisation conduisent en fin de compte à la sélection et à l'adoption de modes de gestion plus innovants et plus efficaces.

3) La décentralisation de l'affectation des ressources favorise la responsabilité budgétaire au niveau local. En effet, si les sources de financement sont réparties de façon adéquate et concomitante aux fonctions, cela minimise les transferts financiers entre gouvernements tout en accroissant la responsabilité budgétaire des gouvernements et des citoyens locaux. Étant entendu que la réduction des transferts financiers couplée d'une forte contrainte budgétaire amène les contribuables à assumer le coût fiscal des décisions dépensières qu'ils suscitent. Autrement dit, le citoyen est amené à mettre en relation sa demande de BCL avec le coût fiscal que ladite demande génère ce qui favorise une meilleure production dudit BCL.

4) La décentralisation permet une meilleure compréhension des préférences des citoyens par les politiciens locaux. En effet, grâce aux votes, les électeurs expriment leurs préférences et le politicien est obligé d'en tenir compte dans sa plateforme politique, autrement, il serait évincé au profit du politicien qui propose un programme alternatif plus en cohérence avec lesdites préférences. Autrement dit, la décentralisation favorise une meilleure adaptation de l'offre de politiques publiques à la demande des électeurs.

D'autres arguments qui ne relèvent pourtant pas de l'allocation des ressources sont également développés en faveur de la décentralisation :

1) Ainsi pour Greffe (1997 : 361), la décentralisation est un facteur de démocratie dans les États où la puissance de l'administration publique est concentrée dans les seules mains du gouvernement central. En effet, la décentralisation place le pouvoir à proximité du citoyen tout en lui permettant de participer aux choix de politiques publiques locales et de suivre de près l'exécution des décisions. En outre, elle constitue un meilleur moyen pour les citoyens de contrôler leurs mandataires, élus ou fonctionnaires, d'évaluer et de corriger les politiques publiques mises en œuvre. Tout ceci étant favorisé par la proximité des relations entre électeurs et élus et qui permet aux premiers de savoir si l'implémentation des politiques publiques s'accompagne ou non de dysfonctionnements et quel politicien en est responsable. En d'autres termes, le fait de rapprocher les élus des citoyens, la décentralisation favorise une plus grande transparence quant à la façon dont les fonds publics sont utilisés localement. De ce fait, elle donne à l'imputabilité politique ou l'obligation de rendre compte un contenu plus concret. En effet, l'imputabilité politique accroît la pression des électeurs sur les élus tout en incitant ces derniers à mettre en œuvre des systèmes de gestion publique locale de meilleure qualité (Ebel et Yilmaz, 2001 : 20).
2) Enfin, la décentralisation peut être un facteur de développement dans une économie de marché. Ainsi que le souligne Greffe (1997 : 361-362), l'économie contemporaine est celle de la variété permanente, compte tenu du mouvement incessant des technologies de l'information et de la communication. Dans cette perspective, la décentralisation constitue un atout dans la mesure où elle permet l'instauration de réseaux de communication mettant au jour des ressources spécifiques productrices de variétés tout en facilitant la mise en œuvre de réseaux de partenariat. Ces derniers permettent de doter les collectivités locales de ressources stratégiques. De même, la décentralisation permet aux gouvernements infranationaux d'investir dans des projets d'infrastructures qui ont une incidence positive sur la vie des citoyens tout en stimulant le développement local.

Pour Yatta (2009 : 26-29), toutes les décentralisations en Afrique s'inscrivent dans la logique de ces deux derniers fondements. En effet, pour cet auteur, les fondements des décentralisations africaines sont « prioritairement politiques », c'est-à-dire la démocratisation et la promotion du pluralisme politique dans le but de mettre fin aux systèmes des partis uniques et/ou autoritaires caractérisés par des pouvoirs centralisés forts. Le second fondement, quant à lui, s'inscrit dans le même fil conducteur dans tous les pays ayant engagé la réforme, à savoir le développement local et l'amélioration des conditions de vie des populations locales (Yatta, 2009 : 28). Le Burkina Faso qui ne fait pas exception, a décliné dans sa loi de référence les fondements de la décentralisation suivant la même perspective. Ainsi, dans ce pays, le but de la décentralisation est de « promouvoir le développement à la base et de renforcer la gouvernance locale » (CGCT, art. 2). Étant entendu que la promotion du développement à la base renvoie en l'espèce au développement local tandis que le renforcement de la gouvernance locale fait référence à la démocratisation sur fond de pluralisme politique.

Toutefois, les avantages théoriques de la décentralisation précédemment énumérés ont des limites dont on peut se contenter d'en évoquer quelques-unes :

1) Comme relevé par Dafflon et Madiès (2008 : 27), l'avantage de l'efficacité attribué à la décentralisation repose sur l'hypothèse selon laquelle les préférences individuelles guident l'offre de BCL. Mais, dans le contexte des pays pauvres où il manque le plus souvent les services sociaux de base (enseignement de base, santé, eau potable, etc.), il est illusoire de croire que ce sont les préférences individuelles qui guideront l'offre desdits services sociaux de base (SSB). En réalité, la demande est « contrainte », c'est-à-dire que les comportements de demande des individus sont homogénéisés en raison de cette pauvreté et des caractères vitaux de ces services sociaux de base. Dans cette perspective, la préoccupation essentielle pour l'État central sera sans doute de satisfaire ces besoins vitaux de base des populations. Et une telle satisfaction peut être réalisée à travers une offre centralisée, déconcentrée ou déléguée. Du reste, Yatta (2009 : 43-44) signale que dans les « pays francophones d'Afrique », l'écrasante majorité des actions prévues dans les « plans locaux de développement » a trait, en réalité, à la réalisation d'infrastructures éducatives et sanitaires de même qu'à l'adduction d'eau potable. En outre, il indique que dans la pratique, cependant, les collectivités locales sont exclues des décisions de production de ces biens qui relèvent généralement de l'État central.
2) En plus, la théorie prétend que le vote exprime les préférences des citoyens locaux. Mais, le vote peut être biaisé et ne pas du tout refléter les véritables préférences des citoyens. En effet, le vote ne peut exprimer la véritable préférence du citoyen local que si ledit citoyen comprend l'enjeu du vote, que s'il vote de façon libre et que les résultats du vote ne sont pas manipulés. Or, ces conditions sont loin d'être réunies en tout lieu et en tout temps. Par exemple, au Burkina Faso, alors que l'écrasante majorité de la population locale est analphabète en français, les programmes des candidats ou des partis politiques (pour ceux qui en ont !), c'est-à-dire les propositions d'offres de politiques publiques sur lesquelles les citoyens sont censés

voter sont rédigées en français de même que les documents électoraux. Il est évident qu'on ne peut pas attendre des populations locales aussi peu informées et maîtrisant tout aussi peu l'enjeu du vote d'exprimer de véritables préférences. Si on ajoute à ce qui précède de possibles pratiques de corruption et/ou fraudes électorales, de chantages divers sur les électeurs de la part de certains partis politiques ou de la part de certains candidats et/ou de certains notables locaux de même que de possibles manipulations des résultats électoraux dans la chaîne électorale, on est en droit de douter de ce que le vote puisse exprimer dans un tel contexte les véritables préférences des citoyens locaux.

3) De même, ce serait faire preuve d'excès d'angélisme que de croire que les politiciens et élus locaux vont avoir des comportements exclusivement conformes aux préférences des électeurs dans les décisions d'offre de BCL sans chercher à maximiser leurs propres objectifs. Du reste, Downs (1957) ne disait-il pas que les politiciens ne cherchent pas à se faire élire pour implémenter des politiques publiques, mais bien plutôt à formuler des politiques publiques pour se faire élire ? Bien évidemment, on peut rétorquer que cette sentence downsienne est excessive et que le contrôle des citoyens sur les élus locaux pourrait permettre de contrer les tendances égoïstes desdits élus. Mais, encore faut-il que la complexité des règles et procédures institutionnelles, l'incapacité (en raison de l'analphabétisme en français notamment) des citoyens à décrypter l'information ne soient pas des obstacles dirimants au contrôle populaire de l'action publique locale.

4) En outre, la théorie part du postulat que l'élection au suffrage universel est la seule source de légitimité. Ainsi, les élus locaux, auréolés de cette légitimité, peuvent mettre en œuvre des programmes politiques en offrant aux citoyens/contribuables/électeurs les prestations promises. Or, dans la plupart des pays africains, il existe des personnalités investies de formes multiséculaires de légitimité, donc antérieures à la décentralisation, dans lesquelles les populations locales se reconnaissent quelquefois beaucoup plus que dans les élus locaux. Ainsi en est-il des rois et/ou chefs traditionnels ou coutumiers dans certaines régions du Burkina Faso. En effet, la légitimité et l'influence de ces autorités traditionnelles ou coutumières sont quelquefois si fortes, qu'elles peuvent faire annuler et/ou retarder la mise en œuvre de certaines décisions des élus locaux quand lesdites décisions ne sont pas conformes à leurs intérêts. C'est sans doute pour parer à de telles éventualités que dans certains pays africains comme le Niger et le Ghana, les chefs traditionnels et les sultans dans le premier pays, les « natives authorities » dans le second, sont cooptés de droit dans les organes délibérants des collectivités locales. Même s'ils y sont avec voix consultatives, leur présence permet de donner plus de chance à la mise en œuvre réussie de la décentralisation.

5) Enfin, on peut douter du fait que la décentralisation puisse être en tout lieu et en tout temps facteur d'« expérimentation » et d'« innovation » en matière de gestion des services locaux. En effet, cette hypothèse suppose que les règles institutionnelles soient suffisamment flexibles et que les collectivités locales soient autonomes dans la conception et l'expérimentation de plusieurs formules alternatives de gestion en vue d'en adopter les plus innovantes. Mais, dans un contexte où toutes les règles de gestion sont instrumentées par le gouvernement central et de façon uniforme pour toutes les collectivités locales qui sont tenues de les appliquer sous la surveillance étroite des représentants du gouvernement central, on ne peut espérer de l'innovation. Ainsi qu'il est développé infra, au Burkina Faso toutes les règles de gestion des collectivités locales, jusque quelquefois dans les plus petits détails de fonctionnement des administrations décentralisées, sont fixées par l'État central et uniformément pour toutes les collectivités territoriales de même catégorie. En plus, l'État central s'est donné tous les moyens de contrôle pour s'assurer du respect desdites règles de gestion. De ce fait, il y a peu de place dans un tel contexte pour expérimenter et adopter des modèles plus innovants de gestion qui ne soient pas ceux souhaités par le gouvernement central.

Conclusion

Comme conclusion de ce chapitre, on peut noter qu'il n'y a pas qu'une décentralisation, il y a plusieurs décentralisations en fonction des contextes institutionnels de référence. Cette réalité a été mise en évidence tant à travers les essais de définition que par les différentes typologies de la décentralisation. Pour ce qui concerne les avantages de la décentralisation développés dans la littérature, ils sont essentiellement normatifs tout en reposant principalement sur une logique allocative. Ainsi, la transformation de ces avantages théoriques en avantages réels dépend encore une fois du cadre contextuel dans lequel la décentralisation est engagée. Du reste, il faut préciser que les avantages escomptés de la décentralisation, autrement dit ses fondements, sont propres à chaque contexte particulier. Cette importance du contexte institutionnel a également été mise en perspective par quelques éléments de limites de la décentralisation qui ont été explicitées. En somme, la décentralisation dans un pays donné est corrélée au contexte institutionnel spécifique dudit pays et donc son implémentation réussie dépend largement de la performance du cadre institutionnel.

CHAPITRE II

Le cadre institutionnel de la décentralisation burkinabè

Deux ouvrages déjà cités précédemment, dont l'un énonce quelques principes de la décentralisation issus de la théorie du fédéralisme financier (Dafflon et Madiès, 2008) et l'autre consacré aux enjeux et perspectives de la décentralisation fiscale en Afrique (Yatta, 2009), s'accordent sur l'important rôle du contexte institutionnel dans la décentralisation. En effet, les premiers auteurs ont affirmé que la décentralisation était contingente au contexte historique et institutionnel de chaque pays de telle sorte qu'il serait utopique de vouloir appliquer un même modèle de décentralisation à tous les pays (Dafflon et Madiès, 2008 : 101). Tandis que le second auteur, quant à lui, précise que dans les États africains, la décentralisation est largement déterminée par le contexte institutionnel (Yatta, 2009 : 22). Fort de ce qui précède, on peut affirmer qu'on ne saurait convenablement faire l'étude d'une décentralisation donnée en passant sous silence son histoire et son contexte institutionnel. C'est dans cette perspective que réside tout l'intérêt du présent chapitre dont l'objectif est, justement, de décliner brièvement l'historique de la décentralisation avant de présenter ses arrangements politico-administratifs en passant par ses fondements, sa stratégie et son principe. Chaque point est développé dans une section.

La première section est consacrée à un rappel de la dynamique historique des faits essentiels qui ont permis d'aboutir à la décentralisation actuelle. Elle présente, sous forme de tableau, les principaux évènements qui ont marqué les différentes tentatives de décentralisation depuis les années 1920 jusqu'au processus actuel. Ledit tableau est suivi d'un bref commentaire.

La deuxième section présente les fondements, la stratégie et le principe de la nouvelle décentralisation. Cette section permet de se rendre compte que les fondements de la décentralisation burkinabè ne sont pas exactement les mêmes que les fondements de la décentralisation tels qu'ils sont enseignés en théorie d'économie politique.

La troisième section du chapitre déroule l'organisation territoriale actuelle à travers la description successive des collectivités territoriales et des circonscriptions administratives.

La quatrième et dernière section décline les arrangements politico-administratifs de la commune et de la région.

II.1 Quelques éléments historiques du processus de décentralisation

À la suite de la Constitution (Cst. 1991, articles 143, 144, 145) qui en a fixé les grands principes, la loi n° 055-2004 du 21/12/2004 est la principale norme de référence en matière de décentralisation actuellement en vigueur au Burkina Faso. Mais, la décentralisation a une histoire dont le début remonte au milieu des années 1920. Autrement dit, cette histoire aujourd'hui vieille de plus de quatre-vingt-dix ans avait commencé quelque trois décennies avant l'indépendance de l'ex-Haute-Volta intervenue courant l'année 1960. Cependant, la présente section, pour une raison évidente tenant à l'objet de la recherche, n'a pas vocation à faire un exposé exhaustif de cette bientôt centenaire mais néanmoins une jeune histoire de la décentralisation. La section a un objectif beaucoup plus modeste. Il s'agit de montrer que le nouveau processus de décentralisation débuté au cours de la décennie 90 et qui se trouve être au cœur de la problématique de la présente recherche est le produit d'une dynamique historique. Aussi, la section ne comportera-t-elle que trois paragraphes. Le premier paragraphe consiste en une présentation, sous forme d'un tableau synoptique, des principales étapes en termes de dispositifs institutionnels du processus de décentralisation depuis la création des premières communes jusqu'en fin 2019. Le deuxième paragraphe consacre un bref commentaire au contenu du tableau avant d'évoquer les récents référentiels de la décentralisation sous un troisième paragraphe.

II.1.1 Brève chronologie historique sous forme de tableau

Tableau II.3 : Chronologie historique de la décentralisation

Principales dates	***Principaux évènements du processus de décentralisation***	***Principaux évènements ayant des incidences sur le processus de décentralisation***
	1926 – 1959	
4/12/ 1926	Création pour compter du 1er janvier 1927 des communes « mixtes » de Ouagadougou et Bobo-Dioulasso. Celles-ci avaient deux organes : un organe délibérant (« commission municipale ») composé de trois catégories de membres dont certains sont nommés, d'autres élus au suffrage restreint et un troisième groupe élu au suffrage universel. Le deuxième organe est l'exécutif communal en la personne d'un « administrateur-maire », président de la « commission municipale » et commandant de cercle.	Division et partage de la Haute-Volta entre ses voisins (Côte d'Ivoire, Mali, Niger) en septembre 1932. De ce fait, les communes mixtes de Bobo et Ouagadougou étaient devenues des collectivités locales de la Côte d'Ivoire de septembre 1932 à septembre 1947. Reconstitution de la Haute-Volta dans ses frontières de 1932 à partir du 5 septembre 1947.
18/12/1955	La loi ***n° 55-1489*** portant organisation municipale en Afrique occidentale et centrale. Création des catégories de communes de plein et moyen exercices. Érection de Ouagadougou et Bobo-Dioulasso en commune de plein exercice.	
04/04/57	Décret portant conditions d'institution et de fonctionnement des collectivités rurales en AOF et AEF	
24/05/1958	Création des communes de « moyen exercice » de Ouahigouya, Banfora et Koudougou.	
	1960 – 1965	
2/02/60	Création de la commune de « plein exercice » de Kaya et érection des communes de « moyen exercice » de Banfora, Koudougou et Ouahigouya en commune de plein exercice. Ceci a fait passer le nombre de communes de cette catégorie à six (6).	
24/2/1960	Création suivant loi ***n° 24-60/AN*** de deux catégories de collectivités locales rurales : collectivités rurales de plein exercice (au nombre de 53) dont les présidents sont élus et les collectivités rurales de moyen exercice dont la présidence est assurée par le chef de circonscription administrative la plus proche.	Proclamation de l'indépendance de l'ex-Haute-Volta le 05/08/60.
30/11/64	Transformation suivant loi n° 16/AN des collectivités rurales de moyen exercice en collectivités rurales de plein exercice. Les organes délibérants de ces dernières étaient composés de membres élus au suffrage universel et de membres de droit (des députés de l'Assemblée nationale). Le nombre de communes rurales est passé de 53 à 83 communes.	

1966 – 1990		
03/01/66	Suppression des conseils des collectivités et création de délégations spéciales dont les commandants de cercle en étaient les présidents et les ordonnateurs des budgets.	Renversement des institutions de la 1re République par une « insurrection populaire » le **03/01/66**. Mise en place d'un gouvernement militaire.
7/06/74	Suppression par ordonnances des collectivités rurales et création des départements suivant respectivement ordonnances n° ***74-40/PRES/IS/DI*** du 7 juin 1974 et ***n° 74-45/PRES/IS/DI*** du 2 juillet 1974. Les départements étaient censés être des collectivités territoriales et en même temps des circonscriptions administratives. Cependant, les organes délibérants des départements n'ont jamais été mis en place.	Suspension de la Constitution de la IIe République et dissolution de l'Assemblée nationale le 8 février 1974. Mise en place d'un gouvernement militaire.
20/06/76	Attribution d'un statut particulier à la ville de Ouagadougou suivant ordonnance ***n° 76-012/PRES/IS*** du 20 juin 1976 : organisation de la ville en secteur, institution d'un organe délibérant dénommé « conseil de ville » et création d'un « comité consultatif » composé de techniciens nommés par le gouvernement central.	
15/10/76	Subdivision de la ville de Ouagadougou en dix secteurs suivant décret n° ***76-382/PRES/IS*** du 15.10.76	
7/06/ 79	Loi n° ***10/79*** du 7 juin 1979 portant création des communes en Haute-Volta.	Vote de la Constitution de la IIIe République le 27/11/77.
25/11/80	Création de délégations spéciales départementales.	Avènement du « Comité Militaire de Redressement pour le Progrès National » (CMPRN) le 25/11/80.
7/11/82		Avènement du « Conseil de Salut du Peuple » (CSP) le 7/11/82.
14/11/83	Prise d'une ordonnance (***n° 83-21/CNR/PRES***) portant réorganisation de l'administration du territoire	Avènement du « Conseil National de la Révolution » (CNR) le 4/08/83.
15/08/84	Découpage du territoire national en 30 provinces et 250 départements suivant ordonnance ***n° 84-055/CNR/PRES*** du 15 août 1984.	
29/08/85	Création de cinquante (50) nouveaux départements suivant ordonnance ***n° 85-046/CNR/PRES*** du 29 août 1985	
12/10/89	Abrogation de la zatu ***n° 83-21/CNR/PRES*** du 14 novembre 1983. Création de deux catégories de collectivités territoriales (provinces et communes) dotées de la personnalité morale et de l'autonomie financière.	Avènement du « Front Populaire » (FP) le 15/10/1987.

1991-2009		
06/1991	**Adoption par référendum le 2 juin et promulgation le 11 juin de la Constitution de la IVe République. Cette Constitution a décliné les grands principes de la décentralisation à travers trois articles :** ***Art. 143 : « Le Burkina Faso est organisé en collectivités territoriales » ;*** ***Art. 144 : « La création, la suppression, le découpage des collectivités territoriales sont du ressort de loi » ;*** ***Art. 145 : « La loi organise la participation démocratique des populations à la libre administration des collectivités territoriales ».***	
7/08/91	Ordonnance ***n° 91-0048/PRES*** du 7 août 1991 relative à l'organisation du territoire pendant la période transitoire.	
1er/12/1991		Première élection présidentielle de la IVe République.
24/05/1992		Premières élections législatives de la IVe République et mise en place de l'Assemblée des Députés du Peuple (ADP).
7-12/05/93	Loi ***n° 03*** du 7 mai 1993 relative à l'organisation de l'administration du territoire. Loi ***n° 04*** du 12 mai 1993 relative à l'organisation municipale ; loi ***n° 5*** relative au statut particulier de la province du Kadiogo et de la ville de Ouagadougou ; loi ***n° 6*** relative au statut particulier de la ville de Bobo-Dioulasso ; loi ***n° 7*** relative au régime électoral des conseillers de village, de secteur communal, de département et de province. Ainsi qu'il résulte des lois ***nos 4***, ***5*** et ***6*** ci-dessus il y a 3 catégories de communes : communes de plein exercice, de moyen exercice et commune à statut particulier avec possibilité pour les communes de moyen exercice de devenir des communes de plein exercice.	
16/11/93	Création de la Commission Nationale de la Décentralisation (CND) suivant décret ***n° 93-350/PRES/PM*** du 16/11/93.	
12/02/95	Organisation des premières élections municipales dans 33 communes de plein exercice.	
02/12/ 95	Création de l'Association des maires (des Municipalités actuellement) du Burkina Faso (AMBF) par décret ***n° 95-0364/MATS/SG/DGAT/DELPAJ*** du 2 décembre 1995.	
3/04/96	Création du Fonds d'appui au Démarrage et au développement des Communes (FODECOM). Création du Service d'Appui à la Gestion et au Développement des Communes (SAGEDECOM).	

3-6/08/98	Loi ***n° 040/98*** relative à l'orientation de la décentralisation ; loi ***n° 041/98*** relative à l'administration du territoire ; loi ***n° 042/98*** relative à l'organisation et fonctionnement des collectivités locales ; loi ***n° 043/98/An*** portant programmation de la mise en œuvre de la décentralisation.	
28/04/2000	Décret ***n° 2000-163/PRES/PM/MEF*** portant modalité et condition d'octroi des avances de trésorerie aux collectivités locales.	
05/2000	Deuxièmes élections municipales de la IVe République dans 49 communes urbaines.	
02/07/2001	Modification du maillage administratif suivant loi ***n° 13-2001*** du 2 juillet 2001 relative à la création des Régions.	
03/07/2001	Loi ***n° 014-2001/AN*** relative au Code électoral. Articles 236 et suivants relatifs à l'élection des conseillers municipaux et des organes des communes.	
21/12/2004	**Adoption de la loi n° 055-2004 portant Code Général des Collectivités Territoriales (CGCT) en tant que principale norme de référence en matière de décentralisation.** **Création de deux niveaux de CT : la commune (urbaine et rurale) et la région.**	
03/02/2005	Décret ***n° 2005-045/PRES/PM/MATD*** relatif aux attributions du Gouverneur de région, du Haut-commissaire de province et du Préfet de département.	
25/05/2005	Loi ***n° 024-2005/AN*** relative à la modification de la loi électorale (n° 014-2001/An) afin de prendre en compte l'élection des organes de la région collectivité territoriale.	
23/04/2006	Troisièmes élections municipales de la IVe République et premières élections dans les communes rurales.	
09/05/2006	Loi ***n° 014-2006/AN*** relative à la détermination des ressources et des charges des collectivités territoriales au Burkina Faso.	
15/05/2006	1) Décret ***n° 2006-204/PRES/PM/MFB/MATD*** relatif au régime financier et comptable des collectivités territoriales du Burkina Faso. 2) Décret ***n° 2006-208/PRES/PM/MFB/MATD*** relatif règlement intérieur-type des conseils de collectivités territoriales. 3) Décret ***n° 2006-209/PRES/PM/MFB/MATD*** portant transfert de compétences aux communes urbaines, dans les domaines du préscolaire, de l'enseignement primaire, de la santé, de la culture, de la jeunesse, des sports et loisirs.	
14/11/2006	Loi ***n° 021-2006/AN*** relative à la modification de la loi **n° 055-2004** (CGCT) et à l'extension de l'institution des Conseils Villageois de Développement (CVD) aux villages rattachés aux communes urbaines.	

05/12/2006	Loi ***n° 027-2006/AN*** relative au régime juridique applicable aux emplois et aux agents des collectivités territoriales.	
22/01/2007	Décret ***n° 2007-032/PRES/PM/MATD*** portant organisation, composition et fonctionnement des Conseils Villageois de Développement (CVD).	
09/02/2007	Décret ***n° 2007-069/PRES/PM/MFB/MATD*** portant Nomenclature budgétaire des collectivités territoriales du Burkina Faso.	
1er/03/2007	Décret ***n° 2007-095/PRES/PM/MATD/MFB*** relatif à l'adoption du Cadre Stratégique de Mise en Œuvre de la Décentralisation (2006-2015).	
18/05/2007	Décret ***n° 2007-287/PRES/PM/MFB/MATD*** portant fixation des modalités de répartition des impôts et taxes entre les communes et les régions.	
06/12/2007	Loi ***n° 033-2007/AN*** : - **Art. 37** relatif à la création de la **Taxe de Développement Communal (TDC)** (effet : 1er janvier 2008). - **Art. 38** relatif à la création du **Fonds de Solidarité des Communes (FSC)** (effet : 1er janvier 2008).	
03/12/2008	Loi ***n° 062-2008/AN*, art. 28** relatif à la « recentralisation » d'une partie non déterminée des produits de la taxe de jouissance.	
03/03/2009	1) **Décret *n° 2009-105*** portant transfert des compétences et des ressources aux communes dans le domaine de la culture, de la jeunesse, des sports et des loisirs ; 2) **Décret *n° 2009-106*** portant transfert des compétences et des ressources aux communes dans le domaine du préscolaire, de l'enseignement primaire et l'alphabétisation ; 3) **Décret *n° 2009-108*** portant transfert des compétences et des ressources aux communes dans le domaine de la santé.	
22/12/2009	Loi ***n° 066-2009/AN*** portant découpage des communes urbaines à statut particulier	
02/12/2012	Quatrième élection municipale de la IVe République	
23/04/2013	Loi ***n° 008-2013/AN*** portant Code de transparence dans la gestion des finances publiques au Burkina Faso	
10/03/2014	Décret ***n° 2014-155*** portant création, composition, attribution, organisation et fonctionnement de la conférence nationale de la décentralisation	
17/11/2014	Décret ***n° 2014-004/PRES/CAB*** portant dissolution des conseils de collectivités territoriales du Burkina Faso et installation de délégations territoriales	
18/12/2014	Publication dans le JO N° 51 de huit (8) des vingt et un (21) décrets du 10/10/2014 portant modalités de transfert des compétences et des ressources de l'État aux communes et aux régions dans différents domaines	

25/12/2014	Publication dans le *JO* N° 52 de six (6) des vingt et un (21) décrets du 10/10/2014 portant modalités de transfert des compétences et des ressources de l'État aux communes et aux régions dans différents domaines	
22/05/2016	Cinquièmes élections municipales de la IVe République	
06/11/2015	Loi organique ***n° 073-2015/CNT*** du 06/11/2015 relative aux lois de finances	
02/12/2016	Loi ***n° 039-2016*** portant règlementation générale de la commande publique	
08/07/2016	Décret ***n° 2016-598/PRES/PM/MINEFID*** portant règlementation générale sur la comptabilité publique	
08/07/2016	Décret ***n° 2016-602/PRES/PM/MINEFID*** portant tableau des opérations financières de l'État	
08/07/2016	Décret ***n° 2016-603/PRES/PM/MINEFID*** portant comptabilité des matières de l'État et des autres organismes publics	
01/02/2017	Décret ***n° 2017-049/PRES/PM/MINEFID*** portant procédures de passation, d'exécution et de règlement des marchés publics et des délégations de service public	
13/03/2017	Décret ***n° 2017-106/PRES/PM/MINEFID*** portant régime juridique des ordonnateurs de l'État et des autres organismes publics	
10/04/2017	Décret ***n° 2017-182/PRES/PM/MINEFID*** portant modalités de contrôle des opérations financières de l'État et des autres organismes publics	
09/04/2018	Décret ***n° 2018-0269/PRES/PM/MATDC*** du 9 avril 2018 portant adoption des référentiels de la décentralisation au Burkina Faso ;	
05/06/2019	Décret ***n° 2019-0575/PRES/PM/MINEFID/ MATDC*** portant régime financier et comptable des collectivités territoriales	
14/06/2019	Décret ***n° 2019-0621/PRES/PM/MINEFID/ MATDC*** portant nomenclature budgétaire des collectivités territoriales du Burkina Faso	
30/10/2019	**La Charte africaine** des valeurs et des principes de la décentralisation, de la gouvernance locale et du développement local	
31/12/2019	Loi ***n° 058-2017*** portant **Code général des impôts**, ensemble ses modificatifs (**à jour au 31/12/2019**)	

Source *: élaboration de l'auteur sur la base de la lecture combinée de plusieurs sources documentaires.*

II.1.2. Quelques éléments de commentaire sur la chronologie

Tel qu'il résulte du tableau **II.3** ci-dessus, l'histoire du processus de la décentralisation peut être appréhendée à travers trois principales périodes avant de décliner quelques éléments de perspectives. La première période se situe dans le contexte de la colonisation et a été marquée par la création des deux premières communes « mixtes » que sont Bobo-Dioulasso et Ouagadougou. En revanche, les phases suivantes du processus sont intervenues après l'indépendance. Ainsi, la deuxième phase du processus a commencé en 1960 avec la création des premières collectivités locales rurales et s'est achevée à la fin de la décennie 80. La troisième étape, quant à elle, va du début des années 90 avec l'avènement de la nouvelle décentralisation jusqu'à nos jours. Mais, pourquoi donc ce découpage de la brève histoire de la décentralisation en trois périodes et qu'est-ce qui caractérise chacune de ces périodes ?

La principale raison qui justifie la division tripartite de l'historique de la décentralisation réside dans les différences de contextes sociopolitiques de naissance de chacune des trois phases du processus. En effet, le contexte sociopolitique a une influence directe, non seulement, sur la conceptualisation de la décentralisation, mais aussi, sur ses objectifs, de même que sur ses modalités d'implémentation. Ainsi, de 1926 – année de création des premières communes – jusqu'à la fin du premier semestre de l'année 1960, la Haute-Volta d'alors était encore une colonie française. Il est évident qu'un tel contexte sociopolitique ayant sa rationalité propre a bien évidemment marqué de son empreinte les premiers temps de la décentralisation. Aussi, convenait-il de la distinguer d'avec la période postcoloniale. Pour autant, l'histoire postcoloniale de la décentralisation n'est pas demeurée elle-même une histoire uniforme. En effet, si les trente premières années de l'indépendance ont été caractérisées, essentiellement, par des régimes d'exception avec toutefois quelques brefs intermèdes démocratiques, à partir de la décennie 90, en revanche, le pays a amorcé un nouveau processus de démocratie pluraliste. Ainsi, tandis que le processus démocratique des années 90 donnait naissance à une décentralisation s'inscrivant dans la catégorie de ce que Mback (2003) a appelé « les nouvelles décentralisations », la période antérieure (1960/90) avait, quant à elle, donné lieu à quelques initiatives non abouties de même qu'à des réformes législatives demeurées, pour l'essentiel, lettres mortes. Il est donc tout à fait justifié de distinguer cette période dite des nouvelles décentralisations avec les tentatives inachevées qui l'ont précédée. Ceci étant précisé, on peut donc mentionner les commentaires ci-dessous pour caractériser les trois étapes historiques du processus de décentralisation.

A/ Pendant la période coloniale, l'organisation administrative avait essentiellement trois buts (Billaz, 2003 : 26-27 ; Yatta, 2009 : 29) : « l'encadrement administratif » des populations, « la mise en valeur agricole » des entités administratives et la réalisation de la « mission civilisatrice » au profit « des peuples indigènes ». Autrement dit, les objectifs qui étaient assignés à cette forme d'organisation qui impliquait une administration « directe » des colonies à l'exclusion de toute « autonomie locale » n'étaient pas ceux de la décentralisation ainsi qu'ils sont entendus de nos jours. En outre, l'arrangement institutionnel des collectivités locales de cette période révèle que tous les membres des organes de gestion desdites collectivités n'étaient pas élus au suffrage universel. Par exemple, les membres des organes délibérants des communes « mixtes » créées en 1926 étaient désignés suivant une modalité mixte (R. A. Sawadogo, 2001 : 207) : certains membres étaient nommés par décret du Gouverneur, d'autres élus au suffrage restreint et un troisième groupe au suffrage universel direct. Quant au président du conseil municipal – l'« administrateur maire » – également organe exécutif de la commune, il était nommé par les autorités coloniales dont il était le représentant au niveau local. Même la loi du 18 novembre 1955 qui a modifié les dispositions institutionnelles antérieures pour instituer les communes de « plein exercice » et de « moyen exercice » a été une symphonie inachevée puisque tous les organes desdites communes n'étaient pas élus au suffrage universel. Par exemple, les maires (organes exécutifs) des communes de moyen exercice étaient des fonctionnaires nommés par l'autorité centrale (Ouattara, 2007 : 100). À la faveur de cette loi et de celle dite « loi-cadre » intervenue en 1956 qui instaura la généralisation du suffrage universel en Afrique-Occidentale Française (AOF), les communes mixtes de Bobo-Dioulasso et Ouagadougou ont pu accéder au statut de commune de plein exercice et ont pu élire, à l'occasion, des organes au suffrage universel direct. De même, Banfora, Koudougou et Ouahigouya ont pu accéder au statut de commune avant Kaya qui y a accédé en 1959. Mais, les enjeux de pouvoir et l'inexpérience en matière de gestion municipale vont vite avoir raison de cette nouvelle dynamique. Ainsi, en août 1959, suite à un conflit politique entre le conseil de gouvernement (gouvernement central) et le maire de Ouagadougou, ce dernier a été démis de ses fonctions pour « incompétence en matière fiscale » et le conseil municipal dissous (Ouattara, 2007 : 101). Pour combler le vide laissé par le maire et le conseil, le gouvernement central les a respectivement remplacés par un administrateur intérimaire et une délégation spéciale. En plus, cette situation de la commune-capitale a servi de prétexte pour l'adoption d'une loi instituant des délégations spéciales ayant des organes nommés par le gouvernement central dans toutes les autres communes.

Au total, si l'on passe les développements ci-dessus au crible de la critériologie actuelle de la décentralisation, on ne peut que conclure avec Billaz (2003 : 36) que les mentalités, les textes et les pratiques de la période coloniale n'étaient pas favorables à la décentralisation.

B/ Les trente premières années de l'indépendance de la Haute-Volta d'alors furent particulièrement riches en situations exceptionnelles de tout genre : 3 janvier 1966 prise de pouvoir par l'armée suite à un « soulèvement populaire » mettant ainsi fin à la Ire République ; 8 février 1974, tel un couperet, une proclamation de l'armée suspend la Constitution de la IIe République adoptée quelque quatre années plus tôt ; le 25 novembre 1980, un autre coup d'État militaire mettait fin à la IIIe République. Ce dernier régime militaire est lui-même renversé par d'autres militaires le 7 novembre 1982. Ceux-ci sont à leur tour dépossédés du pouvoir suite au coup d'État du 4 août 1983. Mais, avant l'adoption en juin 1991 de la Constitution de l'actuelle IVe République, un dernier coup d'État militaire intervenu le 15 octobre 1987 s'était chargé de déposer le régime du « Conseil National de la Révolution » (CNR). Il est évident que dans de tels contextes d'instabilités politiques et d'absence de démocratie, les préoccupations de ces régimes militaires étaient sans doute ailleurs. En tout cas, elles n'étaient pas à la mise à l'agenda d'un véritable processus de décentralisation. Tout au plus, peut-on noter que certains de ces régimes avaient une certaine idée de la gouvernance locale. Celle-ci s'étant concrétisée dans certains cas par la mise en place de délégations spéciales et/ou par la démultiplication de circonscriptions administratives dotées de certaines compétences. Ainsi, selon Ouattara (2007 : 123) la junte militaire parvenue au pouvoir à la faveur du coup d'État du 25 novembre 1980 avait marqué la gouvernance locale par la création d'un certain nombre de circonscriptions administratives supplémentaires dont les chefs de circonscriptions avaient été délégataires de la gestion des recettes de l'impôt forfaitaire sur le revenu. Certains de ces régimes militaires ont même voulu faire œuvre d'originalité dans la conceptualisation et la mise en œuvre de leur idée de décentralisation. Ainsi en a été le cas avec le CNR à travers son ordonnance n° 83-21/CNR/PRES portant réorganisation du territoire en date du 14 novembre 1983. En effet, à la faveur de cette ordonnance, quatre catégories de collectivités territoriales furent créées (le village, la commune, le département et la province) dotées chacune d'organes élus. Cependant, lesdites élections n'avaient pas été faites au suffrage universel. Elles avaient plutôt été réalisées par suffrage « populaire » sur la base des directives des premiers responsables des « comités de défense de la révolution » (CDR). En d'autres termes, seuls les membres de ces comités et/ou les militants du régime au pouvoir pouvaient être éligibles. Mais, placées dans leur contexte, les réformes de cette époque ont insufflé une originalité et une certaine avancée dans l'idée de décentralisation. Du reste, selon Ouattara (2007 : 140) lesdites réformes auraient servi de « rampe de lancement » au nouveau processus de décentralisation qui interviendra la décennie suivante.

Pour ce qui concerne les régimes de démocratie pluraliste des trois premières décennies postindépendances, ils ont lieu en trois temps : 1960/66, Ire République ; 1970/74, IIe République et la IIIe République en 1978/80.

Mais, compte tenu de leur brièveté et, probablement, compte tenu aussi de l'absence de volonté politique, aucun de ces régimes n'a engagé une audacieuse décentralisation des politiques publiques. Pour autant, la Ire République a pris quelques initiatives législatives notamment pour ériger les collectivités rurales de moyen exercice en collectivités de plein exercice et pour faire passer le nombre de ces collectivités de 53 en 1960 à 83 en 1964. Étant entendu que les organes délibérants desdites collectivités comprenaient des membres cooptés dits membres de droit (les députés de l'Assemblée nationale) et des membres élus au suffrage universel. Les organes exécutifs de ces collectivités qui étaient en même temps les présidents des organes délibérants étaient désignés pour un mandat annuel renouvelable. Mais, les collectivités rurales de plein exercice n'ont pas pu véritablement fonctionner puisque dès 1966, celles-ci et leurs conseils ont été dissous pour être remplacés par des organes d'exception créés par les militaires ayant pris le pouvoir le 3 janvier de la même année.

Au regard du succinct survol ci-dessus, il ne serait pas exagéré de dire que globalement, les trois premières décennies de l'indépendance furent une occasion manquée en matière de décentralisation et de démocratie locale.

C/ Le processus de décentralisation actuellement en cours ne semble pas avoir usurpé sa qualification de « nouvelle » décentralisation. D'abord, cette décentralisation est nouvelle par son contexte de naissance qui était, du reste, celui de la plupart des pays africains ayant engagé de telles réformes en ce début des années 90. En effet et ainsi qu'il a déjà été signalé en introduction générale, le contexte a été celui d'une double crise (Mback, 2003 : 32) : une crise sociopolitique marquée par la contestation ouverte des systèmes de partis uniques ou de régimes autoritaires de même que par le rejet de la centralisation politique et administrative ; une crise économique ayant entraîné la conception et la mise en œuvre de programmes d'ajustement structurel (PAS) comme solution correctrice. Mais, la nouveauté du processus s'explique également par ses enjeux qui tirent leurs justifications du contexte ci-dessus décrit. Ces enjeux se déclinent sous deux angles : le premier enjeu est l'instauration d'une démocratie locale pluraliste à travers l'élection au suffrage universel des organes de gestion des collectivités décentralisées afin de rompre avec les pratiques antérieures. Le second enjeu qu'est le développement local est, quant à lui, parti d'un constat largement partagé à la fin des années 80 qui voudrait que l'État africain soit en « faillite » (R. A. Sawadogo, 2001 : 15) au point qu'il ait été considéré par certains auteurs (Mback, 2003 : 37) comme étant une des causes du retard de développement du continent. Dans cette perspective, la décentralisation en tant que processus favorisant la participation des communautés locales à la formulation et à la mise en œuvre des politiques publiques dont lesdites communautés sont bénéficiaires, est censée être un facteur décisif de ce développement local. En d'autres termes et ainsi qu'ils seront évoqués beaucoup plus amplement ci-après, les fondements de la nouvelle décentralisation burkinabè sont de deux ordres : la promotion du développement à la base et le renforcement de la gouvernance locale.

Un autre aspect de la nouveauté du processus réside dans le fait que pour la première fois, la réforme décentralisatrice a acquis une valeur constitutionnelle. En effet, la Constitution de la IVe République à travers ses articles 143, 144 et 145 consacre l'existence des collectivités territoriales dotées de la personnalité morale, de l'autonomie financière et gérées par des organes élus. Toutefois, il faut noter avec Mback (2003 : 65) que cette avancée a été le résultat d'un consensus de l'opinion nationale qui s'était fédérée, dès le départ, autour de la nécessité de la réforme. Tant et si bien qu'après le référendum constitutionnel du 2 juin 1991, un paquet de cinq lois a été adopté par l'Assemblée des Députés du Peuple (ADP), courant l'année 1993, afin de donner un cadre juridique stable au processus. Il s'agit, entre autres, des lois relatives à l'organisation municipale, aux statuts particuliers des communes de Bobo et Ouaga et au régime électoral des conseillers. En outre, dans la même année et dans le but de donner une impulsion au processus, une « Commission Nationale de la Décentralisation » (CND) a été créée afin de conseiller le gouvernement tout en lui proposant des dispositions institutionnelles réalistes et consensuelles relatives à la mise en œuvre de la réforme. Enfin, la mise en œuvre de la réforme s'est par la suite concrétisée par l'élection, courant l'année 1995, des organes délibérants et exécutifs des trente-trois (33) premières communes de plein exercice. En août 1998, quatre autres lois ont été adoptées en remplacement des lois de 1993. L'objectif principal de ces nouvelles lois était de donner une orientation plus cohérente à la décentralisation (loi 040/98/AN) tout en l'assortissant d'une stratégie programmatique de mise en œuvre (loi 043/98/AN). C'est sous le régime de ce nouvel encadrement institutionnel que les deuxièmes élections municipales ont été organisées en mai 2000. Les années 2001 et 2004 ont été marquées par des avancées supplémentaires en matière de décentralisation. Ainsi, en juillet 2001, le maillage administratif du pays a été modifié passant de deux niveaux de collectivités territoriales (provinces et communes) à trois niveaux avec la création des régions. Mais alors que provinces et régions n'avaient pas encore mis en place leurs organes élus, le législateur adopta en décembre 2004 le Code Général des Collectivités Territoriales (CGCT, ci-après) qui ramena les collectivités territoriales à deux niveaux (communes et régions) tout en consacrant la communalisation intégrale du pays. C'est donc sous le régime de ce Code et de la loi électorale de 2001 que les élections locales furent organisées courant 2006 permettant ainsi d'élire les tout premiers conseillers des 302 communes rurales de même que la deuxième génération des conseillers des communes urbaines sauf pour les conseillers des 33 premières communes « laboratoires » qui en étaient à leur troisième génération. Ces élections ont également permis d'élire au suffrage indirect les tout premiers conseillers régionaux.

Suite à « l'insurrection populaire » d'octobre 2014, tous les conseils de collectivités issus des élections municipales de décembre 2012 ont été dissous par décret[10] n° 2014-004 du 17 novembre 2014 et remplacés par des délégations spéciales. Cependant, après l'intermède de la transition politique et le retour à la normalité républicaine, les cinquièmes élections municipales de la IVe République ont permis d'élire de nouveaux conseillers locaux courant l'année 2016.

Au total, on peut noter que le processus de décentralisation enclenché depuis le début de la décennie 90 tranche avec les tentatives précédentes pour certaines raisons : (i) inscription du principe de la décentralisation dans la Constitution ; (ii) élaboration de règles institutionnelles et de cadres stratégiques d'implémentation de la décentralisation ; (iii) communalisation intégrale du pays ; (iv) organisation de cinq élections locales ; (v) transfert, tout au moins formellement, des tâches et ressources aux CT ; (vi) fonctionnement plus ou moins régulier des organes de gestion des communes et des régions.

II.1.3. Des nouveaux référentiels de la décentralisation

Le gouvernement central a adopté courant avril 2018 (décret n° 2018-0269 du 09/04/2018) de nouveaux référentiels qui sont censés avoir enclenché le « cycle III » du processus de décentralisation. Ainsi qu'il résulte de l'annexe 1 du document de vision prospective de la décentralisation qui décline la méthodologie synthétique d'élaboration desdits nouveaux référentiels, le processus a débuté par l'établissement et la validation courant l'année 2015 d'un état des lieux de la décentralisation suivant une démarche participative. Étant entendu que cet état des lieux a été par la suite conforté par quelques études d'évaluation externe du cadre stratégique de mise en œuvre de la décentralisation (2006-2015).

Pour ce qui concerne la démarche d'élaboration des référentiels, elle a consisté en des concertations avec des personnes-ressources du gouvernement central et des organisations de la société civile constituées en un groupe de travail de référence. Trois groupes thématiques sectoriels ont également été constitués dont un groupe pour chaque référentiel. Une équipe de consultants s'est chargée d'établir et soumettre aux différents groupes des documents et notes techniques afin d'enrichir et approfondir leurs réflexions.

Les inputs documentaires qui ont été pris en compte pour l'élaboration des projets de référentiels sont, outre l'état des lieux de la décentralisation ci-dessus évoqué, la Vision Burkina 2025, le Programme national de

[10] Ce décret qui avait prononcé la dissolution des conseils de collectivités par voie de mesure générale était d'une légalité très douteuse tant dans sa forme que dans son fond.

développement économique et social (PNDES 2016-2020) et la Stratégie nationale de déconcentration administrative (SNDA, 2014-2023).

La validation des projets de référentiel a été conduite suivant un processus de coproduction participative ascendante décomposé en quatre étapes : **(i)** des rencontres dans les régions avec un panel d'élus locaux, de cadres des STD et de représentants d'OSC afin de discuter pour enrichir les contenus des projets de référentiels ; **(ii)** une concertation avec la commission permanente du parlement en charge de la décentralisation ; **(iii)** présentation des documents consolidés au comité d'orientation et de pilotage et **(iv)** validation des référentiels en conseil des ministres.

Le but de ce troisième paragraphe est de donner un aperçu sur quelques éléments de perspective du processus de décentralisation à travers des descriptions synthétiques du texte de la vision prospective, de celui de la politique nationale de même que de celui de la stratégique décennal et son plan d'actions quinquennal.

II.1.3.1. De la vision prospective de la décentralisation

Le processus d'élaboration de la vision prospective de la décentralisation (VPD) à l'horizon 2040 a été conduit, selon ses rédacteurs, suivant « une méthodologie participative, itérative, inclusive et de co-construction ». Le document qui en a résulté et sur la base duquel la politique nationale de la décentralisation (PND) a été conçue est le produit d'une analyse tant rétrospective que prospective de la politique publique de décentralisation en cours depuis des décennies au Burkina Faso.

L'analyse rétrospective du processus de décentralisation a permis de dégager des hypothèses possibles de son évolution et de construire trois scénarii « globaux/pertinents » envisageables pour les vingt-cinq prochaines années. Il s'agit du (i) scénario pessimiste consistant en « une décentralisation prise en otage, le temps de nouvelles féodalités, le pouvoir local en panne » ; (ii) du scénario médian s'exprimant par « une volonté politique de porter la décentralisation, le temps de l'espérance et des incertitudes à lever » et (iii) du scénario optimiste se traduisant par « une décentralisation irradiante, le pouvoir local en marche, le bond en avant ».

Étant entendu que les termes de ces scénarii ne sont pas l'exact reflet de ce que sera la décentralisation en 2040 mais bien de ce qui est de l'ordre du possible, la VPD a été formulée de la façon suivante : « ***des collectivités territoriales performantes délivrent des services publics locaux de qualité et accessibles, impulsent un développement local inclusif et durable et animent une démocratie locale ancrée dans le substrat socioculturel*** ».

La VPD est structurée par cinq axes thématiques ainsi qu'il suit : **(i)** l'axe de l'enracinement de la démocratie, l'appropriation sociale et politique et gouvernance locale participative ; **(ii)** l'axe de délivrance de services publics locaux par les collectivités territoriales et maîtrise d'ouvrage publique locale ; **(iii)** l'axe du financement de la décentralisation et du développement local ; (**iv**) l'axe du développement économique local et de la cohérence territoriale et (**v**) l'axe du pilotage, de la coordination et du suivi évaluation du processus de décentralisation.

Le document de VPD a décliné également une analyse des facteurs de succès et les opportunités de même que les menaces et les risques. Il résulte de cette analyse qu'un haut niveau d'engagement de tous les acteurs ainsi que leur ferme volonté de changement positif sont les prérequis nécessaires afin que la VPD ne demeure pas un simple rêve sans lendemain.

II.1.3.2. De la politique nationale de décentralisation

La politique nationale de décentralisation (PND) est le référentiel d'implémentation de la VPD pour les vingt-cinq ans à venir. Sur la base des acquis du passé qu'il convient de consolider, tenant compte des éventuels freins à sa mise en œuvre et des tendances lourdes de probables contraintes, la PND a retenu sept défis à relever. Ces défis se déclinent comme suit : (**i**) le défi d'une gouvernance inclusive, participative et transparente du territoire ; (**ii**) le défi de l'amélioration de l'offre et de l'accessibilité des services publics locaux aux populations ; (**iii**) le défi d'une maîtrise d'ouvrage publique locale capable de soutenir de façon durable l'offre de services publics locaux de qualité ; (**iv**) le défi d'un développement territorial cohérent, équilibré et durable ; (**v**) le défi d'une contractualisation pluriannuelle État central/région CT/communes, autour de l'exécution des plans régionaux et communaux de développement, cofinancés dans le cadre de la territorialisation des politiques publiques sectorielles ; (**vi**) le défi d'un financement soutenable de la décentralisation ; (**vii**) le défi d'un portage fort de la PND par la plus haute autorité politique qu'est le chef de l'État.

La PND comporte un objectif global qu'est la lutte contre la pauvreté et des objectifs spécifiques au nombre de six. La mise en œuvre réussie de la PND devrait permettre d'aboutir à un recul de la pauvreté sous ses formes monétaire et non monétaire et réduire les disparités entre zones urbaines et zones rurales et entre régions. Mais, cette mise en œuvre réussie est conditionnée par certains préalables qui sont : (**i**) le portage politique fort de la PND ; (**ii**) l'effectivité des transferts de compétences ; (**iii**) l'appropriation et l'application effective des principes de bonne gouvernance et de démocratie au niveau national et local ; (**iv**) la stabilité des conseils des CT ; (**v**) la réduction des inerties et/ou dysfonctionnements ; (**vi**) le renforcement des capacités de mobilisation des ressources en faveur de la PND ; (**vii**) l'amélioration de la sécurité.

Le document de PND comporte également un cadre logique déclinant les éléments suivants : (**i**) la chaîne de résultats ; (**ii**) les indicateurs de suivi ; (**iii**) les sources de vérification et (**iv**) les hypothèses et risques.

II.1.3.3. De la stratégie décennale et son plan d'actions quinquennal

Conçue pour implémenter la PND pour les dix prochaines années, la stratégie décennale de la décentralisation (SDD) 2017-2026 est bâtie autour de six axes stratégiques en cohérence avec les six (06) objectifs spécifiques de la politique nationale.

L'objectif général de la SDD (2017-2026) est qu'au terme des dix années, les communes et les régions soient suffisamment dotées des capacités en ressources humaines, financières et techniques afin d'exploiter et gérer efficacement les potentialités locales. Ceci en partenariat avec le secteur privé, les organisations de la société civile, l'État central, etc.

Le principe fondamental de mise en œuvre de la SDD est la transversalité de la décentralisation et ses modalités opérationnelles au nombre de onze sont déclinées comme suit : (**i**) la territorialisation des politiques publiques ; (**ii**) l'appui des CT par les STD ; (**iii**) la valorisation des potentialités locales ; (**iv**) l'intensification de la mobilisation des ressources financières ; (**v**) la redevabilité ; (**vi**) l'équité, le genre et l'inclusion ; (**vii**) la durabilité ; (**viii**) l'expérimentation par les CT ; (**ix**) la mutualisation et le partage des bonnes pratiques ; (**x**) une meilleure synergie des différents apports extérieurs et (**xi**) la gestion axée sur les résultats.

L'exécution de la SDD se fait à travers deux plans d'actions de cinq ans et dont le premier comporte une phase de lancement et le second s'achève par une évaluation finale de la stratégie.

Le document du premier plan d'actions quinquennal (PAQ) élaboré pour mettre en œuvre le SDD (2017-2026) comporte une description par composante de l'ensemble des activités sur les cinq années. Bien entendu, il décline également les coûts, les modalités de mise en œuvre, les parties prenantes, le cadre de pilotage de même que le mécanisme de suivi de l'exécution.

Le document PAQ a identifié des points critiques qui devront faire l'objet d'une haute attention et qui conditionnent sa mise en œuvre réussie. Il s'agit, entre autres, des modalités de portage et de pilotage du PND par les plus hautes autorités du pays, de la sécurisation des financements des CT, de l'efficacité de l'exercice du contrôle de légalité, du renforcement de l'appui-conseil des chefs de circonscriptions administratives au profit des CT, etc.

Le coût total des six axes du PAQ a été évalué à un peu plus de huit cent cinquante-deux milliards de francs CFA, compte non tenu des ressources sectorielles transférées par les départements ministériels.

Les développements ci-dessus qui avaient pour but de faire un bref rappel historique de la décentralisation ont permis de mettre en évidence des enseignements essentiels qu'il convient de décliner sous forme de synthèse : le premier enseignement qui est en fait un rappel est que les différentes étapes du processus de décentralisation ont été fortement contingentes à l'histoire sociopolitique du pays. Deuxièmement, si son épithète « nouvelle » se justifie sous certains rapports, il reste que la décentralisation actuelle n'est pas née de génération spontanée de telle sorte qu'elle n'est pas si nouvelle que ça si l'on appréhende suivant une perspective historique. Troisièmement, un nouveau cadre programmatique a été adopté courant 2018 enclenchant ainsi une autre étape de la politique publique de décentralisation censée capitaliser les acquis des programmes politico-administratifs précédents et insuffler globalement au processus une certaine maturité.

II.2. Fondements, stratégie et principe de la nouvelle décentralisation

L'une des particularités de la nouvelle décentralisation tient dans le fait que les dispositions institutionnelles qui l'encadrent ont énoncé explicitement ses fondements (II.2.1), sa stratégie (II.2.2) et son principe (II.2.3) ainsi qu'ils sont respectivement évoqués ci-dessous.

II.2.1. Les fondements de la nouvelle décentralisation

Comme indiqué précédemment au chapitre I, la décentralisation n'est pas une fin en soi. Elle est un processus dont l'intérêt réside dans les objectifs qu'elle permet de réaliser. Mais, les objectifs de la décentralisation sont propres à chaque pays d'autant plus que leur traduction dans des dispositions institutionnelles fait appel aux conditions sociopolitiques nationales. Dans cette perspective, le législateur burkinabè a attribué deux objectifs à la politique publique de décentralisation (CGCT, art. 2) : la promotion du « développement à la base » et le renforcement de « la gouvernance locale ».

II.2.1.1. De la promotion du développement à la base

Si le dispositif institutionnel a évoqué le développement à la base ou développement local comme étant une des variables de la fonction d'objectifs de la décentralisation, il s'est bien gardé d'en expliciter le contenu. Mais, l'on sait que sous l'angle théorique, il y a une filiation entre le concept de développement local et les théories du développement endogène. Ainsi, pour Moussa et Ilboudo (2007 : 18), si le concept de développement local a pris un essor particulier avec les politiques de décentralisation, il reste qu'il s'enracine dans la théorie du développement endogène développée par Friedmann et Stohr vers la fin des années 50. Cette théorie conçoit le développement comme un processus partant du bas tout en privilégiant les ressources endogènes et en se rapportant à un terroir restreint.

Cependant, il y a une nuance entre développement endogène et développement local. En effet, alors que le développement endogène peut avoir pour cadre un espace plus vaste à l'échelle territoriale d'un pays, le développement local dans le cadre de la décentralisation ne concerne que des entités infranationales. Sous ce rapport, le développement local peut se définir comme « un processus multidimensionnel, qui concerne toutes les composantes de la vie humaine. Il se déroule dans le temps long et dans un espace de taille limitée. C'est un processus de mobilisation et de valorisation des ressources locales dans le cadre de l'interdépendance qui relie le local au global. Cette conception est associée à deux grands objectifs : la maîtrise du devenir du territoire d'une part, le développement équilibré des différentes ressources locales d'autre part » (Moussa et Ilboudo, 2007 : 20). Mais, dans un document élaboré en mars 2006 devant servir de guide d'élaboration des plans communaux de développement, l'ex-ministère de l'Économie et du Développement (MEDEV) avait, quant à lui, défini le développement local comme suit (MEDEV, 2006 : 10-11) : « le développement local se définit comme un processus dynamique dans lequel les acteurs organisés et mobilisés initient et mettent en œuvre des actions sur un espace donné en vue de l'amélioration de leurs conditions de vie ». Du reste, cette définition institutionnelle est en cohérence, a peu de nuances près, avec la définition proposée par l'UA à travers la Charte ci-dessus évoquée qui précise que le développement local consiste en « *la mobilisation de l'ensemble des ressources humaines, économiques, socioculturelles, politiques et naturelles locales, pour l'amélioration et la transformation des conditions de vie, des communautés et des collectivités au niveau local* » (Charte, art. 1er).

En somme, le développement local implique la mobilisation de toutes les ressources humaines et matérielles locales aux fins d'entraîner l'augmentation des unités locales de production en vue d'accroître la richesse au niveau local, multiplier en quantité et qualité les infrastructures et services, créer des emplois, etc., toute chose devant permettre l'épanouissement des citoyens locaux au plan économique, socioculturel et politique. En somme, le concept de développement local intègre la croissance économique locale sans être réductible à elle. Mais, quel lien existe-t-il entre décentralisation et développement local ?

Le lien le plus perceptible entre la décentralisation et le développement local tient principalement dans les principes basiques qui commandent le succès de ce dernier. En effet, selon Moussa et Ilboudo (2007 : 21) et le guide (2006 : 11) ci-dessus évoqué, les principes qui conditionnent la réussite du développement local se présentent comme suit : (i) l'existence d'entités territoriales locales ce qui fait penser aux collectivités locales en tant qu'expression territoriale de la décentralisation ; (ii) l'existence au sein des acteurs locaux d'un sentiment d'appartenance à leur entité renforcé par une histoire commune. Il est évident que les acteurs locaux dont il est question ici renvoient aux citoyens/électeurs des collectivités locales ; (iii) une vision commune du développement fondée sur la participation des populations. Autrement dit, les populations locales devront être les acteurs tant de la conception que de la mise en œuvre du processus de développement toute chose qui est en congruence avec un des principes de la décentralisation qu'est la participation citoyenne des populations locales ; (iv) l'utilisation des ressources endogènes pour le développement de l'entité territoriale à partir d'une auto-analyse des besoins et des problèmes à résoudre ; (v) l'existence de structures institutionnelles locales susceptibles d'encadrer et harmoniser les rapports entre les acteurs locaux pour conduire les programmes de développement. Ces structures institutionnelles rappellent implicitement les organes et acteurs institutionnels des collectivités territoriales dont le principal rôle consiste justement à prendre en charge le pilotage des politiques publiques locales.

Le second élément qui établit un lien entre le développement local et la décentralisation réside dans le fait que cette dernière permet une opérationnalisation du premier grâce à la répartition des fonctions de développement entre l'État central et les entités infranationales. C'est ainsi que dans la « Lettre de politique de développement rural décentralisé » adopté en juillet 2002, le gouvernement central avait réparti les fonctions de développement de la façon suivante (MEDEV, 2002 : 16-17) : (**i**) l'État central est chargé de l'orientation générale et de la définition des priorités de développement, de mettre en place un cadre législatif et réglementaire approprié, de mobiliser des ressources financières, de faire le suivi-évaluation des projets et programmes et de coordonner les différentes interventions ; (**ii**) les régions et communes ont, respectivement, la responsabilité d'élaborer et de mettre en œuvre leurs plans de développement après de larges concertations avec tous les acteurs locaux conformément aux orientations nationales. Ces entités territoriales sont également responsables de la mobilisation des ressources financières pour le financement desdits plans.

Cependant, si les liens entre développement à la base et décentralisation semblent évidents, les avis sont par contre contrastés quant à sa capacité à promouvoir ledit développement. En effet, certains auteurs estiment que la décentralisation peut favoriser le développement local, d'autres prétendent le contraire. Parmi les premiers, en plus de Greffe (1997 : 361-362) déjà cité au chapitre premier précédent, d'autres auteurs soutiennent également que la décentralisation peut promouvoir le développement local. Les arguments de ceux-ci sont rappelés par R. A. Sawadogo (2001 : 202) : le premier argument est que la décentralisation permettrait une meilleure planification du développement local grâce à une meilleure information sur les besoins et priorités de développement des citoyens. Cette meilleure information dont les structures étatiques centrales ne pourraient pas disposer est favorisée dans le cadre de la décentralisation par la participation et le rapprochement entre citoyens et gouvernements locaux. Deuxièmement, à la faveur de la participation et de la connaissance de la disponibilité des ressources par les gouvernements locaux, on peut s'attendre à une meilleure mise en œuvre des programmes de développement. Troisièmement, les organes locaux que la décentralisation permet de mettre en place sont, du fait de la proximité, mieux à même d'assurer la supervision et le contrôle de l'exécution des projets locaux de développement. Étant entendu que lesdits organes locaux seront eux-mêmes incités à plus de responsabilités du fait de la proximité des citoyens/contribuables/électeurs. En effet, contrairement aux fonctionnaires du gouvernement central qui relèvent le plus souvent de supérieurs hiérarchiques géographiquement éloignés, les organes et les fonctionnaires locaux ont leur surveillant devant leur porte. Quatrièmement enfin, étant donné que la décentralisation est censée favoriser la participation et la représentativité de tous les groupes sociaux dans l'expression de leurs besoins, elle peut être un facteur de stabilité sociopolitique qui est un des prérequis du développement local.

A contrario, un autre groupe d'auteurs se montre particulièrement dubitatif sur la capacité de la décentralisation à promouvoir le développement local, notamment dans les pays en développement (PED). Pour Prud'Homme (2001), par exemple, la décentralisation n'est pas forcément un moyen de promotion du développement local dans ces pays. Il constate que les coûts associés à la création et au fonctionnement d'un gouvernement local sont généralement fixes et incompressibles et que les bénéfices des dépenses publiques pour les populations locales résultent de la différence entre ces bénéfices et les coûts fixes de fonctionnement de l'administration. Il en découle, selon lui, qu'un pays pauvre où les ressources fiscales sont faibles, les coûts fixes de fonctionnement consommeraient une part plus importante que dans un pays riche. L'auteur ajoute que dans certains cas, le gouvernement local ne peut même pas produire les services sociaux de base pour la population parce que toutes les ressources financières sont consommées par le fonctionnement administratif et bureaucratique. En conséquence, on ne peut pas s'attendre, selon lui, à ce que la décentralisation fasse la promotion du développement à la base dans un tel contexte. Un autre auteur pointe, quant à lui, la faible capacité technique et professionnelle des autorités locales, par rapport aux autorités centrales, à concevoir et mettre en œuvre des programmes de développement local (R. A. Sawadogo, 2001 : 204). Enfin, la proximité qui est considérée comme étant un facteur favorable à une meilleure mise en œuvre et à une meilleure supervision de l'exécution des programmes de développement peut avoir des revers, note Yatta (2009 : 223), citant en cela Prud'Homme (1995). Ces revers, selon ce dernier, résident dans le fait que la proximité entre élus et électeurs peut être porteuse de germes de corruption car les élus locaux sont plus vulnérables aux pressions de la part des groupes d'intérêts locaux. De même, contrairement aux fonctionnaires de l'État central qui changent constamment de lieu d'affectation, les fonctionnaires locaux, qui font souvent toute leur carrière au même endroit, ont plus de chance d'être cooptés par lesdits groupes de pression. En d'autres termes, la proximité peut favoriser le détournement des ressources du développement local au profit d'intérêts privés et clientélistes.

En guise de synthèse, on peut noter qu'au vu des liens étroits entre les principes du développement local et la décentralisation, cette dernière peut être un instrument de promotion du premier. Elle peut l'être d'autant plus qu'elle peut permettre de susciter et stimuler le dynamisme local nécessaire pour impulser le développement local. Du reste, les arguments contraires ci-dessus évoqués ne font que stigmatiser, plutôt, les potentiels risques (financiers, techniques et éthiques) de mise en œuvre de la décentralisation dans le contexte particulier des pays en développement. En réalité, ces critiques mettent en évidence le fait que la performance de la décentralisation dans la réalisation de la promotion du développement à la base dépend pour une large part de la performance de l'environnement institutionnelle plus particulièrement de la bonne qualité de la gouvernance locale. Au regard de ce qui précède, peut-on s'attendre à ce que la politique publique de décentralisation burkinabè permette de réaliser le développement local ? Seule une recherche empirique rigoureuse portant sur l'évaluation des effets de sa mise en œuvre sur une longue période pourrait permettre de donner une réponse objective à cette question.

II.2.1.2. Du renforcement de la gouvernance locale

Tout comme dans le cas du développement local, le dispositif institutionnel de référence n'a pas donné de contenu concret à la notion de gouvernance locale. Mais, la littérature propose une définition générale de la gouvernance en ces termes : « *le système de valeurs, de politiques et d'institutions grâce auquel une société organise la prise de décisions collectives et les actions reliées aux affaires politiques, socioculturelles et environnementales à travers l'interaction de la société civile et du secteur privé. Elle comprend des processus et des institutions complexes au sein desquels les citoyens et les groupes articulent leurs intérêts, discutent leurs différences et exercent leurs droits et obligations légales* » Work (2002) cité par Yatta (2009 : 15). Suivant cette perspective générale de la notion, le document de Politique Nationale de Bonne Gouvernance (PNBG) du Burkina Faso adopté en août 2005 pour la période 2005-2015 distingue quatre types de gouvernance (MFPRE, 2005 : 27) : **(i)** la « gouvernance politique » qui désigne la nature du régime politique, son mode opératoire et ses relations avec la société civile. Elle comprend le processus de prise de décisions politiques, l'élaboration et la mise en œuvre des politiques d'un État légitime qui fait autorité, ainsi que les mécanismes et les institutions par le biais desquels les citoyens expriment leurs intérêts, exercent leurs droits, assument leurs obligations et auxquels ils s'adressent pour régler leurs différends. Autrement dit, dans un État démocratique la gouvernance politique implique la séparation des pouvoirs exécutif, législatif et judiciaire, la représentation des différents intérêts existant dans la société et elle permet aux citoyens d'élire en toute liberté leurs représentants ; **(ii)** la « gouvernance administrative » qui englobe le système d'action publique par lequel les politiques publiques sont conçues, mises en œuvre et évaluées par l'appareil administratif. En d'autres termes, l'administration publique entendue au sens des ressources humaines, matérielles et financières mobilisées par l'État en vue de la satisfaction des citoyens est au cœur de la notion de gouvernance administrative ; (**iii**) la « gouvernance économique » qui désigne les processus de prise de décisions qui ont une incidence sur les activités économiques du pays et ses relations économiques avec les autres nations. Elle concerne également la structure des rapports économiques et des règles qui régissent la production et la distribution des biens et services dans une société donnée. La gouvernance économique a donc une incidence sur les citoyens en termes d'équité et de qualité de vie ; (**iv**) la « gouvernance locale » est considérée, quant à elle, comme l'exercice de l'autorité politique, économique et administrative par les collectivités locales. Elle a trois implications : (**a**) le transfert de compétences aux collectivités territoriales ; (**b**) l'autonomie des collectivités locales dans la gestion de leurs ressources, la définition de leurs moyens de développement et de leurs ressources de même que leurs priorités ; (**c**) la participation des populations locales à la gestion de la cité à travers l'élection des autorités locales et des assemblées locales représentatives.

Au regard de ce qui précède, on peut retenir que la bonne gouvernance locale implique la légitimité démocratique des organes de gestion des collectivités locales, c'est-à-dire que lesdits organes devront être désignés par élection par les citoyens qui les contrôlent et à qui ils devront rendre compte. En outre, elle suppose que des responsabilités en matière de politiques publiques locales soient attribuées au niveau local qui les met en œuvre de façon autonome. Étant entendu que ledit niveau local devra également assumer en termes d'impositions les conséquences de ses décisions dépensières, c'est-à-dire que ledit niveau local devra assumer ses responsabilités budgétaires. De même, le niveau local devra disposer d'une administration efficace soumise à une obligation de résultat et à celle de rendre compte. Enfin, les procédures de gestion locale devront être transparentes permettant la participation et le contrôle des citoyens. Au total, il y a des liens entre renforcement de la gouvernance locale et décentralisation qui semblent, du reste, se confondre et se renforcer l'une et l'autre. Mais, pour que la décentralisation puisse renforcer véritablement la gouvernance locale pour qu'elle soit de bonne qualité, il faudrait que le cadre institutionnel de cette décentralisation soit performant favorisant la participation citoyenne et incitant les élus, les décideurs et/ou acteurs politiques locaux à avoir des comportements conformément aux principes de bonne gouvernance : imputabilité politique, gestion transparente, obligation de résultats, participation citoyenne, civisme fiscal, etc.

Ce point consacré aux fondements de la décentralisation révèle que les fondements de la décentralisation burkinabè ne sont pas tout à fait les mêmes que les fondements de la décentralisation ainsi qu'ils sont généralement avancés par la théorie d'économie politique. Pour autant, comme signaler précédemment, le législateur burkinabè s'est inscrit en la matière dans la mouvance générale de ces collègues africains qui ont presque tous consacré la démocratie et le développement local comme étant les fondements des réformes décentralisatrices. En revanche, pour que la décentralisation puisse promouvoir le développement à la base et renforcer la gouvernance locale, il faudrait que son cadre institutionnel soit performant favorisant la bonne gouvernance locale et le développement local.

II.2.2. La stratégie de mise en œuvre de la nouvelle décentralisation : la progressivité

L'article 5 du CGCT dispose, sans autre précision, que « la mise en œuvre de la décentralisation se fait selon la règle de la progressivité [...] ». En dépit de cette imprécision, le présent paragraphe se propose d'analyser cette stratégie de la progressivité compte tenu de son importance pour la compréhension des développements ultérieurs.

Il faut noter, a priori, que la règle de la progressivité est suggérée par la théorie comme étant une des meilleures stratégies de mise en œuvre de la décentralisation. Dans cette perspective, pour Dafflon et Madiès (2008 : 25) citant Weingast (2006) « le processus de décentralisation doit être conçu comme un processus expérimental qui devrait être mis en œuvre par étapes et non pas de façon uniforme et en même temps sur l'ensemble du territoire ». L'idée de base de cette suggestion théorique est que l'on devrait sélectionner en premier lieu, idéalement suivant un processus ascendant de choix, les collectivités territoriales dans lesquelles les freins aux changements sont les moins forts de telle sorte à enclencher un processus de « type bandwagon » grâce à un effet de démonstration ou de comparaison sur les autres collectivités. Mais, une des limites de cette proposition soulevée par ces deux auteurs, qu'il convient de mentionner, est qu'elle ne dit pas « qui décide quoi et comment ? ». Autrement dit, si le gouvernement central sélectionne les collectivités pour l'expérimentation, les compétences devront-elles être dévolues ou déléguées auxdites collectivités locales ?

La compréhension de la progressivité dans le contexte burkinabè a été déclinée dans le document du Cadre Stratégique de Mise en Œuvre de la Décentralisation (CSMOD, 2006-2015) adopté en mars 2007 (décret 2007-095 du 1er mars 2007) par le gouvernement central. Selon ce document, la règle de la progressivité signifie que le transfert des compétences aux collectivités locales « s'opère graduellement en fonction du niveau d'appropriation des collectivités locales et des capacités de mise en œuvre par l'État (central) ». La notion d'appropriation est entendue sous deux angles : l'appropriation sociale qui « consiste à faire en sorte que les populations et les organisations de la société civile s'impliquent avec responsabilité citoyenne dans la gestion des affaires locales » et l'appropriation politique qui « [...] porte sur le rôle éminent que les partis politiques sont appelés à jouer pour le respect strict des règles du jeu démocratique et pour amener les populations à participer de façon consciente au jeu politique ». En revanche, pour ce qui concerne les « capacités de mise en œuvre par l'État (central) », aucune autre précision particulière n'a été apportée. Telle qu'exposée, on peut convenir que la nécessité d'une appropriation sociale du processus de décentralisation comme une des conditions d'attribution des compétences au niveau local n'est pas dénuée de tout fondement. En effet, ainsi que l'ont relevé Champagne et Ouédraogo (2008 : 9), le processus de décentralisation en tant que changement de paradigme de gouvernance, peut poser, comme tout changement sociopolitique, des problèmes d'appropriation qui peuvent se manifester, soit sous la forme de résistances au processus, soit tout simplement sous la forme d'attitudes d'indifférence de la part de certains acteurs impliqués. Or, la décentralisation suppose une participation active de tous les acteurs. Du reste, l'existence de ces résistances et/ou de cette indifférence des acteurs locaux vis-à-vis du processus de décentralisation semble être confirmée empiriquement si l'on s'en tient à ce qui ressort d'une enquête réalisée courant août 2008 et dont les résultats ont été rapportés par les deux auteurs ci-dessus cités. En effet, les populations ne se sentent pas concernées par le processus de décentralisation qu'elles considèrent comme un phénomène venu de Ouagadougou, la capitale et qu'elles regardent souvent avec de nombreuses appréhensions (Champagne et Ouédraogo, 2008 : 10). Sous un autre angle, les mêmes enquêtés considèrent la décentralisation comme un moyen conçu par l'État central pour « se débarrasser d'elles » et dont le but principal serait de les ponctionner à travers l'instauration des taxes communales. Au regard de ce qui précède et tout en interprétant ces résultats avec toute la prudence qui sied, on peut noter qu'il y a un malentendu autour de la réforme lié sans doute à un manque d'appropriation de la part des populations locales. Pour autant, l'argument tiré de « l'analphabétisme » en français et de « l'illettrisme » desdites populations, bien que compréhensible, ne suffit pas à lui tout seul pour expliquer cette indifférence vis-à-vis du processus comme tentent de le suggérer les auteurs de l'enquête. Le problème pourrait résider également dans le modèle de décentralisation qui procède d'un processus top-down fortement élitiste impulsé depuis l'État central. De ce fait, les objectifs du gouvernement central sont davantage privilégiés aux dépens des préférences des populations locales qui peuvent, entre autres, résister par l'indifférence et/ou par la méfiance.

Pour ce qui concerne l'appropriation politique, elle est d'une pertinence quelque peu douteuse en tant que justification de la règle de la progressivité. En effet, les termes dans lesquels cette appropriation se décline ne concernent pas que la seule réforme décentralisatrice, mais posent bien plutôt un problème relatif au contexte général du jeu politique et démocratique à l'échelle nationale. Dans cette perspective, poser comme fondement de la progressivité « le respect strict des règles du jeu démocratique » par les partis politiques et la sensibilisation des populations locales par ces derniers en vue d'une participation « consciente » au jeu politique, masque en réalité « une stratégie de contrôle du rythme de la décentralisation » par l'État central ainsi que l'ont souligné Champagne et Ouédraogo (2008 : 9). Du reste, le fait que ledit État central évoque, en outre, la question de ses propres « capacités de mise en œuvre » de la décentralisation pour justifier la progressivité, s'inscrit dans cette même volonté de contrôler étroitement le rythme de la réforme. En effet, autant il serait logique d'évoquer les capacités administratives et/ou techniques d'implémentation de la décentralisation par les collectivités locales pour justifier la stratégie de la progressivité, autant il est très peu pertinent d'évoquer les « capacités de mise en œuvre » du gouvernement central pour justifier ladite stratégie étant donné qu'il ne revient pas, en principe, à ce dernier d'implémenter les compétences transférées. S'il s'était agi de la déconcentration, cela aurait été compréhensible.

En somme, la règle de la progressivité se justifie tant qu'elle est fondée sur la nécessité de faire de la décentralisation un processus expérimental. Aussi, la mise en place sur la base des lois de décentralisation de 1993 des trente-trois (33) premières communes de « plein exercice » que l'on a appelées « communes laboratoires » s'était-elle inscrite dans un tel schéma d'expérimentation. En effet, selon R. A. Sawadogo (2001 : 220) « l'objectif était de s'appuyer sur du concret pour donner l'occasion à chacun des acteurs de jouer son rôle et de permettre au gouvernement de tirer leçon pour mieux asseoir une décentralisation globale de l'État ». En d'autres termes, il s'était agi d'une progressivité guidée par une volonté d'expérimentation suivant une approche « learning by doing » dont les résultats, après cinq années de fonctionnement desdites communes, ont été jugés globalement positifs permettant la réalisation de la communalisation intégrale du pays (R. A. Sawadogo, 2001 : 221-225). En conséquence, la règle de la progressivité prévue par le CGCT de 2004 est sans objet du point de vue de l'expérimentation. Elle ne le serait pas si l'on devait considérer que l'expérience des communes « laboratoires » demeurait encore à consolider. Mais, dans ce cas, l'actuelle communalisation intégrale aurait été elle-même prématurée. En fait, on a là une raison supplémentaire qui montre que cette règle de la progressivité s'inscrit beaucoup plus dans un schéma stratégique de l'État central. En effet, il n'est pas exclu que la décentralisation soit perçue par certains acteurs centraux comme un jeu de pouvoir à somme nulle. Dans cette perspective, puisque toute compétence transférée est une compétence perdue, il s'agit donc de conserver le plus de compétences possible tout en retardant autant que faire se peut le transfert effectif des compétences consenties formellement aux collectivités locales. Pourtant, au regard de ses objectifs projetés, la décentralisation devrait beaucoup plus être considérée comme un processus « win-win », c'est-à-dire un jeu à somme positive et non à somme nulle.

Au total, au regard des justifications telles qu'elles ont été explicitées ci-dessus, la règle de la progressivité est d'une pertinence discutable en tant que stratégie d'implémentation de la décentralisation dans sa phase actuelle. Du reste, bien que figurant toujours dans le CGCT, le SDD (2017-2026) ne fait plus de référence à la progressivité comme étant la règle stratégique de mise en œuvre de la décentralisation.

II.2.3. Le principe de subsidiarité

Dans le même article 5 du CGCT déjà évoqué ci-dessus, il est indiqué que la mise en œuvre de la décentralisation se fait selon « le principe de subsidiarité ». En outre, à l'article 34 du même Code, le législateur répète que « la répartition des compétences entre l'État (central) et les collectivités territoriales est régie par le principe de subsidiarité ». Cependant, il ne donne aucune précision quant à la signification de ce principe ni comment il peut être praticable dans une décentralisation descendante comme il en est le cas au Burkina Faso. Ceci étant dit, le paragraphe vise à investiguer sur la signification de la subsidiarité en partant de son origine avant de chercher à répondre à la question de savoir si sa consécration comme principe d'une décentralisation top-down était pertinente.

II.2.3.1. La signification originelle du principe de subsidiarité

Certains auteurs qui se sont intéressés à l'idée de subsidiarité ont cru déceler ses prémices dans les écrits de certains philosophes classiques comme Aristote ou dans les œuvres de penseurs du Moyen-Âge tel que Saint Thomas d'Aquin (Million-Delsol, 1993 : 9). En revanche, il semble que l'idée moderne de subsidiarité remonte au XVIe siècle chrétien. En effet, selon Dafflon (2005), au synode d'Emden en 1571, le droit réformé a pris ses distances vis-à-vis de l'organisation de l'Église catholique jugée centralisatrice et faisant peu de place aux échelons intermédiaires. En réaction, l'Église a inventé et adopté quelques siècles après ce synode de la division, un nouveau concept plus intégrateur qu'est celui de subsidiarité en vue de transformer la vision traditionnelle de sa doctrine sociale. Cependant, ainsi que le précise Beer-Toth (2009 : 79), c'est au Pape Pie XI que l'on doit la conceptualisation la plus récente de la subsidiarité à travers l'Encyclique sur la Restauration de l'Ordre Social, « Quadragesimo anno » (1931). En effet, la version française de l'Encyclique reprise dans la deuxième édition du dictionnaire suisse de la politique sociale décline le contenu chrétien de l'idée de subsidiarité en ces termes (Patrick de Laubier, 2002 : 347) : « "Il est vrai sans doute, et l'histoire en fournit d'abondants témoignages, que, par suite de l'évolution des conditions sociales, bien des choses que l'on demandait jadis à des associations de moindre envergure ne peuvent plus désormais être accomplies que par de puissantes collectivités. Il n'en reste pas moins indiscutable qu'on ne saurait ni changer ni ébranler ce principe si grave de philosophie sociale : de même qu'on ne peut enlever aux particuliers, pour les transférer à la communauté, les attributions dont ils sont capables de s'acquitter de leur seule initiative et par leurs propres moyens, ainsi ce serait commettre une injustice, en même temps que troubler d'une manière très dommageable l'ordre social, que de retirer aux groupements d'ordre inférieur, pour les confier à une collectivité plus vaste et d'un rang plus élevé, les fonctions qu'ils sont en mesure de remplir eux-mêmes" (Quadragesimo anno, 1931, 86) ».

Cette conception de la subsidiarité a été réaffirmée par le Pape Jean-Paul II six décennies plus tard dans l'Encyclique « Centesimo Anno » de 1991 (Beer-Toth, 2009 : 80) : « A community of a higher order should not interfere in the internal life of a community of a lower order, depriving the latter of its functions, but rather should support it in case of need and help to coordinate its activity with the activities of the rest of society, always with a view to the common good » (Centesimus Annus, para. 48). Au regard de ces deux citations, on peut retenir que l'idée de subsidiarité est la recherche d'un équilibre entre ingérence et non-ingérence dans les attributions des individus par la communauté ou dans celles des groupements d'ordre inférieur par les collectivités supérieures et/ou plus vastes. De ce fait, elle peut être interprétée comme étant en même temps une récusation de la liberté sacralisée et de l'égalité sacralisée. Mais, avant la réaffirmation papale de 1991, la subsidiarité avait déjà été consacrée comme principe de partage de compétences dans le droit positif de la Communauté Européenne (CE), c'est-à-dire, l'actuelle Union Européenne (UE). En effet, les dispositions de l'article 4, alinéa 3 de la Charte européenne de l'autonomie locale du 15/10/85 consacrent le principe de subsidiarité comme étant celui devant guider le partage de compétences entre les échelons inférieurs de gouvernement et l'État central ou fédéral. En outre, le Traité de Maastricht de 1992 (art. 5 de la version consolidée de 1997) a également repris à son compte le principe tout en s'y référant pour délimiter les compétences partagées entre la CE et les États membres.

Placée dans le contexte de la décentralisation, on peut noter que la déclinaison originelle de la subsidiarité se rapproche beaucoup plus de la décentralisation ascendante que de la décentralisation descendante. En effet, alors que l'Encyclique de 1931 dit que ce serait troubler l'ordre social que de « retirer » aux groupements inférieurs leurs compétences au profit d'une collectivité de rang élevé, celle de 1991 répète qu'une société d'ordre supérieur ne doit pas intervenir dans la vie interne d'une société inférieure en lui « enlevant » ses compétences. Appréhendé dans cette perspective, le principe va de « bas en haut » puisque pour pouvoir « retirer » ou enlever des compétences au niveau inférieur, il faut nécessairement que lesdites compétences appartiennent préalablement de fait et/ou de droit audit niveau inférieur. En somme, il existe un fort lien théorique entre le principe de subsidiarité et la décentralisation ascendante. Cependant, en dépit de son lien théorique étroit avec la décentralisation ascendante, la subsidiarité originelle soulève deux questions pratiques sans y apporter de réponses : premièrement, quel type de « nécessité » ou d'incapacité doit justifier quel type d'intervention ? Deuxièmement, qui a le droit de déclarer l'incapacité ? En effet, dans le cas des relations entre niveaux de gouvernement dans le contexte de la décentralisation ascendante, plusieurs types d'incapacités des collectivités locales peuvent être envisagés sans forcément nécessiter une intervention du centre, c'est-à-dire sans entraîner une recentralisation de compétence. Par exemple, au lieu de la recentralisation d'une compétence donnée, les autorités locales peuvent entreprendre des mesures internes de renforcement de capacité (formation ou recyclage en cas d'incapacité liée à l'absence d'expertise en matière de ressources humaines) ou mettre en œuvre des collaborations entre collectivités de même niveau pour résoudre le problème. En outre, pour Dafflon (2006 : 290), une incapacité comme l'incapacité financière d'un niveau local, par exemple, ne doit pas justifier une recentralisation de compétence et il précise que : « *the only argument that justifies a transfer to higher levels is when the inherent (technological) dimension of the task exceeds the natural capacity of a small governement unit* ».

Pour ce qui concerne l'instance qui doit déclarer l'incapacité du niveau local, les avis sont partagés. Mais, selon l'entendement du Conseil de l'Europe rappelé par Beer-Toth (2009: 81) « *[...] the verdict about the incapacity may also come from the higher authority, though no intervention is admitted without prior consultation of the lower authority concerned ». Cette conception « à l'européenne* » est celle qui semble avoir inspiré également les rédacteurs de l'article 43a de la Constitution fédérale suisse de novembre 2004. En effet, le commentaire officiel de cette nouvelle stipulation constitutionnelle déclare que « *[...] la Confédération ne doit s'attribuer des tâches si les États membres disposent des compétences nécessaires pour les accomplir eux-mêmes et s'il n'existe pas une raison impérieuse d'unifier ces tâches au niveau fédéral* » (CF, 2001 : 168). Autrement dit, il revient au niveau fédéral de décider de ce qui peut être ou non attribué aux cantons et donc des éventuelles incapacités de ces derniers. Ce qui paraît tout de même curieux quand on sait que la Suisse est typiquement une décentralisation ascendante dans laquelle les compétences sont de fait et de droit en mains des cantons. En revanche, contrairement à cet entendement constitutionnel, Dafflon (2005 : 165) estime, quant à lui, qu'« il appartient au gouvernement de niveau inférieur qui assume la tâche, de décider quand et pourquoi il n'est plus capable d'assumer la tâche et de décider également le transfert au niveau suivant de gouvernement ». En d'autres termes, pour cet auteur, la démarche de subsidiarité doit demeurer de « bas en haut » comme à l'origine par opposition à la démarche de « haut en bas » prônée par le Conseil de l'Europe et par les commentateurs de la loi fondamentale fédérale de la Suisse.

Au regard de qui précède, on s'aperçoit que même dans la perspective de la décentralisation bottom-up à laquelle elle est théoriquement plus proche, la traduction de la subsidiarité en pratique pose des problèmes et pas des moindres. Quid de la décentralisation top-down ?

II.2.3.2. Principe de subsidiarité et décentralisation top-down

Au regard des développements sous le point précédent, on peut affirmer d'emblée que le principe de subsidiarité et la décentralisation top-down ont très peu de lien conceptuel si l'on s'en tient au sens originel du premier. En effet, comme son nom l'indique la décentralisation top-down implique une démarche de « haut en bas ». Autrement dit, l'État central décide de transférer par dévolution et/ou par délégation des compétences initialement en ses mains à des collectivités infranationales. Étant entendu que lesdites collectivités sont le plus souvent créées par l'État central lui-même à travers la loi (cas des collectivités locales burkinabè). A contrario, le principe de subsidiarité, ainsi que noté précédemment, appelle une démarche « bottom-up ». Elle est plus proche de la décentralisation ascendante parce que dans ce cas, les collectivités locales préexistent de fait à l'État central et la loi intervient plus tard pour les légaliser. Ces dernières collectivités locales ont donc des compétences qui peuvent ou non être « retirées » ou « enlevées » par le gouvernement central selon les circonstances. Ceci est tout le contraire dans un processus de décentralisation top-down. Du reste, Marcou (1993) cité par Mback (2003 : 402) est formel sur la question : « si l'on s'interroge [...] sur l'applicabilité du principe de subsidiarité aux relations entre l'État et les collectivités territoriales dans l'ordre juridique français, on est conduit à la conclusion que ce principe n'est ni pertinent, ni compatible avec l'ordre juridique français ». En d'autres termes, pour cet auteur, le principe de subsidiarité n'est pas praticable dans une décentralisation descendante ainsi que la France l'a engagé à travers les lois de 1982 et suivantes. Il faut d'ailleurs préciser que la subsidiarité ne figure dans aucune disposition du droit positif de la décentralisation en France.

On peut donc se demander pourquoi le législateur burkinabè a-t-il prévu la subsidiarité comme principe de la décentralisation d'autant plus que celle-ci est de type top-down et que le Burkina Faso est de tradition juridique française ayant pratiquement le même ordre juridique que la France. Les matériaux documentaires disponibles (les documents des travaux préparatoires et l'exposé des motifs du CGCT) ne permettent pas de répondre à cette question. Toutefois, on peut relever que le législateur s'inscrit dans un des courants d'interprétation qui ont caractérisé la postérité de la conceptualisation initiale de la subsidiarité. En effet, trois courants d'interprétation du principe de subsidiarité en rapport avec la décentralisation peuvent être déclinés :

Pour le premier courant, la subsidiarité est synonyme de décentralisation. La conception de Greffe (1992 : 32-34) s'inscrit dans ce courant. En effet, pour cet auteur, la subsidiarité vise deux objectifs principaux à savoir l'efficience et l'efficacité. Mais à l'analyse, ces objectifs renvoient en réalité à ceux de la décentralisation suivant la perspective du théorème oatesien de la décentralisation. Pourtant, décentralisation et subsidiarité ne sont pas synonymes. En effet, il peut y avoir décentralisation sans application du principe de subsidiarité. Le cas français en est un exemple même si certains auteurs comme Mback (2003 : 402) soutiennent que l'on y fait implicitement référence à la subsidiarité dans la répartition des compétences.

Le deuxième courant est constitué de ceux qui assimilent la subsidiarité à l'autonomie locale. Ouattara (2007) peut être considéré comme étant de ce courant. En effet, pour lui, la subsidiarité est entendue de la façon suivante : « par subsidiarité [...] les communautés, en toute liberté et en toute responsabilité, s'engagent à réaliser, pour leur propre épanouissement, ce qui est à leur portée. Qu'elles soient initiatrices et exécutrices de leurs propres projets de développement, qu'elles mettent en place leurs propres mécanismes de suivi et d'évaluation et qu'elles élisent en leur sein ceux qui sont les mieux habilités à mettre en œuvre les projets et à défendre leurs intérêts » (Ouattara, 2007 : 194). Par contre, Beer-Toth (2009) qui a consacré une thèse de doctorat à la problématique de l'autonomie locale a démontré qu'il n'y a pas de synonymie entre subsidiarité et autonomie locale. Du reste, elle insiste pour dire que « one thing seems to be sure: subsidiarity is not synonymous to local autonomy » (Beer-Toth 2009 : 84).

Le dernier groupe considère la subsidiarité comme un principe, voire comme un critère de transfert de compétences au niveau local. Yatta (2009) appartient à ce groupe. En effet, cet auteur soutient que « l'analyse des critères de transfert de compétences en Afrique montre quelques principes communs à tous les États du continent (parmi lesquels) le principe de subsidiarité est le premier ». Il précise que ledit principe « [...] met l'accent sur l'avantage comparatif que comporte la collectivité locale de par sa proximité et sa meilleure connaissance de la demande en services locaux, pour mieux exercer une compétence autrefois réalisée par l'État (central) » (Yatta, 2009 : 41). Le législateur burkinabè de même que son collègue gabonais s'inscrivent également dans ce courant puisque tous deux ont prévu expressément dans les lois de décentralisation que le transfert des compétences aux collectivités locales est régi par le principe de subsidiarité (Mback, 2003 : 399-400). Cependant, à moins de considérer les transferts de compétences comme étant des « restitutions » de compétences qui auraient été « retirées » ou « enlevées » antérieurement par l'État central, il est difficile de considérer cette opération de « haut en bas » comme étant guidée par la subsidiarité qui implique, tout au moins originellement, une démarche de « bas en haut ».

Finalement, toutes ces interprétations révèlent le fait que la notion de subsidiarité n'a pas actuellement une approche unique qui rallie toute ou la majorité des opinions. Dans cette perspective, pour pouvoir répondre beaucoup plus objectivement à la question de sa pertinence ou non en tant que principe de la décentralisation burkinabè, il aurait fallu connaître la définition que le législateur en donne. Mais, celui-ci n'a formulé aucune définition et n'a encore moins précisé comment la subsidiarité peut se traduire en de critères opérationnels de transfert des compétences. En revanche, s'il se trouve que la conception que le législateur a de la notion rejoint la conception originelle, on peut, dans ce cas, affirmer que sa consécration est peu pertinente.

Au total, il convient de retenir qu'il y a un travail de clarification conceptuelle et opérationnelle à faire relativement au principe de subsidiarité. Ce travail pourrait consister en une recherche entre l'État central et les collectivités territoriales, d'une définition consensuelle de la notion de subsidiarité. Après quoi, les mêmes acteurs pourraient convenir des déclinaisons du principe en termes de partage des compétences et d'articulation des relations entre les différents niveaux de gouvernement. Étant entendu que cette définition conceptuelle de la subsidiarité de même que sa déclinaison opérationnelle précise devraient idéalement être inscrites dans le CGCT qu'il conviendrait de réviser en conséquence. Dans cette perspective, les dispositions de la Charte relatives au principe de subsidiarité pourraient constituer une bonne source d'inspiration.

II.3. Éléments d'organisation du territoire

Selon le chapitre premier du CGCT (2004) intitulé « De l'organisation du territoire », « le Burkina Faso est organisé en collectivités territoriales » (CGCT, art. 7). Mais, en réalité, le maillage administratif du territoire n'est pas constitué que de collectivités territoriales. En effet, entendue au sens large, l'organisation territoriale comprend non seulement ces dernières mais également des circonscriptions administratives. En d'autres termes, l'organisation du territoire comporte deux volets : un volet décentralisation correspondant aux collectivités territoriales ou locales et un volet déconcentration formé des circonscriptions administratives. Ces deux volets forment les deux points de cette section consacrée à l'organisation du territoire illustrée ci-après par la figure II.1.

Figure II.1 : Illustration de l'organisation du territoire (2019)

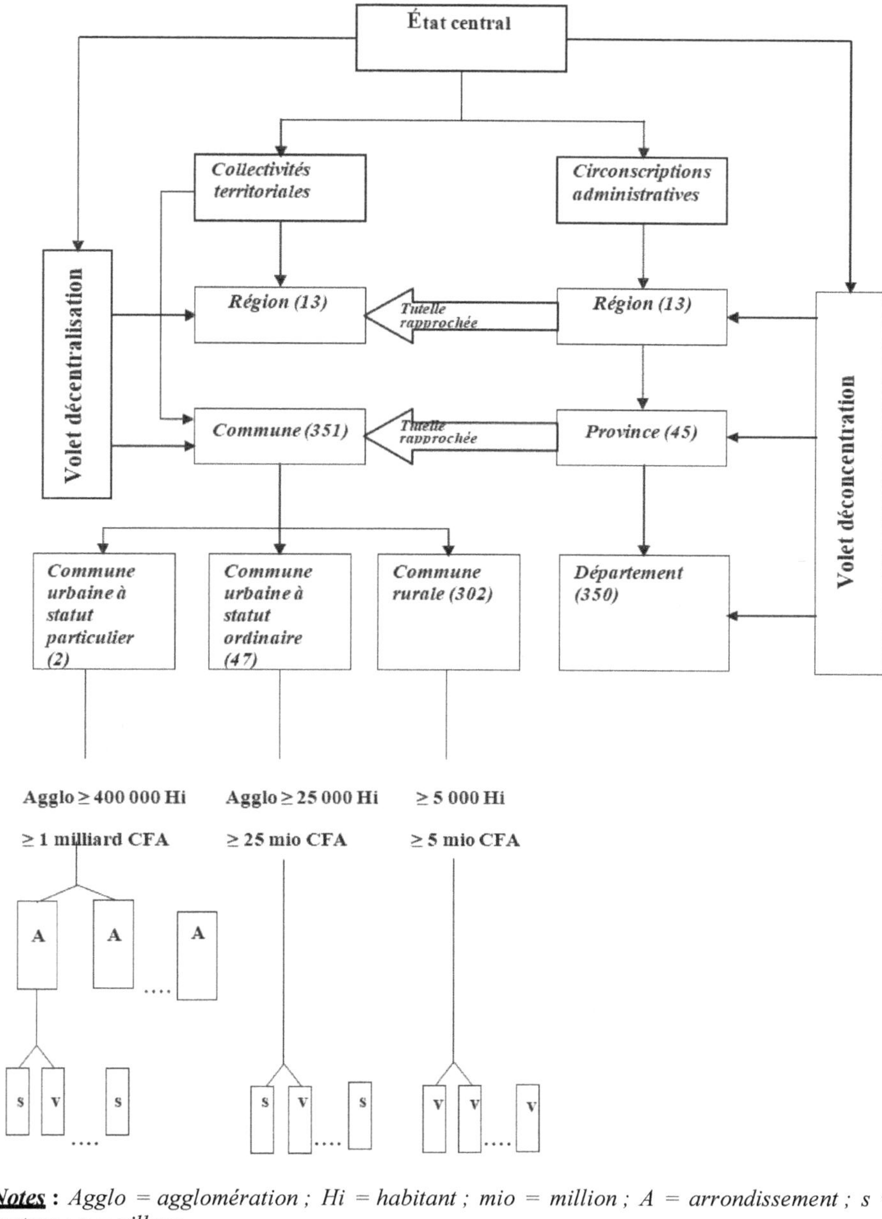

Notes : *Agglo = agglomération ; Hi = habitant ; mio = million ; A = arrondissement ; s = secteur ; v = village.*
Source : *auteur.*

II.3.1. Les collectivités territoriales (CT)

Le dispositif institutionnel définit la collectivité territoriale comme étant « [...] une subdivision du territoire dotée de la personnalité juridique et de l'autonomie financière » (CGCT, art. 8). Autrement dit, les collectivités territoriales sont des entités territoriales institutionnellement différenciées de l'État central. Chaque collectivité territoriale a un organe délibérant et un exécutif désignés par élection au suffrage direct pour le premier et au suffrage indirect pour le second. Le fonctionnement interne de ces organes est ultérieurement évoqué sous la section II.4. Mais, d'un point de vue organisationnel, il existe deux catégories de collectivités territoriales que sont la commune et la région.

1) La commune

La commune constitue la collectivité territoriale de base dont le territoire est organisé en arrondissements, secteurs et/ou en villages. Il existe trois types de commune :

- **La commune rurale** : elle est un regroupement de villages ayant une population résidente d'au moins cinq mille (5 000) habitants et des activités économiques permettant de générer des ressources propres annuelles d'au moins cinq millions (5 000 000) de francs CFA. Le territoire de la commune rurale comprend trois espaces distincts (CGCT, art. 28-31) : un espace d'habitation correspondant à « un établissement humain permanent destiné principalement à l'habitat, au commerce, à l'industrie, à l'artisanat, à l'installation des services publics » ; un espace de production destiné « principalement à l'agriculture, à l'élevage, à la foresterie, à la pisciculture et plus généralement à toutes les activités liées à la vie rurale » et un espace de conservation que constituent les « zones de protection des ressources naturelles. Ils prennent notamment en compte les aires de protection de la flore et de la faune ».
  Le nombre de communes rurales est actuellement de trois cent deux (302) dont chacune compte en moyenne vingt-cinq (25) villages.
- **La commune urbaine à statut ordinaire** : il s'agit d'une entité territoriale comprenant une agglomération permanente d'au moins vingt-cinq mille (25 000) habitants sans atteindre quatre cent mille et dont les ressources propres annuelles atteignent au moins vingt-cinq millions (25 000 000) de francs CFA.
  La commune urbaine à statut ordinaire est organisée en secteurs et peut comprendre éventuellement des villages. À ce jour, le nombre des communes urbaines à statut ordinaire est de quarante-sept (47).
- **La commune urbaine à statut particulier** : elle est l'espace territorial dans lequel l'agglomération principale compte au moins quatre cent mille (400 000) habitants et dont les activités économiques permettent de générer des ressources propres annuelles d'au moins un

milliard (1 000 000 000) de francs CFA. La commune urbaine à statut particulier est organisée en arrondissements regroupant plusieurs secteurs et comprenant des villages le cas échéant. Selon le découpage opéré par la loi 066-2009/AN du 22/12/2009 portant découpage des communes urbaines à statut particulier, Ouagadougou compte douze (12) arrondissements, cinquante-cinq (55) secteurs. La commune de Bobo-Dioulasso est par contre constituée de sept (7) arrondissements, trente-trois (33) secteurs et trente-six (36) villages.

2) La région

Elle est la collectivité territoriale intermédiaire. Son espace institutionnel est constitué de l'ensemble des territoires des communes qui la composent. Ledit espace se confond avec celui de la région circonscription administrative. Actuellement (fin 2019), les collectivités territoriales régionales sont au nombre de treize (13).

Pour conclure sur ce point, il convient de noter une précision et un point d'attention :

- La précision consiste à signaler que même si l'espace territorial régional est constitué de territoires communaux, il n'y a pas lieu de penser à un quelconque lien de dépendance des communes vis-à-vis des régions. Autrement dit, les communes sont des collectivités territoriales au même titre que les régions et indépendantes de ces dernières. Du reste, le CGCT (art. 42) précise qu'aucune de ces collectivités territoriales n'est autorisée « à établir ou à exercer une tutelle sous quelque forme que ce soit sur l'autre ». En revanche, ces deux catégories de collectivités territoriales entretiennent de fortes relations politico-administratives ainsi qu'elles seront évoquées sous la section II.4 consacrée aux arrangements politico-administratifs des CT.
- Pour ce qui concerne le point d'attention, elle consiste en ceci : les critères démographiques et financiers (ressources propres) que le législateur a utilisés pour la détermination des communes sont-ils véritablement pertinents ? Peut-être que ces critères avaient un intérêt opérationnel au moment de la création des nouvelles communes (notamment les communes rurales créées à la faveur de l'adoption du CGCT). Mais, ces deux critères semblent reposer sur une conception statique et très peu prospective de l'évolution des collectivités territoriales. En effet, la commune rurale qui, suite à un départ massif de ces habitants (ceci n'est pas qu'une simple hypothèse d'école : l'exode massif des populations du nord vers le sud-ouest ou l'ouest du pays pendant les années de sécheresse est assez illustratif ; il en est de même de l'actuel exode massif des populations de certaines communes du sahel dû au péril terroriste) vers d'autres communes de sorte qu'elle n'a plus que deux mille habitants au lieu des cinq mille

exigés, doit-elle être supprimée en tant que commune, puisqu'on peut s'attendre à ce que ses « ressources budgétaires propres » déclinent également pour ne plus atteindre les cinq millions de francs exigés ? Il reste que même si elle n'est pas supprimée officiellement, une telle entité territoriale ne réunirait plus les critères légaux pour constituer une commune rurale. Dans un autre sens, la commune rurale qui accueillerait les émigrants de la première commune et de bien d'autres communes de telle sorte que le nombre de ses habitants dépasse les vingt-cinq mille habitants avec en conséquence des ressources propres de plus de 25 000 000 de francs CFA, ladite commune rurale serait-elle transformée en commune urbaine à statut ordinaire, puisqu'elle répond désormais aux conditions formelles ? Autant de problèmes posés par ces critères sans que le législateur n'y apporte des solutions et qui justifient que l'on puisse s'interroger sur leur pertinence. Toutefois, il faut signaler qu'une commune urbaine à statut ordinaire est susceptible d'être transformée en commune urbaine à statut particulier en cas d'évolution du nombre d'habitants et des ressources budgétaires pour atteindre les critères de celle-ci (CGCT, art. 23). Par contre, la loi n'a rien prévu en ce qui concerne les communes rurales qui connaîtraient des évolutions des mêmes critères.

En somme, il serait peut-être plus indiqué d'envisager une définition en conception de la commune sans faire référence à des critères quantitatifs fortement discutables et susceptibles de variations dans le temps. Par exemple, dans le contexte de la Suisse, la commune est définie comme étant « une collectivité publique, territorialement décentralisée, exerçant des pouvoirs étatiques dont certains lui sont propres, et soumise à la surveillance de l'État (central) » (Meylan, Gottraux, Dahinden, 1972 : 21). Cette définition qui n'est certes valable que dans son contexte a tout de même le mérite d'être une définition en compréhension et non une définition par extension sujette à caution.

II.3.2. Les circonscriptions administratives

Les circonscriptions administratives sont des entités territoriales déconcentrées dont l'ensemble constitue la représentation de l'État central sur le territoire national. Dépourvues de personnalité juridique, ces entités ne sont que des cadres territoriaux de coordination des activités des agences locales du gouvernement central.

La carte administrative du pays comprend trois niveaux de circonscriptions : le département, la province et la région.

1) Le département

La circonscription administrative départementale est le niveau de base des collectivités déconcentrées. Chacun des trois cent cinquante (350) départements du pays est administré par un Préfet nommé par le gouvernement central. La tâche du Préfet consiste à assurer l'exécution des lois, règlements et décisions du gouvernement central dans la sphère territoriale départementale. En outre, le Préfet est cumulativement officier d'état civil et officier de police judiciaire. Le supérieur hiérarchique immédiat du Préfet est le Haut-commissaire dont il est le représentant dans le département.

2) La province

La province est le deuxième niveau de circonscription administrative. Il en existe au total quarante-cinq (45) dans le pays. L'espace territorial provincial est constitué soit de départements ou se confond avec le territoire d'une commune. Il faut noter que la province du Kadiogo est la seule province dont le territoire coïncide avec celui d'une commune à savoir la commune à statut particulier de Ouagadougou. La province est dirigée par un Haut-commissaire désigné par le gouvernement central. En tant que dépositaire de l'autorité dudit gouvernement dans la province, le Haut-commissaire est chargé de l'exécution des décisions du gouvernement central dans cette sphère territoriale de même que de la coordination des activités de l'ensemble de l'administration publique déconcentrée provinciale. En outre, le Haut-commissaire est un officier de police judiciaire et un officier d'état civil dans l'espace provincial.

Enfin, le Haut-commissaire est chargé de la tutelle rapprochée sur les communes urbaines et rurales de sa sphère territoriale, ceci, par délégation des ministres chargés de l'Administration du territoire et des Finances. De ce fait, il prononce l'approbation des budgets et comptes administratifs des communes urbaines et rurales. De même, il est compétent pour accorder des autorisations préalables portant sur certains actes desdites communes.

3) La région

Niveau supérieur du maillage administratif déconcentré, la région a un espace territorial qui recouvre une ou plusieurs provinces. Tout comme les régions collectivités territoriales, il existe treize (13) régions circonscriptions administratives de telle sorte que les limites territoriales des unes et des autres coïncident parfaitement.

La région est administrée par un Gouverneur. Celui-ci est le délégué du gouvernement et le représentant de chaque ministre dans la région. En outre, il assure les fonctions d'officier de police judiciaire dans la région.

Enfin, le Gouverneur est chargé de la tâche de tutelle rapprochée sur la région collectivité territoriale. Cette tâche consiste, entre autres, en l'approbation et en l'autorisation préalable portant sur les actes et décisions du conseil régional et de son président. Elle consiste également en des tâches de contrôle de légalité et d'appui-conseil au profit des organes de gestion de la région collectivité territoriale.

II.4 Les arrangements politico-administratifs des collectivités territoriales

Cette section a pour but de décrire et analyser les règles d'organisation et fonctionnement des collectivités territoriales de même que l'organisation institutionnelle des interactions desdites collectivités avec l'État central et ses démembrements. Pour ce faire, l'arrangement politico-administratif de la commune est d'abord examiné sous le point II.4.1 avant celui de la région évoqué sous le point II.4.2. Ensuite, un troisième paragraphe (II.4.3) propose une lecture analytique en économie institutionnelle desdits arrangements. Le dernier point (II.4.4) de la section est quant à lui consacré à la problématique des relations entre l'État central et les collectivités territoriales notamment à la question de la tutelle du premier sur les secondes.

II.4.1. L'arrangement politico-administratif de la commune

Ainsi qu'il résulte des figures II.2 et II.3 ci-après, la commune qu'elle soit rurale ou urbaine comprend trois acteurs institutionnels internes : l'organe délibérant, l'exécutif et l'administration. Ces institutions ont les mêmes règles de fonctionnement et ont les mêmes tâches dans toutes les communes avec toutefois quelques nuances en ce qui concerne les communes urbaines à statut particulier compte tenu de l'existence des démembrements de celles-ci que sont les arrondissements. En effet, chaque arrondissement d'une commune à statut particulier est également doté d'un organe délibérant, d'un exécutif et d'une administration. Organe délibérant, exécutif et administration de l'arrondissement et de la commune sont ci-après successivement évoqués.

Figure II.2: L'APA de la commune rurale et de la commune urbaine à statut ordinaire (2019)

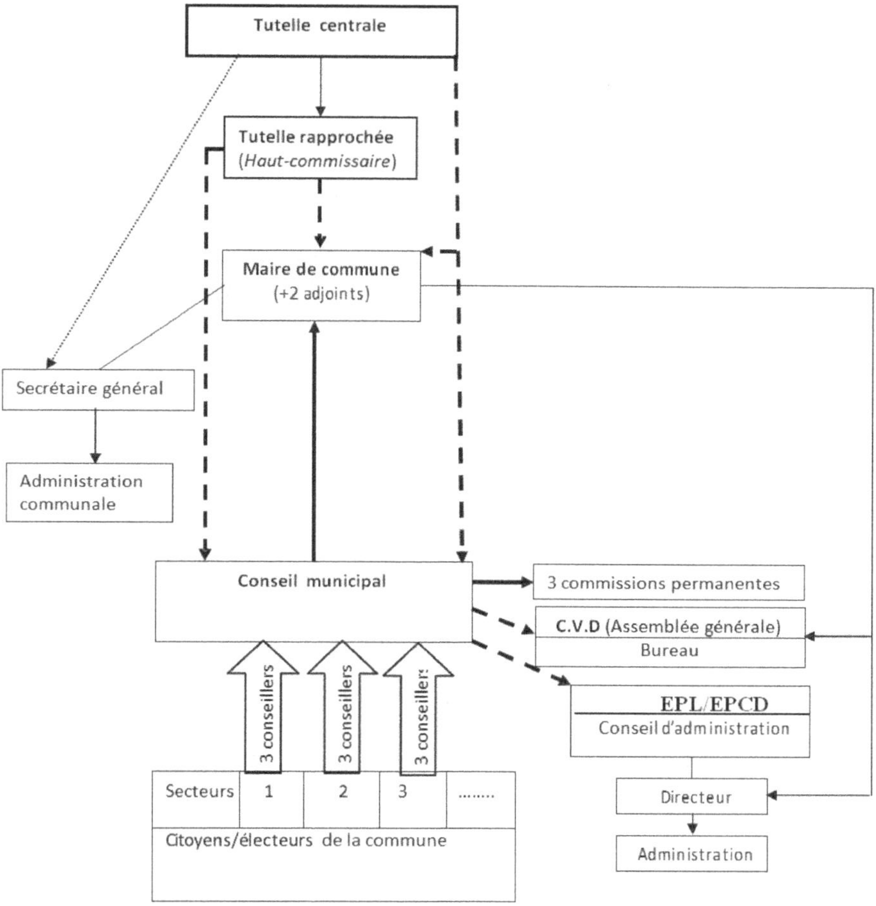

Légende des figures 2.2 et 2.3 :

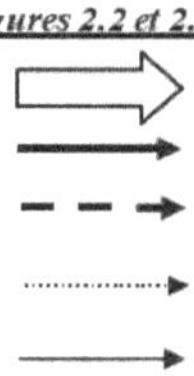

: *Relation résultant du suffrage direct ;*

: *Relation résultant du suffrage indirect ;*

: *Relation de tutelle prévue par la loi*

: *Relation de tutelle « informelle » ;*

: *Relation hiérarchique*

Source : *l'auteur.*

Figure II.3 : L'APA de la commune urbaine à statut particulier (2019)

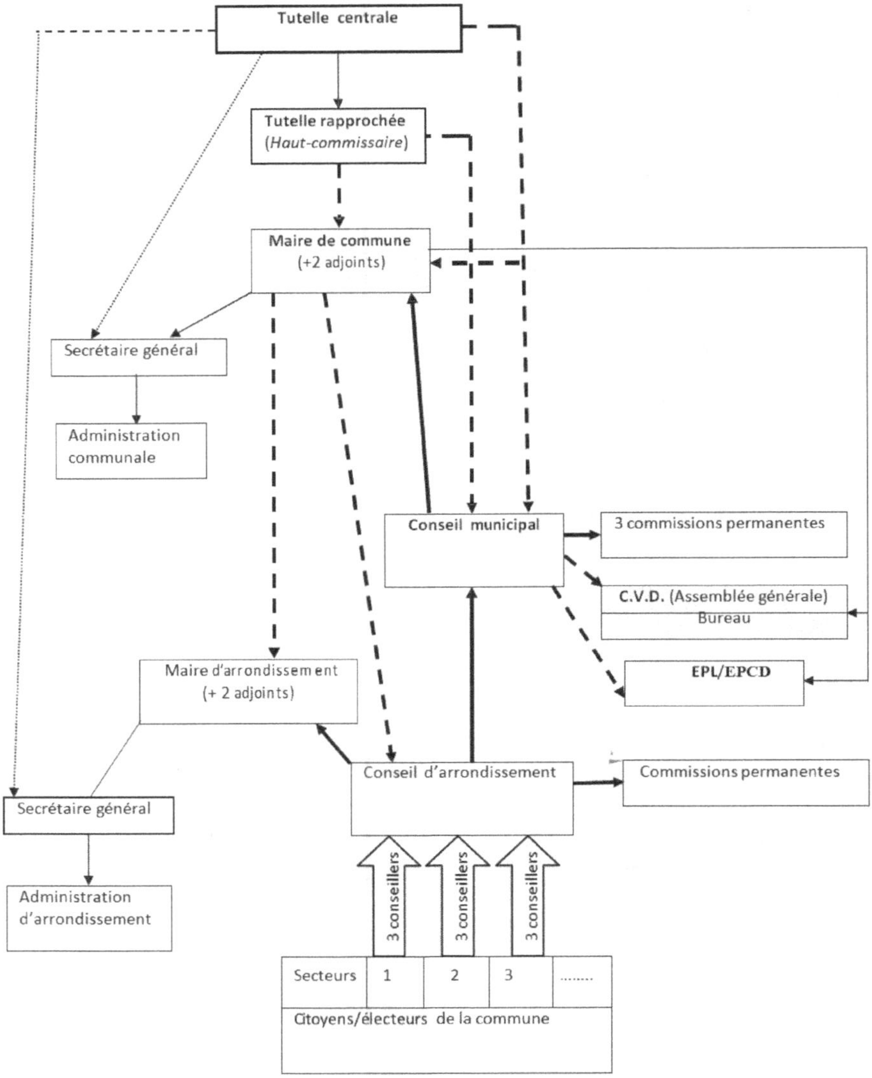

Source : *l'auteur.*

II.4.1.1. L'organe délibérant, l'exécutif et l'administration de l'arrondissement

Entité infra-municipale, l'arrondissement n'est pas légalement une collectivité territoriale. Cependant, il est doté d'un conseil d'arrondissement et d'un maire de même que d'une administration différente de celle de la commune urbaine à statut particulier à laquelle il appartient. Ces trois acteurs institutionnels de l'arrondissement sont successivement évoqués ci-dessous.

A/ L'organe délibérant d'arrondissement : le conseil d'arrondissement

1/ L'organisation et le fonctionnement du conseil d'arrondissement

Le conseil d'arrondissement regroupe l'ensemble des conseillers d'arrondissement désignés par élection au suffrage universel direct pour un mandat quinquennal. Toute personne résidant dans l'arrondissement ayant la qualité d'électeur peut être éligible comme conseiller d'arrondissement. Le nombre des conseillers d'arrondissement varie en fonction du nombre de secteurs, de villages et du nombre de la population de l'arrondissement conformément à l'article 236ter du Code électoral de 2001 tel qu'il a été modifié par la loi n° 005-2015/CNT du 7 avril 2015.

Une fois installé, le conseil élit en son sein un maire d'arrondissement plus deux adjoints et met en place des commissions permanentes. Cependant, il convient de préciser que la mise en place des commissions permanentes par le conseil d'arrondissement n'est pas explicitement prévue par le législateur. La mise en place de ces commissions se fait sans doute par analogie avec ce qui est prévu au niveau de la commune et sur le fondement de l'article 322 du CGCT qui dispose que « *la composition, les attributions et le fonctionnement du conseil d'arrondissement sont ceux reconnus au conseil municipal par la législation en vigueur relative à l'organisation des communes* ».

Le conseil d'arrondissement est tenu de se réunir au moins une fois par trimestre en session ordinaire afin de délibérer sur un ordre de jour précis. Il peut également se réunir, autant que de besoin, en session extraordinaire.

2/ Les attributions du conseil d'arrondissement

Les attributions du conseil d'arrondissement sont constituées de « *[...] toutes les affaires particulières ou spécifiques à l'arrondissement, à l'exclusion de toute matière ayant un intérêt général pour tout ou partie de la commune à statut particulier* » (CGCT, art. 325). Sous ce rapport, le conseil d'arrondissement peut délibérer sur toutes les affaires de l'arrondissement mais lesdites délibérations « *ne peuvent en aucun cas être contraires aux délibérations du conseil municipal, sous peine de nullité constatée par le maire de la commune à statut particulier* » (CGCT, art. 330).

Le conseil d'arrondissement est saisi pour avis des rapports de présentation et des projets de délibération concernant les affaires dont l'exécution est prévue en tout ou en partie dans les limites de l'arrondissement, avant leur examen par l'organe délibérant de la commune à statut particulier.

B/ L'exécutif de l'arrondissement : le maire d'arrondissement

Le maire d'arrondissement préside les séances du conseil d'arrondissement et est chargé de la mise en œuvre des délibérations dudit conseil. En outre, le maire d'arrondissement est l'ordonnateur délégué des crédits budgétaires de l'arrondissement et est le chef de l'administration de l'arrondissement.

Le maire d'arrondissement peut exercer certaines attributions conférées au maire de commune urbaine sur l'étendue du territoire de l'arrondissement. Pour ce faire, une délégation de pouvoirs du maire de la commune à statut particulier, après délibération du conseil municipal est requise (CGCT, arts. 321 et 333).

C/ L'administration de l'arrondissement

Ainsi qu'il résulte de l'article 324 du CGCT, chaque arrondissement est tenu de mettre en place un minimum d'organisation administrative à même de résoudre les problèmes immédiats des populations. De façon indicative, il s'agit des services d'état civil, des services sociaux et des régies de recettes. Pour les besoins de coordination desdits services, l'arrondissement doit disposer d'un secrétaire général de mairie choisi parmi les personnels de la catégorie A de l'administration générale.

Par contre, au regard des dispositions de la loi 003-2017/AN portant statut de la fonction publique territoriale, l'arrondissement ne dispose pas d'une fonction publique spécifique en dehors de celle de la commune à statut particulier dans la mesure où il n'est pas une collectivité.

II.4.1.2. De l'organe délibérant, l'exécutif et l'administration de la commune

Toute commune, qu'elle soit rurale, urbaine à statut ordinaire ou à statut particulier, est dotée d'un organe délibérant désigné au suffrage universel direct par les citoyens/électeurs, d'un organe exécutif désigné au suffrage indirect par l'organe délibérant et d'une administration.

A/ L'organe délibérant communal : le conseil municipal

1/ L'organisation et le fonctionnement du conseil municipal

L'organisation et le fonctionnement du conseil municipal sont essentiellement les mêmes que ceux du conseil d'arrondissement sous réserve des précisions suivantes :

- Premièrement, le conseil municipal de la commune à statut particulier est constitué de l'ensemble des conseillers d'arrondissement que compte ladite commune. Ils élisent le maire de la commune à statut particulier et ses quatre adjoints. Par contre, les conseils des autres communes (urbaines à statut ordinaire et rurales) sont constitués de conseillers communaux puisqu'il n'y a pas d'arrondissement dans ces communes. Lesdits conseillers sont désignés au suffrage direct pour un mandat de cinq ans.

- Deuxièmement, l'organe délibérant de chaque commune est tenu, de par la loi, de mettre en place trois commissions permanentes qui sont les suivantes (loi 055-2004, art. 221) : (i) commission affaires générales, sociales et culturelles ; (ii) commission affaires économiques et financières et (iii) commission environnement et développement local. Le fonctionnement et les contenus des missions desdites commissions permanentes sont laissés à l'initiative de chaque organe délibérant.
- Troisièmement, dans les villages des communes rurales et dans les villages rattachés aux communes urbaines, les conseils municipaux sont tenus de superviser la mise en place des conseils villageois de développement (CVD). La mise en place de ces CVD qui n'avait été prévue que pour les villages des communes rurales a été étendue courant l'année 2006 aux villages des communes urbaines suite à la modification du CGCT par la loi n° 021-2006/AN du 14 novembre 2006.

Le CVD est un « regroupement de l'ensemble des forces vives du village » doté d'une instance délibérative qu'est « l'assemblée générale » et d'un organe de direction qu'est le « bureau » conformément à l'article 3 du décret n° 2007-032 du 22 janvier 2007 portant organisation, composition et fonctionnement des Conseils Villageois de Développement (CVD).

2/ Les attributions du conseil municipal

L'attribution principale du conseil municipal est de délibérer sur toutes les affaires de la commune : définir les grandes orientations du développement communal ; discuter et adopter les plans de développement communaux, contrôler l'exécution des plans ; donner mandat au maire et aux commissions techniques ; contrôler l'action du maire et des commissions techniques.

De façon synthétique, ainsi qu'il résulte du tableau II.4 ci-après, les matières qui peuvent faire l'objet de délibérations du conseil municipal peuvent être regroupées en trois catégories : la première catégorie concerne les matières qui, une fois adoptées et la délibération transmise à la tutelle et publiée, deviennent exécutoires ; la deuxième catégorie est constituée des matières pour lesquelles l'autorisation préalable de la tutelle rapprochée (Gouverneur ou du Haut-commissaire selon le cas) est requise et la dernière catégorie regroupe les objets qui ne peuvent devenir exécutoires qu'après l'approbation de la délibération par l'autorité de tutelle.

B/ L'exécutif de la commune : le maire de commune

Le maire est chargé de l'exécution des délibérations et décisions du conseil municipal dont il assure par ailleurs la présidence et la police des sessions plénières. En outre, il est l'ordonnateur du budget de la commune et le chef de l'administration communale.

Le maire assure en outre les fonctions d'officier d'état civil et d'officier de police judiciaire. Il est assisté dans sa fonction par deux ou quatre adjoints à qui il est tenu de déléguer sous sa responsabilité une partie de ses attributions (CGCT, art. 265).

Les attributions du maire sont déclinées dans le tableau II.5 ci-après.

Tableau II.4 : Objet des délibérations du CM et conditions d'entrée en vigueur

Objets	*Condition d'entrée en vigueur*		
	Transmission tutelle rapprochée et affichage	Autorisation préalable tutelle rapprochée	Approbation tutelle rapprochée
Budget primitif et supplémentaire			+
Marchés publics dans les limites fixées par les textes de la commande publique			+
Compte administratif et compte de gestion			+
Conventions de création de structures de concertation et de coopération			+
Acquisition, aliénation ou échanges de biens immobiliers		+	
Emprunts		+	
Acceptation de dons et legs grevés de charges		+	
Avis sur le schéma d'aménagement urbain et/ou d'aménagement de l'espace d'habitation		+	
Contrats assortis de contrepartie de l'État		+	
Plan communal de développement		+	
Taux des taxes et redevances		+	
Attribution de secours ou Subventions	+		

Source *: élaboration de l'auteur sur la base du CGCT, arts. 226 et 229 et du décret n° 2016-878 du 14/09/2016.*

Tableau II.5 : Les attributions du maire de commune

Attributions	Base légale (CGCT)
Présidence des sessions du conseil municipal	Art. 244
Exécution des délibérations du conseil	Art. 256
Ordonnateur du budget communal	Art. 257
Représentation légale de la commune	Art. 258
Officier d'état civil	Art. 263
Officier de police judiciaire	Art. 264
Chef de l'administration communale	Art. 287

Source *: Élaboration de l'auteur sur la base du CGCT.*

C/ L'administration de la commune

1/ L'organisation administrative de la commune

Les principaux démembrements de l'organisation de l'administration de la commune sont constitués de l'administration générale (état civil, service des archives, service social, etc.), l'administration administrative et financière (comptabilité, ressources humaines, etc.) et des services techniques spécifiques (voirie, génie civil, police municipale…). Sous l'autorité du maire, la coordination et la gestion technico-administrative de l'ensemble des services communaux sont assurées par le secrétaire général de mairie. Celui-ci est nommé par le maire mais il doit être un fonctionnaire ou agent assimilé des catégories A, B ou C de l'administration générale. Le secrétaire général peut être mis à la disposition par l'État central ou recruté par la commune (CGCT, art. 289). Cependant, le secrétaire général d'une commune urbaine à statut particulier doit nécessairement être un cadre supérieur de la catégorie A des emplois de l'administration publique (CGCT, art. 316).

La commune peut créer des établissements publics locaux pour la gestion d'activités socio-économiques ou culturelles.

2/ La fonction publique communale

La fonction publique communale est régie, dans son dernier état, par le même texte juridique que la fonction publique régionale. Ainsi, comme dans ce dernier cas, les fonctionnaires communaux sont régis par la loi 003-2017/AN du 13/01/2017 portant statut de la fonction publique territoriale. Par conséquent, les développements ci-après consacrés à la fonction publique régionale s'appliquent, mutatis mutandis, à la fonction publique communale.

Figure II.4: L'APA de la région (2019)

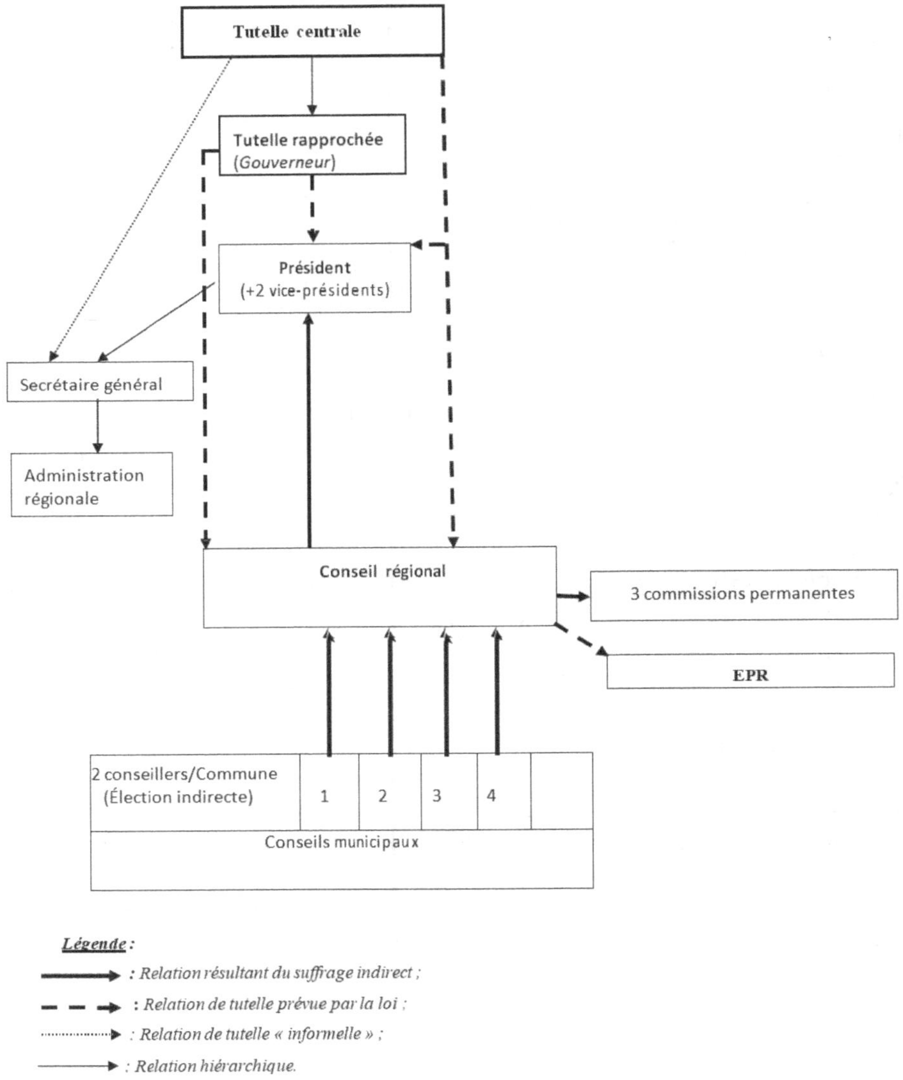

Source : *l'auteur.*

II.4.2. L'arrangement politico-administratif de la région

Tout comme la commune, la région collectivité territoriale est dotée d'un organe délibérant, d'un exécutif et d'une administration. Ces trois acteurs institutionnels et leurs interactions ont été illustrés par la figure II.4 ci-dessus avant d'être successivement décrits ci-après.

II.4.2.1. L'organe délibérant de la région : le conseil régional

Le conseil régional est l'organe délibérant de la région dont l'organisation et le fonctionnement de même que les attributions sont déclinés ci-dessous.

A/ De l'organisation et fonctionnement du conseil régional

Le conseil régional est constitué de l'ensemble des conseillers régionaux d'une même région collectivité territoriale. Lesdits conseillers sont élus au suffrage indirect, au sein des conseils municipaux des communes de l'espace territorial de la région. Ainsi, chaque conseil municipal élit en son sein deux (2) conseillers régionaux pour un mandat non rémunéré de cinq (5) ans. Par contre, pour les communes à statut particulier, il est élu deux conseillers régionaux par conseil d'arrondissement. Tout conseiller municipal est éligible comme conseiller régional. Toutefois, les fonctions de maire, d'adjoint au maire ou de président de commission permanente d'une commune ne sont pas cumulables avec le mandat de conseiller régional.

Convoqués en première réunion par le Gouverneur, les nouveaux conseillers régionaux sont tenus d'élire en leur sein et pour la durée de leur mandat, un président et deux vice-présidents.

Ainsi qu'il résulte du CGCT (art. 144) il est institué au sein de chaque conseil régional trois commissions permanentes dont les intitulés se déclinent comme suit : (i) commission affaires générales, sociales et culturelles, (ii) commission affaires économiques et financières et (iii) commission environnement et développement local. En outre, le conseil régional peut créer en cas de besoin, des commissions ad hoc pour des questions spécifiques.

Le conseil régional est tenu de se réunir en session ordinaire au moins une fois par trimestre sur convocation de son président afin de délibérer sur un ordre du jour précis. Les séances du conseil régional sont publiques et les comptes rendus de ses délibérations doivent, en principe, faire l'objet de publicité par affichage.

B/ Des attributions du conseil régional

Le conseil régional délibère sur les affaires de la région, donne mandat au président du conseil régional et contrôle son action. Les objets des délibérations du conseil régional sont synthétisés dans le tableau II.6 ci-après.

Tableau II.6 : Objets des délibérations du CR et conditions d'entrée en vigueur

Objet	*Condition d'entrée en vigueur de la délibération*		
	Transmission au Gouverneur et affichage	**Autorisation du Gouverneur**	**Approbation du Gouverneur**
Budget primitif et supplémentaire			+
Marchés publics dans les limites fixées par les textes de la commande publique			+
Compte administratif et compte de gestion			+
Conventions de création de structures de concertation et de coopération			+
Acquisition, aliénation ou échanges de biens immobiliers		+	
Emprunts		+	
Acceptation de dons et legs grevés de charges		+	
Avis sur le schéma régional d'aménagement du territoire et sur les schémas directeurs d'aménagement et d'urbanisme		+	
Contrats assortis de contrepartie de l'État		+	
Plan régional de développement		+	
Les taux des taxes et les redevances		+	
Attribution de secours ou subventions	+		

Source *: Élaboration de l'auteur sur la base des dispositions du CGCT et du décret n° 2016-878.*

Le tableau **II.6** met en évidence trois catégories d'objets en fonction des conditions d'entrée en vigueur : premièrement, on a les matières qui, une fois adoptées par le conseil, deviennent exécutoires après la transmission au Gouverneur et la publication de la délibération. La deuxième catégorie concerne les matières pour lesquelles l'autorisation préalable du Gouverneur est requise avant toute délibération du conseil portant sur elles. La dernière catégorie est relative aux objets qui ne peuvent devenir exécutoires qu'après l'approbation de la délibération par le Gouverneur.

II.4.2.2. L'organe exécutif de la région : le président du conseil régional (PCR)

Après son installation, le conseil régional doit élire un président et deux vice-présidents parmi ses membres. Conformément à l'article 143 du CGCT, le président du conseil régional est l'organe exécutif de la région. À ce titre, il est chargé de l'implémentation des délibérations du conseil régional. En outre, il est l'ordonnateur du budget de la région et le chef de l'administration régionale. Enfin, le président du conseil régional assure la fonction d'officier de police judiciaire.

Les deux vice-présidents sont chargés d'assister le président dans le cadre de la mise en œuvre de ses attributions. Dans cette perspective, il est tenu de déléguer sous sa responsabilité, par arrêté, une partie de ses attributions au profit de chacun des deux vice-présidents (CGCT, art. 180).

Les attributions du président du conseil régional sont déclinées dans le tableau **II.7** ci-dessous.

Tableau II.7 : Les attributions du président du conseil régional (PCR)

Attributions du PCR	***Base légale (loi 055-2004)***
Présidence des séances du conseil régional	Article 165
Exécution des délibérations et décisions du conseil	Articles 143, 176
Représentation légale de la région	Article 178
Ordonnateur du budget de la région	Article 179
Officier de police judiciaire	Article 179
Chef de l'administration de la région	Article 200

Source *: Élaboration de l'auteur sur la base du CGCT.*

II.4.2.3. L'administration de la région

A/ De l'organisation administrative de la région

Outre les services classiques de l'administration générale, de gestion financière, de voirie, etc., le conseil régional a le droit de créer des établissements publics régionaux (EPR) pour la gestion d'activités socio-économiques ou culturelles, de créer ou d'acquérir des établissements dans le domaine de l'éducation, de la santé, de l'environnement (CGCT, art. 9).

Le PCR en tant que chef de l'administration régionale est assisté d'un secrétaire général. Celui-ci peut être recruté par la région ou mis à la disposition de cette dernière par l'État central. Dans tous les cas, le secrétaire général doit être un cadre supérieur de l'administration générale et doit être nommé par un acte du président de la région. Selon l'article 203 du CGCT, le secrétaire général est chargé de la coordination administrative et technique des services, des relations techniques du conseil régional avec les services communaux et avec ceux de l'État central. En outre, il est chargé du management des ressources humaines et de la logistique de la région.

B/ De la fonction publique régionale

Dans son état le plus récent, la fonction publique régionale a été créée par la loi n° 002-2017/AN du 13 janvier 2017 portant création d'une fonction publique territoriale au Burkina Faso. En effet, selon l'article 2 de cette loi « *la fonction publique territoriale est une structure et un ensemble de règles juridiques destinées à assurer le fonctionnement des collectivités territoriales et à régir les rapports entre celles-ci et leurs personnels* ».

Les fonctionnaires de la région sont, quant à eux, régis par la loi n° 003-2017/AN du 13 janvier 2017 portant statut de la fonction publique territoriale. Appréhendée dans sa globalité, cette loi établit une certaine parité entre la fonction publique territoriale et la fonction publique de l'État central. Dans ce sens, la définition du fonctionnaire résultant de la loi 003-2017/AN (article 2) ci-dessus citée et cette même définition résultant de la loi régissant la fonction publique d'État (loi 081-2015/CNT, article 1) sont, mutatis mutandis, les mêmes. Il en est de même de la définition des emplois et leur catégorisation (i) en emplois de conception, de direction ou de prestations intellectuelles et techniques de haut niveau ; (ii) en emplois d'application et (iii) en emplois d'exécution.

II.4.3. Analyse en économie politique des APA

Une lecture des arrangements politico-administratifs des collectivités territoriales suivant la perspective analytique de l'économie politique met en évidence cinq principaux enseignements déclinés ainsi qu'il suit :

- Le premier enseignement est le risque de dysfonctionnements tenant au statut ambigu de l'arrondissement : légalement, l'arrondissement n'est pas une collectivité territoriale, il n'est qu'une entité infra municipale, c'est-à-dire un « démembrement » de la commune à statut particulier. Pourtant, la description de son arrangement politico-administratif décline certains attributs d'une collectivité territoriale : conseil et maire élus, une administration différente de celle de la commune. En outre, l'arrondissement a des « affaires particulières ou spécifiques » (CGCT, art. 325 et 326) à lui pour la mise en œuvre desquelles il entretient « des rapports de collaboration et non de hiérarchie ou de tutelle » avec la commune (CGCT, art. 331). En d'autres termes, on peut noter que l'arrondissement a des tâches qui lui sont dévolues et dont il est censé mettre en œuvre de façon autonome. Au regard de son arrangement politico-administratif, l'arrondissement serait-il, de fait, une entité décentralisée ? On pourrait, a priori, le penser. Mais, il se trouve que l'arrondissement n'a aucune compétence en matière de ressources. En plus, même dans le cadre de la mise en œuvre des tâches dévolues et contrairement à ce que dispose l'article 331, « les délibérations du conseil d'arrondissement ne peuvent en aucun cas être contraires aux délibérations du conseil municipal, sous peine de nullité constatée par le maire de la commune à statut particulier [...] » (CGCT, art. 330). Donc, l'organe délibérant de l'arrondissement n'a pas une véritable autonomie de décision même en ce qui concerne les tâches qui lui sont théoriquement dévolues. En réalité, le conseil d'arrondissement est dans une relation d'agence avec les organes de la commune à statut particulier. En somme, sans personnalité juridique ni autonomie, l'arrondissement ressemble beaucoup plus à une unité déconcentrée de la commune urbaine à statut particulier. Plus exactement, l'arrondissement a un statut « hybride » oscillant entre décentralisation et déconcentration. Mais, un tel statut pourrait poser des problèmes. En effet, il pourrait être une source potentielle de conflits entre les organes de la commune et ceux de l'arrondissement, toute chose pouvant entraîner un blocage du fonctionnement normal de l'arrondissement. Cette hypothèse serait encore plus plausible au cas où la commune serait tenue par une majorité politique différente de celle de l'arrondissement. En effet, dans ce cas, comme il est probable que les choix de politiques publiques de l'arrondissement soient différents d'avec ceux de la commune, il est tout aussi probable que les délibérations du conseil d'arrondissement soient le plus souvent différentes de celles du conseil communal. En conséquence, il pourrait y avoir des annulations en cascade des délibérations dudit conseil d'arrondissement de la part de l'exécutif de la commune à statut particulier suivies de recours correspondants de la part de l'arrondissement, ce qui ne sera pas de nature à favoriser un bon fonctionnement de ce dernier. Du reste, partant de son expérience de terrain dans plusieurs pays africains – dont le Burkina Faso – où de tels arrangements sont prévus par le législateur, Yatta (2009 : 40) affirme que l'ambiguïté du statut des entités infra municipales « génère beaucoup de conflits » entre les responsables de ces dernières et les autorités des municipalités correspondantes.

– Deuxièmement, l'obligation de rendre compte aux électeurs de la part des élus locaux est un aspect important du renforcement de la bonne gouvernance locale. Pourtant, l'arrangement politico-administratif de l'arrondissement, respectivement de la commune à statut particulier, n'est pas suffisamment lisible pour permettre une meilleure imputabilité politique. En effet, compte tenu de la superposition des deux organes délibérants et des deux organes exécutifs, il ne serait pas évident pour les citoyens/électeurs d'un arrondissement donné de situer avec précision les responsabilités d'éventuels dysfonctionnements afin d'en sanctionner politiquement les auteurs. Probablement, en cas de dysfonctionnements, la pression des électeurs serait plus pesante sur les conseils d'arrondissement compte tenu de la proximité de leurs relations avec ceux-ci alors que les développements ci-dessus ont montré que ces conseils n'ont pas de véritables pouvoirs de décision. En réalité, cette superposition institutionnelle pourrait davantage favoriser des comportements stratégiques de la part des organes de la commune et/ou de ceux de l'arrondissement plutôt que de favoriser une véritable obligation de rendre compte aux électeurs.

- En troisième lieu, les modalités des candidatures à l'élection des conseillers d'arrondissement et de commune sont susceptibles de faire passer au second plan les préférences des populations locales au profit d'enjeux politiques nationaux. Ce risque réside dans le fait que le Code électoral révisé tout en autorisant les candidatures indépendantes demeure dans les faits beaucoup plus incitatif pour la formule des candidatures issues des partis politiques. Pourtant, il n'est pas évident que ces derniers prennent suffisamment en compte dans leurs programmes et stratégies les besoins particuliers des citoyens/électeurs des communes et arrondissements. Enfin, cette formule qui incite plus vers des candidatures « partitaires » peut amener les élus à se sentir plus redevables à leur parti politique plutôt qu'aux populations locales vis-à-vis de qui ils sont pourtant censés être soumis à une obligation de rendre compte.
- Le maire est l'organe exécutif de la commune ; à ce titre, il exécute les délibérations du conseil municipal (CGCT, art. 219). En d'autres termes, le maire est l'« agent » du conseil chargé de la gestion administrative de la production des biens collectifs locaux (BCL) sous le contrôle de ce dernier. Mais, il se trouve que le maire est également membre du conseil dont il en est, du reste, le président. De ce fait, il convoque et préside les sessions du conseil, vote les délibérations avec les autres membres sur un ordre du jour proposé par lui. En somme, l'exécutif communal (« agent ») est partie intégrante de l'organe délibérant (« principal ») et y tient un rôle prépondérant. En conséquence, il participe à la décision sur l'offre des BCL, assure la gestion de la production pour ensuite participer au contrôle des résultats de ses propres actions. Cette situation peut être source d'inefficacité et de déviances tout en posant des problèmes de responsabilité. En effet, ces multiples casquettes offrent de larges marges de manœuvre au maire pour maximiser éventuellement ses propres objectifs à travers sa participation aux décisions sur l'offre, mais aussi, grâce à sa maîtrise managériale des fonctions de production desdits BCL. En outre, en raison de l'asymétrie d'informations et du fait qu'il ne dispose d'aucun moyen de contrôle direct sur le maire, le citoyen aura de la peine à situer et imputer avec précision les responsabilités de telles inefficacités et/ou déviances. Enfin, il faut noter que le fait que le maire incarne à lui tout seul l'organe exécutif de la commune avec une forte concentration de pouvoirs est un facteur de renforcement de ces risques d'inefficacité. Bien plus et sur un autre plan, il ne semble pas tout à fait cohérent avec le principe de la légitimité rapprochée voulue par la décentralisation que le législateur ait attribuée au maire, désigné au suffrage indirect, une telle concentration de pouvoir. En effet, celui-ci concentre dans ses mains l'essentiel des pouvoirs de la commune aux

dépens de l'organe délibérant dont les membres sont pourtant désignés directement par les citoyens. Du reste, les risques ci-dessus évoqués semblent être confirmés empiriquement en certains de leurs aspects si l'on s'en tient aux propos suivants tenus par un citoyen de la commune urbaine de Niangoloko (Goita, 2003 : 281) : « les conseillers se plaignaient beaucoup du maire passé parce qu'il travaillait seul. C'est lui qui choisissait, par exemple, les entrepreneurs pour les différents travaux et qui les (faisait) surveiller. Même si certains conseillers surveillaient les travaux de temps en temps, c'était avec l'accord du maire ». Comme on le voit même si cette opinion n'est pas suffisamment représentative de celle de tous les citoyens, il reste qu'elle permet de se faire une idée de ce que peuvent être les conséquences du double rôle du maire, président du conseil et exécutif de la municipalité alors qu'il n'est désigné qu'au suffrage indirect. Cependant, les faits tels que relatés devront être considérés avec beaucoup de réserves. En effet, à moins que le maire ait agi en toute illégalité avec la complicité des autres acteurs de la chaîne de la commande publique et de la dépense publique (personne responsable des marchés et contrôleur financier notamment), il n'est pas possible qu'il puisse choisir tout seul les entrepreneurs à qui attribuer des marchés de travaux.

- Les précédentes observations relatives au maire sont applicables, mutatis mutandis, au président du conseil régional qui incarne également à lui tout seul le rôle d'exécutif régional. Mais en plus, l'élection au suffrage indirect de l'organe délibérant de la région ne favorise pas la transparence et l'obligation de rendre compte qui incombent aux élus. En effet, les élus régionaux échappent au contrôle direct des citoyens/électeurs de la région puisqu'ils ne sont pas directement désignés par ces derniers. En d'autres termes, les conseils et les exécutifs régionaux disposent d'importantes marges de manœuvre pour éventuellement maximiser leurs propres objectifs respectifs (à moins qu'ils ne soient des hommes politiques particulièrement vertueux) puisque toute sanction politique directe de la part des électeurs est pratiquement impossible du fait de la loi électorale.

II.4.4. La problématique des relations entre l'État central et CT

L'articulation des relations entre l'État central et les collectivités territoriales (CT) selon qu'elle est en cohérence ou non avec les principes et modalités de la décentralisation peut contribuer à « renforcer les capacités d'action (desdites) collectivités territoriales » (CGCT, art. 3) ou, tout au contraire, constituer un lourd handicap à la décentralisation.

Les relations entre l'État central et les collectivités territoriales peuvent se décliner sous trois formes :

Premièrement, elles peuvent être de nature contractuelle de telle sorte que gouvernements infranationaux et gouvernement national peuvent déterminer par contrats des interventions communes dans tout domaine d'intérêt partagé (CGCT, art. 45). Le fondement implicite de cette forme de relation repose sur l'idée d'un partenariat égalitaire entre les deux niveaux de gouvernements puisque, par définition, une relation contractuelle implique le consentement mutuel des cocontractants placés ainsi sur un pied d'égalité.

Deuxièmement, ces relations peuvent prendre la forme d'assistance de l'État central vis-à-vis des collectivités territoriales chaque fois que de besoin et logiquement sur demande expresse de ces dernières. Ce devoir d'assistance de l'État central, ainsi que le précise l'article 49 du CGCT, peut consister à verser des subventions ; des dotations spéciales ; à apporter d'appui technique et financier et d'appui en ressources humaines et/ou matérielles. La justification de ce devoir d'assistance réside en ceci que l'État central est le garant de la solidarité nationale. En effet, la loi précise que celui-ci est tenu d'organiser « [...] la solidarité avec les collectivités territoriales et entre les collectivités territoriales » (CGCT, art. 6). De ce fait, l'assistance de l'État central aux gouvernements locaux, quelle que soit sa forme, peut être interprétée comme étant l'expression concrète de cette solidarité.

Troisièmement, la forme des relations institutionnelles entre gouvernement central et collectivités territoriales consiste en divers types de contrôles de tutelle que celui-là peut exercer sur celles-ci.

Si les deux premières formes de relations État central/collectivités territoriales locales ne posent pas, a priori, de problème en termes de cohérence avec les principes et modalités de la décentralisation, il ne semble pas en être de même pour les relations de type contrôle de tutelle. Aussi, le but du paragraphe est-il de faire la description et l'analyse de ces dernières relations suivant le prisme de l'économie politique des institutions afin de mettre en évidence ses éventuelles limites et/ou incohérences.

II.4.4.1. Description de la tutelle de l'État central sur les CT

Outre les contrôles concomitants et intermittents mis en œuvre par les structures de contrôle du gouvernement central dans le cadre de la procédure budgétaire (cf. section IV.3 ci-après), les collectivités territoriales sont également soumises à un contrôle de tutelle dudit État central.

En rappel, sous l'angle de l'arrangement administratif (cf. figures II.1, II.2, II.3 et II.4 précédentes) la tutelle du gouvernement central sur les collectivités territoriales comprend la tutelle centrale (ou « éloignée ») et la tutelle « rapprochée ». La première est exercée directement de façon concurrente et complémentaire par les services centraux du ministère en charge de l'Administration territoriale et de la Décentralisation pour les questions administratives et par ceux du ministère en charge de l'Économie et des Finances en ce qui concerne les aspects financiers. Elle est mise en œuvre de façon indifférenciée sur l'ensemble des collectivités territoriales. Par contre, la tutelle « rapprochée » est mise en œuvre par les administrations déconcentrées du gouvernement central mais de façon différenciée selon le type de collectivité territoriale. Ainsi qu'il résulte des développements précédents, le chef de la circonscription administrative régionale qu'est le Gouverneur assure la tutelle rapprochée sur la région collectivité territoriale. Le haut-commissaire de province assure, quant à lui, la même tutelle sur les communes urbaines et rurales. On peut constater au regard de ce qui précède que les circonscriptions administratives départementales ne sont pas prises en compte dans l'arrangement administratif de la tutelle rapprochée. Autrement dit, en dehors de sa mission de représentation du gouvernement central, le Préfet de département n'assure aucune tâche de tutelle au niveau local.

Sous l'angle des tâches de tutelle proprement dites, deux formes sont à distinguer. Il s'agit de la tutelle sur les personnes (A) et de celle sur les actes et délibérations des collectivités territoriales (B) qui sont toutes les deux censées être des tutelles de légalité.

A/ La tutelle sur les personnes

La tutelle sur les personnes relève de la compétence du ministre en charge des Collectivités territoriales et/ou du conseil des ministres. Ainsi, le maire et ses adjoints, le président du conseil régional et ses vice-présidents peuvent être suspendus ou révoqués par le gouvernement central pour « faute grave » (CGCT, arts. 184, 272). De même, selon les articles 172 et 251 du CGCT, tout organe délibérant de région ou de commune peut être dissout par décret pris en conseil des ministres lorsque son fonctionnement se révèle impossible. En somme, la tutelle sur les personnes au niveau local est réalisée suivant deux procédés que sont la suspension et la révocation.

B/ La tutelle sur les actes et délibérations

La tutelle sur les actes et délibérations relève pour l'essentiel de la compétence des autorités de tutelle rapprochée. Son implémentation se fait selon deux principales modalités de contrôle.

1/ Le contrôle a priori

L'autorisation préalable et l'approbation constituent les deux formes du procédé de contrôle a priori. Tel qu'il résulte des tableaux II.4 et II.6 précédents, l'autorisation préalable et l'approbation concernent des actes et délibérations des collectivités territoriales limitativement déterminés par le législateur et ayant un caractère financier ou ayant une incidence financière

(CGCT, art. 57). Bien qu'étant mises en œuvre a priori, l'autorisation et l'approbation visent, en principe, à s'assurer de la légalité des actes et délibérations concernés et non à apprécier leur opportunité. Pour autant et ainsi qu'il sera évoqué sous la section IV.3 ci-après, ces techniques d'autorisation et d'approbation peuvent revêtir implicitement de forts contenus d'appréciation d'opportunité notamment en matière de procédure d'exécution des budgets des collectivités territoriales.

2/ Le contrôle a posteriori

Le procédé de contrôle a posteriori se décline sous trois principales formes : la suspension ou l'annulation des actes et délibérations illégaux des autorités locales par l'autorité de tutelle constitue la première forme. L'audit administratif des collectivités territoriales par l'autorité centrale et/ou rapprochée en constitue la deuxième forme. La dernière forme est la substitution d'action. Cette dernière est une mesure qui permet à l'autorité de tutelle de se substituer aux autorités locales en cas d'inertie et/ou de défaillance dans la mise en œuvre de leurs obligations légales.

II.4.4.2. Lecture analytique de la tutelle de l'État central sur les CT

Précisons d'emblée en ce début d'analyse que la décentralisation n'implique pas l'absence de tutelle de l'État central. Pour autant, cette tutelle, pour être en cohérence avec les principes et modalités de la décentralisation, devrait viser à préserver l'autonomie des collectivités territoriales tout en renforçant leurs capacités. Dans cette perspective, l'arrangement institutionnel de la tutelle sur les actes et délibérations des collectivités territoriales devrait être conçu en faisant la distinction entre les deux modalités de transfert top-down des tâches que sont la dévolution et la délégation.

Pour ce qui concerne les actes et délibérations relevant des tâches dévolues, la tutelle du gouvernement central, si elle doit exister, devrait être exclusivement motivée par la légalité. En d'autres termes, cette tutelle devrait consister en une tutelle de légalité exercée, idéalement, selon le procédé du contrôle a posteriori. Ceci, d'autant plus qu'en matière de dévolution, les collectivités territoriales sont censées être seules responsables, conformément à la loi, de l'opportunité des décisions d'offre, de production et de financement des BCL. De ce fait, les variantes du procédé de contrôle a priori que sont l'autorisation préalable et l'approbation, compte tenu de ce qu'elles sont étroitement liées à l'appréciation d'opportunité, ne devraient pas s'exercer sur les actes et délibérations relevant des tâches dévolues.

Par contre, les actes et délibérations pris par le niveau local en vertu des compétences déléguées pourraient être soumis aussi bien à la tutelle de légalité qu'à celle d'opportunité. En effet, en matière de délégation des tâches, l'État central devra s'assurer, a priori et/ou a posteriori, que les collectivités locales respectent les objectifs, les normes et standards minimaux qu'il a fixés en matière de production des BCL délégués.

Ceci étant dit, on peut relever que l'arrangement institutionnel de la tutelle pose des problèmes de cohérence avec les modalités de la décentralisation. En effet et comme décrit ci-dessus, le dispositif institutionnel ne fait pas de distinction entre dévolution et délégation en matière de tutelle. La distinction qu'il fait porte plutôt sur le caractère financier ou non des actes et délibérations des collectivités territoriales. Dans cette perspective, les actes qui ne présentent aucun enjeu financier sont soumis au contrôle de légalité exercé par l'autorité de tutelle. Il s'agit d'un contrôle « clairement exclusif de toute considération d'opportunité » et exercé « a posteriori » ainsi que le précise le Guide du contrôle de légalité des actes des collectivités locales. Par contre, tous les actes et délibérations ayant un caractère financier ou ayant une incidence financière sont soumis à une tutelle a priori, c'est-à-dire à la procédure d'autorisation préalable ou d'approbation préalable. Il en résulte que la majorité des tâches (dévolues ou déléguées) des collectivités territoriales sont soumises à cette dernière tutelle qui se caractérise par son fort contenu d'appréciation d'opportunité. Par exemple, à l'exception notable de l'attribution de secours, toutes les autres compétences dévolues aux conseils municipaux et régionaux sont soumises à cette tutelle serrée exercée, soit par le Haut-commissaire pour la commune, soit par le Gouverneur pour la région.

Le deuxième problème qu'il convient de signaler est relatif à la tutelle sur les personnes. En effet, la possibilité de suspension ou de révocation du maire ou du président de région plus qu'une tutelle, s'apparente à l'analyse, beaucoup plus à un mécanisme de contrôle hiérarchique de l'État central sur les exécutifs locaux. Ceci est d'autant plus vrai que les motifs que le gouvernement central peut invoquer pour justifier lesdites sanctions sont pratiquement les mêmes que ceux qu'il pourrait invoquer pour sanctionner ses propres fonctionnaires. Ces derniers étant d'ailleurs mieux protégés par la loi que les exécutifs locaux. Par exemple, la simple poursuite devant un tribunal répressif est considérée comme une faute grave pouvant valoir révocation du président du conseil régional ou du maire (CGCT, art. 184-10 ; art. 272-10)[11]. Par contre, en ce qui concerne le fonctionnaire de l'État central, la poursuite pénale ne donne lieu qu'à une suspension conservatoire en attendant le dénouement judiciaire de l'affaire (cf. loi n° 081-2015, art. 166). Ceci signifie qu'en cas d'acquittement par la justice, le fonctionnaire a l'assurance de retrouver son emploi alors qu'il serait pratiquement impossible pour le maire ou le président de la région de reprendre son

[11] Il y a lieu de se demander si le fait de considérer une simple poursuite devant un tribunal répressif comme étant une faute grave pouvant justifier la révocation d'un exécutif local ne serait pas contraire à la présomption d'innocence consacrée par l'article 4, al. 2 de la Constitution burkinabè.

mandat. En effet, un maire ou un président de conseil régional révoqué est remplacé dans un délai maximum de trente jours (CGCT, art. 195 ; art. 282).

Le troisième problème mis en évidence par l'analyse ressort de l'organisation administrative de la tutelle rapprochée. En effet, on peut s'interroger sur la pertinence de l'existence de trois niveaux de déconcentration face à deux niveaux de décentralisation ainsi qu'il a été décrit ci-dessus puisque les Préfets des départements qui sont pourtant plus rapprochés des communes n'assurent aucune tâche de tutelle sur ces dernières. Ceci en dépit du fait qu'il existe des risques d'engorgements et de dysfonctionnements au niveau local liés au fait que seulement 45 Haut-commissaires ont la charge de la tutelle sur 351 communes urbaines et rurales. Quand on sait que pratiquement, toutes les tâches communales sont soumises, d'une manière et d'une autre, à l'appréciation de la tutelle et que les Haut-commissaires ont de nombreuses autres tâches en plus des tâches de tutelle, on ne peut que convenir que les risques d'engorgements des haut-commissariats et en conséquence de dysfonctionnements des communes ne sont pas qu'une simple hypothèse d'école.

Le dernier élément d'analyse est relatif à cette totale impasse que font les dispositions du CGCT sur les clauses d'évaluation de la performance de la décentralisation. En effet, la mesure de la performance qui n'est pas à confondre avec les différents contrôles ci-dessus décrits, doit viser à analyser et évaluer dans quelle mesure les compétences dévolues aux collectivités territoriales l'ont été de façon cohérente, économique, efficace, effective et durable par rapport aux objectifs fixés. De même, elle devra permettre d'appréhender comment et dans quelle mesure les tâches dévolues ont été mises en œuvre par les CT et si les BCL offerts répondent aux attentes des citoyens en termes de participation aux prises de décisions par lesdits citoyens, de respect des préférences des citoyens/contribuables, etc. L'évaluation n'a donc pas pour vocation de sanctionner comme il en est généralement le cas pour les contrôles de tutelle mais bien plutôt d'apprécier l'effectivité, l'efficacité, l'efficience, l'économicité, voire la pertinence du processus de décentralisation afin d'en améliorer au besoin le pilotage. Autrement dit, les résultats de l'évaluation devront permettre de savoir si la décentralisation a été et dans quelle mesure un facteur de promotion du « développement à la base » et de renforcement de la « gouvernance locale » (CGCT, art. 2). Au total, ce défaut d'énoncés évaluatifs et de critères d'évaluation dans la loi de référence de la décentralisation constitue une limite importante du dispositif institutionnel même si le document de SDD (2017-2026) décline en son point 4.6 (p. 78) un système de suivi-évaluation et de gestion des risques.

Conclusion

Ce chapitre II avait pour principal but de décrire et analyser le cadre institutionnel de la nouvelle décentralisation burkinabè. Pour ce faire et partant de l'hypothèse que toute décentralisation était le produit d'une histoire sociopolitique spécifique, le chapitre a, premièrement, décliné une brève histoire de la décentralisation depuis la Haute-Volta coloniale avec son système d'« administration directe » et ses communes « mixtes » jusqu'au Burkina Faso de la IVe République avec sa communalisation intégrale.

Le constat est que l'actuelle décentralisation est bien le produit de sa trajectoire historique tant et si bien que celle-ci a modelé ses arrangements institutionnels. Mais, le chapitre a également examiné, en deuxième temps, les fondements de la décentralisation en cours. Cet examen a permis de confirmer ce qui avait été annoncé au chapitre I déjà, à savoir que les fondements de toute décentralisation étaient fonction du design contextuel spécifique du pays de référence. Dans cette perspective, les fondements de la décentralisation actuelle que sont le développement à la base et la bonne gouvernance locale bien qu'étant partagés par d'autres pays africains engagés dans la même réforme, demeurent spécifiques au Burkina Faso et apparaissent même quelque peu « atypiques » en comparaison avec les fondements reconnus à la décentralisation par la théorie économique. Par contre, l'analyse de ces fondements suivie de celle des arrangements politico-administratifs des collectivités territoriales ont montré que la concrétisation des objectifs projetés de la décentralisation n'est pas acquise d'avance tant la cohérence et la pertinence de certaines règles institutionnelles ne sont pas, en l'état actuel, tout à fait au niveau des exigences de réalisation desdits objectifs. Il reste à espérer que l'implémentation effective des référentiels adoptés courant 2018 permette d'opérer les ajustements dans le sens d'une meilleure cohérence du dispositif.

CHAPITRE III

Le transfert des tâches

La finalité du découpage territorial examiné au chapitre II est de servir de cadre institutionnel de mise en œuvre de la politique publique de décentralisation. Pour ce faire, la loi de référence a attribué des fonctions aux différents niveaux de collectivité que sont les régions, les communes urbaines et rurales. Mais les objectifs de la décentralisation étant de promouvoir le développement à la base et de renforcer la gouvernance locale, l'attribution des fonctions au niveau local devrait avoir été faite suivant des critères et modalités permettant de réaliser lesdits objectifs. Aussi, le but principal de ce chapitre est-il de rechercher et analyser les critères et modalités, mais aussi de décrire et analyser les tâches transférées afin d'en tirer des enseignements. Mais, une telle démarche doit nécessairement passer par une revue de la littérature scientifique relative aux critères et modalités de la décentralisation permettant de fournir une grille de lecture pour l'analyse. Dans cette perspective, le chapitre est subdivisé en deux sections :

La première section est consacrée aux enseignements de la théorie économique en matière de répartition des fonctions entre échelons de gouvernement. Elle expose en premier lieu les critères qui, selon la théorie traditionnelle du fédéralisme financier, devraient prévaloir dans la décentralisation des fonctions. Mais, étant donné que ces derniers critères sont exclusivement économiques alors même que la décentralisation n'a pas que des fondements économiques, des développements théoriques récents ont complété lesdits critères par d'autres critères de nature sociopolitique et managériale. L'exposé de cette nouvelle critériologie de la répartition des compétences constitue le deuxième point de la section. Le dernier point de la section est consacré à un développement plus détaillé sur les dimensions de la décentralisation top-down.

La deuxième section aborde la répartition des compétences ainsi qu'elle résulte du dispositif institutionnel. Son premier point concerne l'examen des critères et modalités institutionnels de transfert des tâches. Ce point décline également, sous forme de tableau, les tâches attribuées par le législateur aux différentes collectivités territoriales. La seconde sous-section est une lecture analytique des transferts. Premièrement, elle propose une lecture en économie institutionnelle des tâches transférées en général avant d'exposer, en deuxième lieu, une analyse économique de la dévolution institutionnelle des tâches.

III.1. Le transfert des tâches en théorie

La première génération des réflexions théoriques consacrées à la décentralisation renvoie aux théories traditionnelles du fédéralisme. Celles-ci reposent sur l'idée que les fondements de la décentralisation sont exclusivement économiques. Aussi, les éléments d'analyse proposés par cette théorie ne reposent-ils que sur des critères économiques. Cependant, ainsi qu'il résulte des deux chapitres précédents de cet ouvrage, les motivations de la décentralisation ne sont pas qu'uniquement économiques. Elles peuvent être également sociopolitiques. Dans cette perspective, la théorie traditionnelle a été enrichie d'une nouvelle approche qui prend en compte cette autre dimension des fondements de la décentralisation. La présente section fait le point en termes d'enseignements de ces deux générations du fédéralisme financier de répartition des tâches dans un système de gouvernement multi-niveaux.

III.1.1. Le fédéralisme financier de première génération

D'un point de vue théorique, la problématique de l'attribution des compétences dans un système décentralisé peut être envisagée suivant deux méthodologies (Dafflon et Madiès, 2008 : 30-31) : (i) premièrement, on peut essayer de définir une aire géographique optimale de production ou de consommation d'un service collectif après quoi, on met en place des collectivités publiques chargées de fournir ledit service. Cette démarche rappelle la théorie des « clubs » qui, faisant une analogie avec le marché, part de l'idée que les individus qui désirent consommer un même service se regroupent volontairement en club pour le produire. Mais, si cette formule peut permettre de résoudre d'éventuels problèmes de non-correspondance entre maillage institutionnel et dimension fonctionnelle du service collectif, elle pose néanmoins un problème pratique : la formule des clubs implique autant de clubs et donc autant de maillages administratifs qu'il y a de services collectifs et les citoyens devront participer à autant de clubs qu'ils utilisent de services collectifs. La conséquence serait une mise en place de « mille-feuilles » institutionnels, ce qui est peu praticable ; (ii) la deuxième formule consiste à déterminer comment les collectivités publiques existantes peuvent fournir de la manière la plus efficace possible des services collectifs. Cette dernière formule semble être la plus réaliste. Du reste, elle est plus en cohérence avec les préoccupations de la présente étude puisqu'il s'agit ici d'analyser la répartition des compétences dans un maillage administratif déterminé.

En ce qui concerne le fédéralisme financier de première génération proprement dite, même si W. Oates soutient dans un récent article (Oates, 2005 : 350) que des auteurs majeurs de l'économie publique comme Samuelson (1954, 1955) Musgrave (1959) et Arrow (1970) ont joué un rôle clé dans sa conceptualisation, il reste qu'il est lui-même considéré par la littérature économique comme étant l'un des principaux inspirateurs. En effet, c'est dans son *Fiscal federalism* publié en 1972 qu'il a développé ce qu'il est convenu d'appeler le théorème de la décentralisation optimale. Ainsi, disait-il, « *pour un bien public dont la quantité consommée peut être définie sur des sous-ensembles géographiques, et dont le coût de production est le même au niveau central ou dans les sous-ensembles géographiques concernés, il sera toujours plus facile (ou au moins aussi facile) pour ces sous-ensembles de produire des quantités de biens publics optimales au sens de Pareto que pour le gouvernement central* » Oates (1972) cité par Greffe (1997 : 360).

Le modèle de base résultant de ce théorème a consisté à mettre en évidence cinq critères (tableau III.8 ci-après) permettant de conduire une réflexion sur la répartition des fonctions entre les échelons de gouvernement. Dans ce sens, ledit modèle – en dépit du caractère restrictif de ses hypothèses initiales au nombre de neuf (9) qui peuvent en réduire la portée pratique – permet de répondre à deux préoccupations intéressant la problématique du présent ouvrage : (**i**)premièrement, les critères énoncés dans le modèle peuvent être utiles en tant que moyens de réflexion dans le cadre du transfert d'une nouvelle tâche dans un découpage institutionnel donné ; (**ii**) deuxièmement, cette critériologie peut servir de fil conducteur pour une analyse, ex post, de la pertinence d'une attribution de tâche à un échelon de gouvernement donné.

Les cinq critères ci-dessus évoqués sont généralement présentés sous la forme d'une matrice de lecture dans le but de confronter ceux d'entre eux qui favorisent la centralisation avec ceux qui sont en faveur de la décentralisation. Autrement dit, le protocole de décision en matière d'affectation d'une fonction serait le suivant : décrire et estimer précisément les incidences des critères, qui s'expriment en un jeu de forces centripètes et centrifuges, avant de les pondérer. Étant entendu que c'est le résultat de cette estimation suivie de la pondération qui emporte la décision de centraliser ou de décentraliser ladite fonction. Toutefois, il convient de signaler que si la description et l'estimation des critères relèvent du domaine technique de l'économiste, la pondération, quant à elle, relève d'un choix politique. En d'autres termes et c'est évident, la décision de centraliser ou de décentraliser une fonction est, en définitive, une décision beaucoup plus d'ordre politique que technique.

Tableau III.8 : Matrice des critères de transfert des tâches

Critères	Décentralisation	Centralisation
1. préférence	Hétérogènes	Homogènes
2. économie d'échelle	Non	Oui
3. effets de débordement	Non	Oui
4. effet d'encombrement	Oui	Non
5. coûts de décision	S'ils augmentent en fonction de la taille	S'ils baissent en fonction de la taille du groupe

Source *: adaptée de Dafflon et Madiès (2008 : 31).*

Critère 1 : L'hétérogénéité et l'homogénéité des préférences

L'hétérogénéité des préférences pour un service collectif donné sur un territoire institutionnel donné devrait conduire à la décentralisation dudit service, tandis que l'homogénéité devrait, au contraire, conduire à la centralisation. Cependant, il convient d'apporter des précisions en ce qui concerne la notion d'hétérogénéité des préférences. En effet, lorsque les préférences individuelles pour un bien collectif sont hétérogènes mais que les individus sont complètement dispersés sur le territoire national, il est impossible dans ce cas de décentraliser la fourniture dudit bien. En revanche, si cette hétérogénéité des préférences est le fait de sous-groupes territorialement identifiables de la population nationale, la décentralisation peut être envisageable. Dafflon et Madiès (2008 : 32) donnent à ce sujet l'exemple des communautés ethnolinguistiques à l'intérieur d'un État. Si lesdites communautés sont concentrées territorialement et sont clairement identifiables, on peut présumer qu'elles ont une certaine proximité des préférences pour certains biens collectifs et que lesdites préférences sont différentes, ou à tout le moins, ont un degré de proximité beaucoup moindre avec celles des autres communautés de l'espace de référence. À ce sujet, la langue d'enseignement dans les programmes scolaires est un excellent exemple. En effet, l'hétérogénéité des préférences linguistiques dans l'espace national devrait théoriquement justifier l'attribution au niveau local le choix du véhicule linguistique dans lesdits programmes. Autrement dit, conformément au critère d'hétérogénéité des préférences, chaque communauté linguistique, pour autant qu'elle soit concentrée sur une collectivité territoriale déterminée, devrait pouvoir utiliser la langue locale ou régionale dans les programmes d'enseignement.

Critère 2 : Les économies d'échelle

De façon générale, les économies d'échelle impliquent une relation inverse entre le nombre d'utilisateurs d'un bien et son coût moyen de production. Autrement dit et de façon concrète, si deux résidents d'une collectivité donnée se partagent un même service collectif, le coût fiscal à supporter par chacun d'eux diminue de moitié ; s'ils sont trois, ce coût baisse à un tiers. Ainsi, au fur et à mesure que le nombre de résidents/consommateurs augmente chacun d'eux engrange une rente supplémentaire. Dans cette perspective, le critère des économies d'échelle suggère une tendance à la centralisation de la tâche dans le but de maximiser la rente totale de la collectivité. Ceci ne signifie pas pour autant que la tâche qui génère des économies d'échelle doit être forcément attribuée au niveau supérieur de gouvernement. D'autres solutions peuvent être envisagées dans le but d'internaliser lesdites économies d'échelle. Par exemple, la collaboration intercommunale ou interrégionale pourrait constituer une alternative selon que la tâche est communale ou régionale. De même, l'externalisation de la production suivant la formule du partenariat public-privé (PPP) peut également être envisagée. Dans ce dernier cas, les collectivités locales gardent chacune la maîtrise de l'offre du bien tout en confiant en commun la production à un partenaire privé.

Critère 3 : Les effets de débordement

Les effets de débordement, ou externalités géographiques, apparaissent lorsque l'activité d'une collectivité territoriale a des répercussions, positives ou négatives, sur les habitants d'une ou de plusieurs collectivités voisines qui ne participent ni aux décisions relatives à ladite activité, ni à son financement.

Les effets de débordement peuvent avoir deux déclinaisons qu'il faut distinguer : premièrement, l'effet de débordement de production qui intervient lorsqu'un bien collectif produit par une collectivité A procure des avantages aux habitants d'une collectivité voisine B sans que cette dernière n'ait participé ni à la décision de production, ni au paiement du coût de production dudit bien. Par exemple, les mesures d'assainissement d'un cours d'eau prises par une commune en amont, bénéficiant sous forme d'une eau plus propre, aux habitants des communes situées en aval. La seconde déclinaison est le débordement de consommation. Dans ce cas, le bien ou service collectif est produit par une collectivité donnée et il ne peut être consommé que dans cette dernière. Il y a débordement de consommation lorsque des utilisateurs extérieurs à la collectivité productrice s'y rendent pour consommer ledit bien. La fréquentation du parc urbain « Bangr-wéogo » de la commune urbaine de Ouagadougou par des habitants des communes voisines comme Lounbila ou Pabré peut être citée comme un exemple de débordement de consommation.

Les externalités géographiques, du fait qu'elles impliquent une absence de coïncidence entre les cercles utilisateurs, décideurs, payeurs, entraînent des inefficiences dans l'allocation des ressources. L'origine de ces inefficiences réside dans le fait qu'une collectivité territoriale qui décide de fournir un bien à ses résidents ne prend en compte que les effets de cette offre sur le bien-être desdits résidents sans tenir compte des avantages éventuellement captés par les habitants des collectivités limitrophes. En conséquence, l'offre est économiquement sous-optimale.

Pour résoudre le problème des effets de débordement, la théorie suggère deux options : (**i**) soit l'agrandissement (collaboration ou fusion) du territoire institutionnel pour le faire coïncider avec le territoire fonctionnel ; (**ii**) soit l'indemnisation de la collectivité productrice du bien par les collectivités dont les habitants bénéficient des effets de débordement.

Critère 4 : Les effets d'encombrement

Les effets d'encombrement ou de congestion sont en fait des externalités géographiques négatives et ils sont étroitement liés à la mobilité des consommateurs entre collectivités territoriales. Supposons un mouvement pendulaire entre collectivités territoriales permettant aux pendulaires de consommer des services collectifs de la collectivité de destination. En supposant en outre que la qualité de la consommation d'un bien collectif dépend du nombre de consommateurs, il en résulte qu'un surnombre éventuel de consommateurs entraînera, à partir d'un certain seuil, un encombrement coûteux. Autrement dit, les effets d'encombrement engendrent des inefficiences dans l'allocation des ressources. En effet, les pendulaires qui se déplacent dans une collectivité qui n'est pas celle de leur résidence pour y consommer un bien ne tiennent compte dans leur calcul que du coût moyen qu'ils supportent personnellement, mais pas des coûts marginaux qu'ils font subir aux habitants de la collectivité dans laquelle ils arrivent.

Face aux effets d'encombrement, deux catégories de solutions théoriques peuvent être notées : (**i**) la première catégorie consiste en deux formules envisageables à l'échelle de la collectivité dont les habitants subissent les effets d'encombrement. Ainsi, cette collectivité pourrait décider soit de freiner l'arrivée de nouveaux consommateurs (pendulaires et/ou définitifs), soit d'imputer aux nouveaux arrivants la différence de coût, c'est-à-dire de pratiquer des prix différenciés entre résidents et non-résidents (Dafflon et Madiès, 2008 : 33). Cependant, dans le cas particulier des collectivités territoriales burkinabè, de telles solutions théoriques ne seraient pas légales. En effet, elles se heurteraient à des principes généraux du droit qui sont de valeur constitutionnelle à savoir le principe de la liberté de circulation des citoyens dans tout le territoire national, au principe d'égalité devant les services publics et au principe d'égalité devant les charges publiques ; (**ii**) la deuxième catégorie de solution suppose la reconnaissance du problème d'encombrement par les différentes collectivités impliquées et la coopération entre elles dans le but de le résoudre. Dans cette perspective, soit la collectivité dont les membres sont à l'origine du mouvement pendulaire verse des subventions à la collectivité de destination, soit les collectivités impliquées conviennent d'un recours à la collaboration intercollectivités, c'est-à-dire qu'elles conviennent de l'élargissement de l'espace de référence fonctionnel en faisant entrer les individus (utilisateurs) à l'origine des effets d'encombrement dans le cercle des décideurs et des payeurs (Perritaz, 2003 : 82). Ces deux dernières solutions pourraient être beaucoup plus praticables, mais comme précédemment indiqué, leur mise en œuvre nécessite la coopération des collectivités impliquées. Pourtant, une coopération spontanée des collectivités territoriales dont les habitants sont à l'origine des effets d'encombrement pourrait ne pas être acquise notamment en cas de mobilité temporaire desdits habitants. En effet, la mobilité temporaire engendre en réalité des effets positifs pour les collectivités de départ dont les habitants vont consommer ailleurs des services qu'elles n'ont ni besoin de fournir ni de financer. Par contre, en cas d'importants départs durables ou définitifs, les collectivités de départ pourraient être davantage incitées à coopérer. En effet, de tels départs impliqueraient pour lesdites collectivités une chute des ressources fiscales avec une double conséquence : soit, une augmentation de la pression fiscale sur les résidents si les collectivités de départ optent de maintenir le niveau (quantité et/ou qualité) des prestations en services collectifs, soit à l'inverse, une réduction du niveau des biens collectifs contre un maintien du niveau de la pression fiscale. Les collectivités de départ seront d'autant plus disposées à coopérer que l'une ou l'autre conséquence ci-dessus évoquée peut inciter à de nouveaux départs durables.

Critère 5 : les coûts de décision

Les coûts de décision peuvent se décliner en coûts d'information, mais aussi, d'organisation et de gestion de l'offre dans l'hypothèse d'un maillage de collectivités locales spécifiques en fonction d'un seul bien collectif. Mais, dès lors qu'il y a plusieurs maillages institutionnels de tailles différentes offrant chacun un BCL, le consommateur est amené à appartenir à plusieurs collectivités correspondant à autant de BCL qu'il souhaite consommer. Ceci implique la multiplication des coûts d'information en fonction du nombre de BCL consommés. Enfin, il y a les coûts liés à l'élection des organes (délibérant, exécutif) de chaque collectivité. Ceci étant, si les coûts de décision augmentent en fonction de la taille du groupe, la décentralisation est la meilleure solution. Mais, dans le cas contraire, la centralisation peut être envisagée.

En conclusion, il faut signaler que cette démarche reposant sur les cinq critères proposés par le fédéralisme financier de première génération n'a pas pour but d'aboutir à une répartition, une fois pour toutes, des tâches entre échelons de gouvernement sans besoin ultérieur d'ajustement. Au contraire, la répartition des tâches est considérée comme un processus qui nécessite des ajustements autant que de besoin dans le sens de l'amélioration de l'affectation efficiente des ressources dans le secteur public.

III.1.2. Le fédéralisme financier de seconde génération

Cette nouvelle approche dite fédéralisme financier de seconde génération est partie du constat que la diversité des pratiques en matière de décentralisation et de fédéralisme financier ne peut pas être rendue intelligible suivant la seule rationalité économique. Aussi, la « Second-Generation Theory (SGT) of fiscal federalism » a-t-elle intégré dans ses analyses les contributions d'autres disciplines des sciences sociales. Selon Oates (2005 : 356), les réflexions de cette nouvelle approche du fédéralisme financier se sont basées sur des contributions venant de deux principales sources : **(i)** les analyses de la théorie des choix publics et de l'économie politique relatives notamment aux processus politiques et aux comportements des politiciens et décideurs. En effet, contrairement aux théoriciens du fédéralisme financier de première génération qui présumaient que les décideurs politiques étaient vertueux et qu'ils agissaient dans le sens de l'intérêt commun, la théorie des choix collectifs a pu mettre en évidence le fait que les participants dans les processus politiques (électeurs et/ou élus) ont leurs propres fonctions d'objectifs qu'ils cherchent à maximiser ; **(ii)** le deuxième point d'appui tient dans les analyses sur les problèmes d'asymétrie de l'information entre les participants et son impact sur l'efficacité des procédures institutionnelles de décisions collectives.

Fort de ces nouveaux apports, la littérature plus récente a proposé une nouvelle démarche d'affectation des fonctions dans le secteur public ainsi qu'elle est synthétisée dans le tableau **III.9** ci-après.

Tableau III.9 : Matrice socio-économique de transfert de tâche

Continuum « local-central » → / **Éléments d'analyse Critères** ↓	**Commune**	**Association de communes**	**Agglomération**	**Fusion de communes**	**Région**	**État central**
1. Économiques						
Économies d'échelle						
Effets de débordement						
Effets d'encombrement						
2. Administratifs, management						
Appareil administratif						
Information						
3. Sociopolitiques						
Préférences	Quantité					
	Qualité					
Autonomies	Financière					
	Budgétaire					
Procédures Démocratiques	Élection directe					
	Voice					
	Exit					

Source : *adaptée de Dafflon et Madies (2008 : 37).*

Le tableau III.9 ci-dessus est plus complet et plus opérationnel que le tableau III.8 précédent. Il l'est en termes de critères de répartition des fonctions entre échelons de gouvernement, mais aussi, en termes de démarche méthodologique. Comme ses concepteurs initiaux l'ont précisé, il constitue une grille de lecture de la décentralisation reposant sur trois piliers conceptuels (Dafflon et Madiès, 2008 : 36) :

1/ En ligne, trois blocs de critères de (dé)centralisation sont répertoriés :

- Le premier bloc (« **économiques** ») est constitué de critères économiques précédemment déclinés et explicités.
- Le deuxième bloc (« **Administratifs, management** ») recense des critères en rapport avec les capacités organisationnelles des collectivités territoriales. Le critère « appareil administratif » concerne non seulement la disponibilité des ressources humaines, de locaux administratifs et autres équipements nécessaires à la gestion de l'offre de la tâche attribuée, mais aussi à la maîtrise managériale desdites ressources par le niveau local. Peuvent également être rangées dans ce registre, la capacité technique et l'efficacité opérationnelle de la collectivité locale à comprendre la demande, à maîtriser l'offre et la

fonction de production de la tâche. Le critère « information » est, quant à lui, relatif à la capacité de la collectivité locale à rechercher, comprendre et analyser l'information en rapport avec les préférences des citoyens, la préparation des décisions ou le contrôle de leur exécution. Par exemple, la recherche et la compréhension des normes légales régissant l'organisation et le fonctionnement des collectivités locales ou celles régissant les relations de tutelle et/ou de collaboration inter-collectivités sont autant d'aspects du critère « information ». Dans le cadre d'un nouveau processus de transfert, la capacité organisationnelle du niveau local constitue un préalable indispensable pour espérer une mise en œuvre réussie des tâches à transférer. Cependant, son absence ne devrait pas constituer un motif de remise en cause du processus, mais plutôt un motif de report de tout ou partie des transferts afin de permettre la mise en place ou le renforcement des capacités locales. Dans tous les cas, l'évaluation des capacités locales devrait se faire de la façon la plus objective possible. En effet, une sous-estimation desdites capacités peut avoir pour conséquence un report injustifié des transferts et/ou un renforcement des tendances centralisatrices. En revanche, une surestimation peut également avoir des conséquences négatives en ce sens que sur la base de la surestimation, le gouvernement central pourrait transférer des responsabilités sans commune mesure avec les capacités réelles des collectivités locales (Dafflon et Madiès, 2008 : 39).

– Le dernier bloc (« **sociopolitiques** ») englobe des arguments d'ordre sociopolitique. Lesdits arguments visent non seulement à prendre en compte les réalités politiques et sociales dans lesquelles s'inscrit le processus de décentralisation, mais aussi à rendre compte de ce que la décentralisation ne se fonde pas que sur des préoccupations d'efficience allocative et d'efficacité productive. En effet, selon le contexte national, la prise en compte dans la politique de décentralisation de certaines valeurs sociopolitiques peut se révéler aussi importante, voire plus importante que les considérations d'ordre économique. Les critères d'ordre sociopolitique peuvent se décliner en trois catégories : **(i)** les préférences et la prise en compte de leur hétérogénéité ont été évoquées en tant que critère économique sous le point III.1.1 précédent. Mais, dans la présente perspective, les préférences sont appréhendées en tant que critère sociopolitique et sous l'angle qualitatif et quantitatif. En fait, il s'agit de se demander dans quelle mesure l'affectation d'une tâche à un niveau de collectivité publique donnée pourrait influencer la concordance entre la tâche prestée et la prestation désirée par les citoyens. Autrement dit, la question est de savoir, si par rapport à la centralisation, la décentralisation permet d'ajuster au mieux, quantitativement et qualitativement, le bien fourni à la demande des citoyens. Si oui, quel est le niveau de collectivité territoriale (commune, région ou autres) qui permet de réaliser au mieux cet ajustement ? Il faut préciser que ces questions se posent, a priori, au niveau de l'offre de la tâche. Cependant, elles peuvent également concerner la fonction de production « lorsque la production est déléguée à un tiers et, qu'en raison d'un contrat de prestation insuffisamment précis, ce dernier dispose de facto d'une marge de manœuvre lui permettant de jouer sur la quantité et la qualité offertes » (Perritaz, 2003 : 211). **(ii)** Le deuxième élément d'analyse sociopolitique concerne l'autonomie des collectivités territoriales. Mais, le concept d'autonomie locale se caractérise par la variabilité de son approche suivant les disciplines, voire suivant les auteurs de la même discipline. Pour autant, de façon indicative, deux composantes de l'autonomie ont été retenues dans le tableau III.9 à savoir l'autonomie financière et l'autonomie budgétaire.

L'autonomie financière a lieu lorsqu'une collectivité territoriale est en mesure d'acquérir par ses propres moyens les ressources financières dont elle a besoin, sans recourir à ou dépendre d'autres collectivités publiques. Selon Dafflon et Perritaz (2000a : 4), l'autonomie financière comporte deux éléments : le premier élément, l'autonomie fiscale, correspond au droit d'inventer des impôts, c'est-à-dire de définir les assiettes des impôts, le cercle des assujettis, le mode de calcul et le barème des taux, ainsi qu'au droit de lever l'impôt, ou en d'autres termes de l'encaisser et de gérer les recours. Le second élément correspond à la liberté dont peut disposer une collectivité territoriale dans l'administration de son patrimoine et à la possibilité qui lui est offerte de le faire selon ses propres préférences. Dans cette perspective, la collectivité sera considérée comme étant autonome si elle est libre de décider de la manière de financer et d'amortir un investissement qu'elle a décidé.

L'autonomie budgétaire, quant à elle, concerne la capacité d'une collectivité territoriale de décider seule, en toute indépendance, des catégories, des quantités et qualités des prestations qu'elle entend offrir à ses résidents.

Mais, il résulte de ce qui précède que les deux aspects de l'autonomie locale sont étroitement imbriqués. Ainsi, l'autonomie financière conditionne, tout au moins partiellement, l'autonomie budgétaire. Ceci résulte du fait qu'en vertu du principe de la responsabilité budgétaire (assumer les conséquences financières des choix dépensiers), une collectivité territoriale ne devrait pas pouvoir, de facto, décider de fournir des biens et services si elle ne dispose pas de moyens financiers pour les prendre en charge.

Le fait de retenir l'autonomie des collectivités territoriales comme critère de (dé)centralisation revient à se demander si en ce qui concerne la tâche sous analyse, la décentralisation favorise ou défavorise les formes d'autonomie locale retenues et dans quelle mesure. iii) Les procédures démocratiques constituent le dernier élément d'analyse retenu dans la matrice. Elles représentent l'ensemble des moyens à disposition des citoyens leur permettant d'intervenir dans le processus décisionnel et d'influencer en leur faveur les décisions en matière d'offre, de production ou de tarification des biens et services locaux (Perritaz, 2003 : 213). Ces procédures démocratiques peuvent prendre diverses formes selon chaque contexte national. Mais, pour les besoins de cette étude, les trois formes les plus courantes ont été retenues : l'élection directe des autorités locales est le principal moyen dont dispose le citoyen pour intervenir dans le processus décisionnel et exprimer, à travers son bulletin de vote, ses préférences en matière de biens publics. Dans cette perspective, le citoyen rationnel vote pour le candidat et/ou parti qui propose des prestations (programme politique) les plus en conformité avec ses préférences[12]. Il renouvelle sa confiance audit candidat et/ou parti aux élections suivantes s'il est satisfait des prestations qui lui ont été effectivement fournies après les dernières élections. Par contre, en cas d'insatisfaction, il le fait savoir en votant pour d'autres candidats et/ou partis. Ainsi, il en résulte une incitation des élus à décider dans le sens des intérêts des citoyens. Il s'agit ici de se demander si par rapport à la centralisation, la décentralisation garantit beaucoup mieux au citoyen cette possibilité d'intervenir directement, par le vote, dans le processus décisionnel relatif à la tâche sous analyse.

« Voice » implique la possibilité pour le citoyen/contribuable de s'exprimer, à travers des questions et/ou des réclamations, dans le débat public relatif à un objet particulier. Le but étant d'influencer la décision des autorités locales dans le sens désiré. Ceci peut, par exemple, se faire dans le cadre de la participation du citoyen aux séances de l'organe délibérant local ou par la participation aux débats publics sur les projets et programmes locaux de développement, sur les grandes orientations du budget local, etc.

Si donc, « **voice** » est retenu comme critère de (dé)centralisation, la question est de savoir si par rapport à la centralisation, la décentralisation garantit mieux cette possibilité de contrôle citoyen.

« **Exit** » renvoie à cette possibilité que peut avoir tout citoyen de quitter sa collectivité territoriale de résidence s'il est mécontent des prestations qui lui sont fournies. Étant entendu que cette possibilité devrait inciter les

---

[12] Cependant, dans certains contextes, supposer que les résultats des élections reflètent les véritables préférences des citoyens en termes de quantités et de qualités des politiques publiques locales relève d'une hypothèse héroïque. En effet, cette supposition implique que le contexte de référence ait atteint un niveau de différenciation individuelle au point que le vote est un acte purement individuel (pas de vote mimétique fondé sur l'ethnie, par exemple) opéré par des citoyens bien informés (pas de barrière liée au véhicule linguistique pour lire et comprendre les offres politiques), libres dans leur choix (pas de corruption électorale ni pression et/ou chantage sur les électeurs) et que les résultats électoraux sont exempts de toute manipulation. Au regard de la sociologie électorale dans la plupart des pays africains, de telles conditions ne sont pas toujours réunies.

décideurs locaux à agir de façon à satisfaire au mieux les citoyens/contribuables. Dans ce cas, les questions à traiter sont celles de savoir si la décentralisation garantit cette possibilité d'« exit » aux citoyens et si les autorités locales ont la possibilité de renoncer à offrir une tâche au cas où elle ne correspondrait pas aux préférences des citoyens.

2/ Les colonnes du tableau recensent les différentes formes institutionnelles et fonctionnelles possibles de production des biens et services collectifs. La démarche va de la commune à l'État central en passant par différents espaces fonctionnels (associations de communes, agglomération, fusion de communes) possibles et la région. La méthode consiste à considérer, pour chaque tâche, selon chaque critère précédemment énuméré, les avantages et désavantages de chaque niveau de gouvernement (institutionnel et fonctionnel). En d'autres termes, il s'agit d'estimer, pour chaque tâche et dans chaque colonne, les critères retenus avant de les pondérer.

Les notions de commune, de région et d'État central résultant du contexte burkinabè sont déjà connues. Cependant, il convient d'expliciter les différentes formes de collaborations intercommunales mentionnées dans la matrice tout en précisant néanmoins qu'il s'agit de formes indicatives. En effet, les formes de collaborations peuvent varier d'un contexte national à un autre, ceci tant du point de vue du régime juridique, du fonctionnement que de l'appellation.

(i) l'association de communes est généralement une personne morale de droit public chargée de produire un ou plusieurs biens collectifs au profit des citoyens des communes-membres. Le financement de l'association est généralement assuré par des transferts financiers versés par les communes associées. En revanche, l'appellation de l'association peut varier d'un pays à un autre. Par exemple, en Suisse et selon les cantons, elle peut être désignée sous diverses appellations : association de communes ; syndicat intercommunal ; groupement de communes, etc. chaque association pouvant être à but unique ou à buts multiples, connexes ou non (Perritaz, 2003 : 223). Au Burkina Faso, les communautés de communes, établissements publics chargés de la gestion d'affaires d'intérêt intercommunal, prévues par le CGCT (art. 131) constituent un exemple d'association de communes.

(ii) L'agglomération est un territoire fonctionnel de production de biens et services collectifs qui se situe entre l'association intercommunale à buts multiples et la fusion de communes. Forme de collaboration généralement retenue dans les communes urbaines, l'agglomération vise à fournir et financer un nombre limité de biens collectifs locaux (BCL) répondant aux besoins des citoyens des communes-membres. Elle vise à résoudre le problème de décalages territoriaux et d'inadéquation entre cercles décideurs, bénéficiaires et payeurs desdits BCL. Suivant cette perspective, Perritaz (2003 : 274) considère l'agglomération comme une « fusion sélective » de communes, portant uniquement sur les BCL placés sous sa responsabilité. L'agglomération est généralement une personne morale de droit public.

(iii) La fusion de communes consiste à réunir deux ou plusieurs communes pour en créer une nouvelle commune plus grande et mieux à même d'assumer ses compétences. Il s'agit de résoudre le problème de la petitesse de certaines communes, qui, seules, ne peuvent pas assumer les tâches qui leur sont attribuées.

3/ Le dernier point qu'il convient de préciser concerne le titre du tableau. Tel qu'il est mentionné, il implique que la lecture de la grille devrait se faire de façon répétitive. En d'autres termes, la démarche devra être renouvelée pour chaque fonction/tâche sous analyse et susceptible d'être transférée. Plus concrètement, en se plaçant sur le continuum « local-central », on part de la collectivité de base (la commune) en passant par la région jusqu'à l'État central. Dans ce sens, il s'agit d'attribuer à chaque niveau de gouvernement (institutionnel ou fonctionnel) la tâche dont il peut s'acquitter de la façon la plus efficace possible. Pour autant, pour la même tâche, on peut aboutir à une situation dans laquelle différents niveaux de gouvernement répondent à cet objectif compte tenu des caractéristiques économiques particulières de la tâche de référence et des facteurs qui interviennent dans sa production. Il en est ainsi pour la tâche « enseignement primaire ». En effet, l'analyse des facteurs (enseignants, programmes scolaires, bâtiments, équipements, etc.) de production de cette tâche révèle que tandis que ladite tâche par rapport à certains de ses inputs pourrait relever du niveau local (par exemple les bâtiments) sur d'autres, par contre (exemple : les curricula), elle pourrait être une tâche partagée entre le niveau local et l'État central.

Les différentes articulations de la démarche ayant été déclinées, il y a lieu de rappeler la philosophie générale de cette dernière en guise de conclusion d'étape : **(i)** premièrement, la démarche est une méthodologie cohérente de transfert de tâches dans le secteur public. Elle n'est donc pas un résultat mais un processus ; **(ii)** deuxièmement, son implémentation en tant que processus suppose qu'il soit participatif et ouvert prenant en compte tous les acteurs impliqués dans le processus de décentralisation. Exemples : État central ; collectivités territoriales ; organisations de la société civile (OSC) ; légitimités coutumières et/ou traditionnelles, etc. ; **(iii)** troisièmement, compte tenu du fait qu'il s'agit d'un outil méthodologique, les critères proposés dans la matrice ne constituent pas une liste exhaustive ni exclusive. Il s'agit plutôt d'une liste énonciative qui, selon le contexte, pourrait être réduite ou allongée. Dans tous les cas, les critères retenus devraient l'être de façon explicite et la compréhension de leurs contenus convenue d'accord partie par les participants à la démarche. Enfin et ainsi que précisé précédemment, les territoires (institutionnels et fonctionnels) proposés dans le tableau ne sont pas une énumération exhaustive ni exclusive des différents espaces possibles de productions des biens et services collectifs. Ils devront éventuellement être adaptés au contexte national de référence.

III.1.3. Les modalités théoriques de la décentralisation top-down

Les modalités théoriques de la décentralisation top-down ont été évoquées en de termes généraux au chapitre I. Il s'agit de la déconcentration, de la délégation et de la dévolution. Cependant, comme déjà indiqué sous le même chapitre I, dans un État unitaire de tradition administrative française, la déconcentration[13] ne saurait être considérée comme étant une modalité de la décentralisation. Elle est plutôt une modalité de la centralisation dont le but est précisément de réaliser une meilleure efficacité opérationnelle de l'État central.

Le but du présent point est de rappeler de nouveau, mais de façon plus détaillée et exclusivement sous l'angle des tâches, les déclinaisons de ces modalités théoriques de la décentralisation qui sont par la suite synthétisées dans le tableau III.10 ci-après. Lesdites modalités théoriques et leurs dimensions sont ultérieurement utilisées comme outils d'investigation des modalités institutionnelles de la décentralisation, mais aussi, comme des grilles de lecture pour une approche analytique des tâches attribuées aux collectivités territoriales par le législateur burkinabè.

A/ La délégation

Elle implique que l'État central est responsable de l'offre de la tâche transférée dont il peut éventuellement se borner à fixer les normes et standards minimaux. De même qu'il peut fixer les normes et standards minimaux de certains facteurs de production de ladite tâche tandis que la collectivité territoriale est chargée de la gestion de la fonction de production. Ainsi, la délégation instaure entre la collectivité territoriale et l'État central une relation d'agence dans laquelle la première est l'agent et le second le principal. La collectivité territoriale est donc récipiendaire des tâches et ressources déléguées par le principal qu'est l'État central.

L'État central conserve dans le cadre de la délégation un droit de regard sous forme de contrôles de légalité et/ou d'opportunité sur la collectivité territoriale. Étant entendu que ce contrôle peut être mis en œuvre suivant les procédés d'approbation et/ou d'autorisation préalable. Idéalement cependant, la tutelle de l'État central dans le cadre de la délégation ne devrait se limiter uniquement qu'au respect des normes et standards minimaux de l'offre et/ou

[13] En rappel, la déconcentration a lieu lorsque le gouvernement central est exclusivement responsable de la tâche qu'il fait exécuter sur le terrain par ses services techniques déconcentrés. En d'autres termes, la planification et le pilotage de l'offre de la tâche déconcentrée sont aux mains de l'État central. Mais, la mise en œuvre opérationnelle est confiée aux circonscriptions administratives qui sont sous la tutelle hiérarchique directe de l'État central. En conséquence, la déconcentration est plutôt une modalité de la centralisation.

éventuellement au respect des normes et standards minimaux des facteurs de production de la tâche déléguée. Dans cette perspective, en matière de délégation de tâche, la collectivité territoriale devrait être semi-autonome.

B/ La dévolution

Elle signifie que la collectivité territoriale attributaire de la tâche transférée a une maîtrise totale de la décision sur l'offre et sur la fonction de production de ladite tâche. La dévolution doit s'accompagner d'une claire détermination des relations entre l'État central et les collectivités territoriales permettant de garantir l'autonomie de ces dernières. En tout état de cause, ces relations ne doivent être que des relations de partenariat et/ou éventuellement des relations d'assistance de l'État central vis-à-vis des collectivités territoriales. Tout contrôle de l'État central, s'il y a lieu, ne devrait point consister à brider l'autonomie de la collectivité territoriale mais devrait plutôt consister en un contrôle de légalité exercé a posteriori par le juge compétent.

Tableau III.10 : Matrice des modalités et dimensions de la décentralisation top-down

Dimensions → **Modalités** ↓	**Entité locale récipiendaire**	**Offre de la tâche**	**Fonction de production de la Tâche**	**Relation État central-CT**	**Contrôle de l'État Central**
Délégation	Collectivité territoriale	Responsa-bilité de l'État central qui peut fixer des normes et standards minimaux	Responsabilité de la collectivité territoriale pour la gestion de production et sur tout ou partie des facteurs ; Responsabilité de l'État central sur certains facteurs et/ou fixation des normes et standards minimaux des facteurs	Relation « principal-agent » ; CT sous tutelle ou semi-autonome	Contrôle de tutelle ; Contrôle de légalité et/ou d'opportunité exercée a priori et/ou a posteriori
Dévolution	Collectivité territoriale	Responsabi-lité exclusive de la collectivité territoriale	Responsabilité de la collectivité territoriale	Partenariat État-collectivité territoriale ; Collectivité territoriale autonome	Contrôle de légalité exercé a posteriori

Source : *auteur.*

Nota bene : Le fondement analytique du découplage de l'offre de la tâche et de sa fonction de production ainsi qu'il résulte de la matrice ci-dessus réside en ceci que dans le secteur public, suivant la modalité de décentralisation, le niveau de gouvernement qui a la maîtrise de l'offre d'une tâche et qui décide sur elle n'est pas forcément le même niveau de gouvernement qui est responsable de la fonction de production. Du reste, la responsabilité de la fonction de production par un niveau de gouvernement ne signifie pas non plus que ce dernier doive assurer lui-même la production du bien ou du service. Le niveau de gouvernement concerné peut certes assurer par régie directe cette production mais il peut également en déléguer la production au secteur privé suivant les mécanismes des délégations de service public[14] ou des partenariats public-privé[15].

III.2. Le transfert des tâches en pratique

Le but de cette section est d'examiner l'articulation des tâches attribuées à la commune et à la région par le législateur. Mais, ainsi qu'il résulte de l'analyse théorique précédente, le transfert des tâches suppose une détermination préalable de critères explicites de transfert. Il implique ensuite des modalités de décentralisation. Dans cette perspective, la démarche de cette section se déroule suivant deux approches : la première approche, descriptive, aborde la question des critères et des modalités avant de décliner les tâches transférées. La deuxième approche est une lecture analytique du transfert des tâches fondée sur les enseignements théoriques.

III.2.1. L'approche institutionnelle du transfert des tâches

Cette sous-section examine successivement la question des critères et des modalités de décentralisation avant de décrire les tâches, ceci, sur la base des dispositions du CGCT.

III.2.1.1. La question des critères de transfert

Les critères de transfert sont ceux qui permettent de dire quelle tâche doit être attribuée au niveau local. Dans cette perspective, la détermination

[14] La délégation de service public (DPS) est un contrat administratif écrit par lequel une personne morale de droit public ou de droit privé confie la gestion d'un service public relevant de sa compétence à un délégataire dont la rémunération est liée ou substantiellement assurée par les résultats de l'exploitation du service. (Loi 039-2016/AN portant règlementation générale de la commande publique, art. 2).

[15] « Forme de collaboration qui associe l'autorité publique et une personne physique ou morale de droit privé dans le but de fournir des biens ou des services au public, en optimisant les performances respectives des secteurs public et privé afin de réaliser dans les meilleurs délais et conditions, des projets à vocation sociale ou de développement d'infrastructures et de services publics, dans le respect des principes d'équité, de transparence, de partage de risques et de viabilité à long terme » (Loi 020-2013/AN portant régime juridique du partenariat public-privé, art. 2).

explicite des critères de transfert est en principe un préalable incontournable de toute décentralisation. Pour autant, la loi de référence n'évoque pas expressément des critères de transfert des tâches en les énumérant. En revanche, une interprétation téléologique de l'article 34 du CGCT permet de se rendre compte que le seul critère de transfert des tâches retenu par le législateur est le principe de subsidiarité. Cette disposition précise en effet que « la répartition des compétences entre l'État et les collectivités territoriales est régie par le principe de subsidiarité ». Toutefois, comme signalé au chapitre II, la loi ne décline aucune définition du principe de subsidiarité alors que cette définition ne va pas de soi. En outre, aucune disposition du CGCT ne précise les dimensions opérationnelles de ce principe lui permettant d'être praticable. En somme, en l'état actuel des dispositions institutionnelles, la question du transfert rationnel et raisonné des tâches basé sur des critères précis et objectifs demeure posée en ce sens que le législateur n'a pas précisé comment traduire le principe de subsidiarité en de critères opérationnels de transfert des tâches. Une solution à cette lacune de la loi serait nécessaire dans la mesure où le transfert des tâches aux collectivités territoriales n'est jamais une opération réalisée une fois pour toutes. Il s'agit d'un processus qui devra être remis à l'ouvrage chaque fois que des ajustements s'avèrent nécessaires ce qui suppose bien entendu la détermination de critères explicites. Du reste, certains territoires fonctionnels de production des biens et services locaux prévus par le législateur comme, par exemple, les communautés de communes n'ont pas été attributaires de tâches précises en dehors des considérations principielles générales énoncées par le CGCT (art. 130, 131) les concernant. Dans l'éventualité de la concrétisation de ces espaces de collaborations intercommunales, il faudrait également des critères techniques précis permettant de déterminer les tâches communales qui leur seront attribuées. Dans cette éventualité, la méthodologie et la matrice (tableau III.9) des critères précédemment explicitées sous le point III.1.2 pourraient utilement servir de source d'inspiration.

III.2.1.2. Les modalités institutionnelles de transfert des tâches

Le but de ce point est d'investiguer sur les modalités institutionnelles de la décentralisation afin de les expliciter. Mais, pour des raisons déjà évoquées précédemment, seules la dévolution de tâches et la délégation de tâches sont ici intéressantes pour cette investigation. Les dispositions institutionnelles consacrent-elles ces deux modalités de tâches ?

À l'article 35 de son chapitre III consacré aux principes fondamentaux et aux modalités de transfert des tâches, le CGCT précise que « la répartition des compétences entre les collectivités territoriales s'effectue, en distinguant celles qui sont **dévolues** (nous soulignons) aux régions et aux communes ». Il résulte implicitement de cet article que le législateur retient la **dévolution** comme modalité de la décentralisation puisqu'il évoque des compétences dévolues aux régions et aux communes. Aucune autre disposition du CGCT ne donne de précision supplémentaire relative à la notion de dévolution ni en termes de définition conceptuelle ni en termes de dimension opérationnelle. Sauf à l'article 43 du même chapitre III dans lequel le législateur évoque l'exercice par les collectivités territoriales de « compétences propres » pour ainsi faire allusion à l'exercice des tâches dévolues. On peut donc en inférer que pour le CGCT, les tâches dévolues sont des tâches transférées et attribuées en propre aux collectivités territoriales. Cette inférence est d'autant plus justifiée que dans le décret 2006-209 du 15 mai 2006 portant opérationnalisation des transferts de certaines compétences aux communes urbaines (décret abrogé à ce jour), il a été fait mention à son article 24 de « l'exercice des compétences **dévolues** (nous soulignons) aux communes urbaines » pour faire allusion à l'exercice des tâches transférées auxdites communes.

Au total et tenant compte de ce qui précède, on peut conclure que les compétences énumérées par le CGCT (section 2 à 11) sous le titre I du livre II intitulé *Des compétences des collectivités territoriales* sont considérées du point de vue institutionnel comme étant des dévolutions des tâches aux collectivités territoriales. Il s'agira de vérifier plus tard, sous le point III.2.2 ci-après, si ce point de vue institutionnel est confirmé ou infirmé par l'analyse des tâches transférées ainsi qu'elle sera opérée sur la base de la grille de lecture déclinée sous le point III.1.3 précédent.

Pour ce qui concerne la délégation des tâches, aucune disposition du CGCT n'en fait explicitement mention. La dévolution des tâches est donc la seule modalité de transfert de tâches aux collectivités territoriales consacrée dans le dispositif institutionnel.

III.2.1.3. La description des tâches transférées

Ce point vise à examiner les tâches qui sont attribuées par le CGCT à la commune (rurale et urbaine), et à la région CT. Lesdites tâches, considérées par le législateur comme étant des dévolutions, sont déclinées dans le tableau III.11 ci-après. Mais, en plus des tâches mentionnées dans le tableau, il convient d'évoquer également la tâche de gestion de l'état civil que le législateur attribue au maire et à ses adjoints suivant les dispositions des articles 263 et 267 du CGCT. Cette dernière tâche ne figure pas dans le tableau III.11 dans la mesure où du point de vue des termes du CGCT, elle n'est pas, stricto sensu, une tâche communale mais bien plutôt une tâche « intuitu personae » du maire et de ses adjoints. Cependant, au-delà de ce juridisme quelque peu étroit et d'un point de vue de l'analyse en économie politique, la tâche d'état civil peut être considérée comme étant une tâche de la commune personne morale. En effet, outre les facteurs humains que sont le maire et ses adjoints, la production des prestations d'état civil nécessite la mobilisation par la commune de divers autres facteurs tels que le personnel technique d'état civil, les mobiliers, les consommables de bureau, etc. Du reste, la création d'un service d'état civil est une obligation légale pour la commune et l'arrondissement. Pour ce qui concerne ce dernier, par exemple, l'article 324 du CGCT indique que les arrondissements des communes urbaines à statut particulier sont tenus de mettre en place « un minimum de services à même de résoudre les problèmes immédiats des populations » tout en citant, entre autres, le service d'état civil. En conséquence, la question n'est pas tant de savoir si la gestion de l'état civil est ou non une tâche communale mais bien plutôt de savoir s'il s'agit d'une tâche dévolue ou déléguée de la commune. Cette dernière question est traitée sous le point III.2.2 ci-après.

Ceci étant précisé, il faut signaler que le tableau **III.11** a été composé sur la base des énumérations des articles 85 à 105 de la loi 055-2004 (CGCT). Les intitulés des domaines et des tâches sont ceux de la loi auxquels nous avons affecté des numéros d'identification.

En lecture verticale, de la gauche vers la droite, les colonnes du tableau recensent les éléments suivants :

La première colonne énumère les dix domaines dans lesquels des tâches sont attribuées aux collectivités territoriales, chaque domaine étant affecté d'un numéro.

La deuxième colonne (régions, A) indique les numéros d'identification des tâches attribuées à la région suivis, en lecture horizontale, des différents intitulés correspondants. Tout domaine confondu, la région est attributaire de 53 tâches.

La colonne « communes urbaines » (B) énumère selon le modèle précédent les 69 tâches de la commune urbaine dans les dix domaines. Précisons à ce niveau deux choses : (**i**)premièrement, toutes les 69 tâches concernent aussi bien les communes urbaines à statut ordinaire et celles à statut particulier ; (**ii**)deuxièmement, dans ses dispositions relatives aux compétences des collectivités territoriales le CGCT, (livre II, titre I) n'attribue aucune compétence à l'arrondissement. Ce qui semble cohérent puisque pour le législateur, l'arrondissement n'est pas une collectivité territoriale même si le même législateur lui confère tous les attributs politico-administratifs de la collectivité territoriale (cf. chapitre II). En revanche, dans les dispositions relatives à l'administration de l'arrondissement (CGCT, arts. 317 à 335) notamment à l'article 325, le législateur se contente d'indiquer que les organes de l'arrondissement sont compétents pour toutes les affaires qui lui sont particulières ou spécifiques. Après quoi, il précise que « l'arrondissement doit s'attacher à promouvoir le cadre de vie de ses populations » (CGCT, art. 326) par la mise en œuvre de quelque cinq unités de tâches. Mais, comme il se trouve que ces mêmes tâches sont également des tâches communales, elles sont signalées dans le tableau par des astérisques.

La dernière colonne (communes rurales, C) contient les 78 tâches attribuées à la commune rurale.

Il faut préciser qu'en lecture horizontale du tableau, les intitulés des tâches partagées entre communes urbaines et rurales sont indiqués une seule fois pour les deux catégories de commune. Par contre, les numéros d'identification des tâches respectent l'ordre chronologique pour chaque catégorie de commune.

Tableau III.11 : Les tâches des collectivités territoriales

<table>
<tr><th>Domaines</th><th colspan="6">Tâches dévolues</th></tr>
<tr><th></th><th colspan="2">Régions</th><th colspan="2">Communes urbaines</th><th colspan="2">Communes rurales</th></tr>
<tr><th></th><th colspan="2">A</th><th colspan="2">B</th><th colspan="2">C</th></tr>
<tr><td rowspan="16">1. Aménagement du territoire, gestion du domaine foncier, aménagement urbain</td><td>1</td><td>Avis sur SRA et SDAU</td><td>1</td><td>Avis sur le SDAU</td><td>Avis SAEDH</td><td>1</td></tr>
<tr><td></td><td></td><td>2</td><td colspan="2">Établissement et exécution des plans de lotissement</td><td>2</td></tr>
<tr><td></td><td></td><td></td><td></td><td>Participation à l'élaboration du SAEPC</td><td>3</td></tr>
<tr><td>2</td><td>Construction et entretien de pistes rurales</td><td></td><td></td><td>Participation à la construction et à l'entretien des pistes rurales</td><td>4</td></tr>
<tr><td></td><td></td><td>3</td><td colspan="2">Attribution de parcelles, délivrance de titres d'occupation du domaine foncier</td><td>5</td></tr>
<tr><td></td><td></td><td>4</td><td colspan="2">Permis de construire</td><td>6</td></tr>
<tr><td></td><td></td><td>5</td><td colspan="2">Certificat de conformité</td><td>7</td></tr>
<tr><td></td><td></td><td>6</td><td colspan="2">Adressage et dénomination des rues</td><td>8</td></tr>
<tr><td></td><td></td><td>7</td><td colspan="2">Participation à la gestion des terres du foncier national</td><td>9</td></tr>
<tr><td>3</td><td>Permis d'occupation du domaine foncier</td><td>8</td><td colspan="2">Permis d'occupation du domaine public</td><td>10</td></tr>
<tr><td></td><td></td><td>9</td><td colspan="2">Police de la circulation</td><td>11</td></tr>
<tr><td></td><td></td><td>10</td><td colspan="2">Création, entretien des rues et signalisation</td><td>12</td></tr>
<tr><td></td><td></td><td>11</td><td colspan="2">Désignation des sites, des gares et des aires de stationnement</td><td>13</td></tr>
<tr><td></td><td></td><td>12</td><td colspan="2">Construction et entretien* des caniveaux, des gares et des aires de stationnement</td><td>14</td></tr>
<tr><td>4</td><td>Soutien au transport en commun régional</td><td>13</td><td colspan="2">Initiative et soutien au transport en commun</td><td>15</td></tr>
<tr><td></td><td></td><td>14</td><td colspan="2">Initiative et soutien au ramassage scolaire</td><td>16</td></tr>
</table>

Tableau III.11 : Les tâches des collectivités territoriales (suite)

<table>
<tr><th>Domaine</th><th colspan="6">Tâches dévolues</th></tr>
<tr><th></th><th colspan="2">Région</th><th colspan="2">Commune urbaine</th><th colspan="2">Commune rurale</th></tr>
<tr><th></th><th colspan="2">A</th><th colspan="2">B</th><th colspan="2">C</th></tr>
<tr><td rowspan="17">**2. Environnement et gestion des ressources naturelles**</td><td>5</td><td>Élaboration, mise en œuvre des plans d'action pour l'environnement</td><td>15</td><td colspan="2">Élaboration de plans communaux d'action pour l'environnement</td><td>17</td></tr>
<tr><td>6</td><td>Participation à la protection des cours d'eau</td><td>16</td><td colspan="2">Participation à la protection et à la gestion des eaux souterraines, de surface et des ressources halieutiques</td><td>18</td></tr>
<tr><td></td><td></td><td>17</td><td colspan="2">Assainissement</td><td>19</td></tr>
<tr><td></td><td></td><td>18</td><td colspan="2">Lutte contre l'insalubrité, les pollutions et nuisances diverses</td><td>20</td></tr>
<tr><td></td><td></td><td>19</td><td colspan="2">Création, gestion* des espaces verts et parcs communaux</td><td>21</td></tr>
<tr><td></td><td></td><td>20</td><td colspan="2">Lutte contre la divagation des animaux</td><td>22</td></tr>
<tr><td>7</td><td>Participation à l'établissement des schémas et plans d'enlèvement et d'élimination des déchets</td><td>21</td><td colspan="2">Gestion des déchets</td><td>23</td></tr>
<tr><td></td><td></td><td>22</td><td colspan="2">Participation à la conservation et à la gestion des ressources renouvelables</td><td>24</td></tr>
<tr><td>8</td><td>Prévention et lutte contre les feux de brousse</td><td>23</td><td colspan="2">Lutte contre les feux de brousse</td><td>25</td></tr>
<tr><td>9</td><td>Protection de la faune et des ressources halieutiques</td><td>24</td><td colspan="2">Participation à la protection et à la gestion de la faune des forêts classées</td><td>26</td></tr>
<tr><td>10</td><td>Création de bois et forêts</td><td rowspan="2">25</td><td colspan="2" rowspan="2">Protection et gestion de la faune des forêts protégées</td><td rowspan="2">27</td></tr>
<tr><td>11</td><td>Participation à la protection, gestion, mise en défense des forêts classées et des forêts protégées</td></tr>
<tr><td></td><td></td><td>26</td><td colspan="2">Avis sur l'installation des établissements insalubres, dangereux et incommodes de première et deuxième classes</td><td>28</td></tr>
<tr><td>12</td><td>Participation à la gestion, à l'exploitation des périmètres aquacoles d'intérêts économiques (PAIE)</td><td></td><td></td><td>Gestion de la zone de production aménagée par la commune</td><td>29</td></tr>
<tr><td></td><td></td><td></td><td></td><td>Participation à la gestion de zone de production aménagée par des tiers sur le territoire communal</td><td>30</td></tr>
<tr><td></td><td></td><td></td><td></td><td>Création de zone de conservation</td><td>31</td></tr>
<tr><td></td><td></td><td></td><td></td><td>Participation à la protection et à la</td><td>32</td></tr>
<tr><td rowspan="5"></td><td></td><td></td><td></td><td></td><td>gestion des ressources naturelles</td><td></td></tr>
<tr><td>13</td><td>Permis de coupe de bois</td><td>27</td><td colspan="2">Permis de coupe de bois</td><td>33</td></tr>
<tr><td></td><td></td><td></td><td></td><td>Participation à la protection et à la gestion des forêts naturelles, de la faune sauvage, des ressources en eau et ressources halieutiques.</td><td>34</td></tr>
<tr><td>14</td><td>Permis de chasse en zone régionale</td><td></td><td></td><td>Permis de petite chasse en zone de conservation</td><td>35</td></tr>
<tr><td>15</td><td>Permis de pêche</td><td></td><td></td><td>Permis de pêche sportive</td><td>36</td></tr>
</table>

Tableau III.11 : Les tâches des collectivités territoriales (suite)

Domaine	Tâches dévolues				
	Région		Commune urbaine	Commune rurale	
	A		B	C	
3. Développement économique et Planification	16	Élaboration et exécution de politique et plans de développement dans le respect des grandes orientations de l'État central	28	Élaboration et exécution de politique et plans de développement dans le respect des grandes orientations de l'État central	37
	17	Passation de contrats plan ou de contrats programmes avec l'État central ou des personnes morales pour la réalisation d'objectifs de développement	29	Passation de contrats plan ou de contrats programmes avec l'État central ou des personnes morales pour la réalisation d'objectifs de développement	38

Tableau III.11 : Les tâches des collectivités territoriales (suite)

Domaine	Tâches dévolues				
	Région		Commune urbaine	Commune rurale	
	A		B	C	
4. Santé et hygiène	18	Participation à la construction et à la gestion des formations sanitaires de base	30	Construction et gestion des formations sanitaires de base	39
	19	Construction et gestion des formations sanitaires intermédiaires			
	20	Organisation de l'approvisionnement Pharmaceutique	31	Organisation de l'approvisionnement pharmaceutique et prise de mesures de prévention des maladies	40
	21	Valorisation de la pharmacopée Traditionnelle			
	22	Règlementation et prise de mesures relatives à l'hygiène, à la salubrité et à la prévention des maladies	32	Prise de mesure d'hygiène et de salubrité	41
			33	Contrôle de l'application des règlements Sanitaires	42
	23	Participation à la résolution des problèmes de santé	34	Participation à la résolution des problèmes de santé	43
	24	Participation à l'établissement de la tranche régionale de la carte sanitaire nationale	35	Participation à l'établissement de la tranche communale de la carte sanitaire nationale	44

Tableau III.11 : Les tâches des collectivités territoriales (suite)

Domaine	Tâches dévolues				
	Région		Commune urbaine		Commune rurale
	A		B		C
5. Éducation, emploi, formation professionnelle et alphabétisation	25	Participation à la prise en charge de l'enseignement préscolaire	36	prise en charge du développement de l'enseignement préscolaire : acquisition, construction et gestion des écoles	45
	26	Participation à la prise en charge du développement de l'enseignement primaire	37	prise en charge du développement de l'enseignement primaire : acquisition, construction et gestion des écoles	46
	27	Participation à la construction et à la gestion des établissements secondaires	38	Contribution au développement de l'enseignement secondaire : acquisition, construction et gestion des établissements	47
	28	Prise en charge du développement de l'enseignement supérieur			
	29	Prise en charge de la promotion de l'emploi, de la formation professionnelle et de l'alphabétisation	39	Prise en charge et développement de la formation professionnelle et de l'alphabétisation	48
	30	Participation à l'élaboration de la tranche régionale de la carte éducative	40	Participation à l'élaboration de la tranche communale de la carte éducative	49

Tableau III.11 : Les tâches des collectivités territoriales (suite)

Domaine	Tâches dévolues				
	Région		Commune urbaine		Commune rurale
	A		B		C
6. Culture, sport, loisirs et jeunesse	31	Construction et gestion des infrastructures sociales, culturelles, sportives et de jeunesse	41	Construction et gestion* des infrastructures sociales, culturelles, sportives et de jeunesse	50
	32	Promotion d'activités culturelles, sportives et de jeunesse	42	Promotion* d'activités culturelles, sportives et de jeunesse	51
	33	Construction et gestion des musées et bibliothèques	43	Construction et gestion des musées et bibliothèques communaux	52
	34	Promotion du tourisme et de l'artisanat	44	Promotion du tourisme et de l'artisanat	53
	35	Valorisation des potentiels culturels et artistiques traditionnels.	45	Valorisation des potentiels culturels et artistiques traditionnels de la commune	54
	36	Gestion et conservation des archives régionales	46	Gestion et conservation des archives communales	55
			47	Création et gestion des sites et monuments	56
			48	Suivi de la restauration et de la réhabilitation des sites et monuments historiques	57

Tableau III.11 : Les tâches des collectivités territoriales (suite)

Domaine	Tâches dévolues					
	Région		Commune urbaine		Commune rurale	
	A		B		C	
7. Protection civile, assistance et secours	37	Participation à la protection et à la promotion des droits humains	49	Participation à la protection et à la promotion des droits humains		58
	38	Participation à la promotion et à la protection sociales des individus et des groupes	50	Participation à la promotion sociale des individus et des groupes		59
	39	Participation à l'organisation et à la gestion des secours au profit des groupes vulnérables et des sinistrés	51	Participation à l'organisation et à la gestion des secours au profit des groupes vulnérables et des sinistrés		60
	40	Participation à l'organisation de la protection civile et de la lutte contre l'incendie : création et gestion des unités de sapeurs-pompiers.	52	Participation à l'organisation de la protection civile et de la lutte contre l'incendie : création et gestion des unités de sapeurs-pompiers.		61
	41	Participation à la lutte contre les calamités				

Tableau III.11 : Les tâches des collectivités territoriales (suite)

Domaine	Tâches dévolues					
	Région		Commune urbaine		Commune rurale	
	A		B		C	
8. Pompes funèbres et cimetières			53	Règlementation en matière de pompes funèbres et de cimetières		62
			54	Aménagement et gestion des cimetières		63
			55	Délivrance des permis d'inhumer ou d'autorisations de transfert des restes mortels		64
			56	Contrôle du respect de la règlementation en matière d'opérations funéraires et de transfert des restes mortels		65
			57	Création et gestion des pompes funèbres		66
			58	Construction, entretien et gestion des morgues		67

Tableau III.11 : Les tâches des collectivités territoriales (suite)

Domaine	Tâches dévolues				
	Région		Commune urbaine	Commune rurale	
	A		B	C	
9. Eau, assainissement et électricité	42	Avis sur les programmes nationaux d'approvisionnement en eau			
	43	Participation à l'élaboration du schéma directeur régional d'approvisionnement en eau	59	Avis sur le schéma directeur régional d'approvisionnement en eau	68
	44	Participation à l'entretien et à la conservation des cours d'eau	60	Participation à l'élaboration et la mise en œuvre du SDAGE et du SAGE	69
	45	Participation à la production et à la distribution de l'eau potable	61	Élaboration et mise en œuvre des plans locaux de production, de distribution et de maîtrise d'énergie	70
			62	Création et gestion des infrastructures énergétiques	71
			63	Production et distribution de l'eau potable	72
	46	Participation à la réalisation et à l'entretien des retenues, des barrages, des puits et forages	64	Réalisation et gestion de puits, de forages et de bornes-fontaines	73
	47	Avis sur les plans d'électrification dans la région	65	Élaboration et mise en œuvre des plans locaux d'approvisionnement en eau potable et d'assainissement	74
	48	Participation à l'élaboration du schéma régional d'électrification	66	Participation à l'élaboration du schéma régional d'électrification	75
	49	Participation à l'élaboration et mise en œuvre des plans de maîtrise de l'énergie	67	Réalisation et gestion de l'éclairage public	76
	50	Participation à l'élaboration du schéma national d'électrification			

Tableau III.11 : Les tâches des collectivités territoriales (suite)

Domaine	Tâches dévolues				
	Région		Commune urbaine	Communale rurale	
	A		B	C	
10. Marchés, abattoirs et foires	51	Création, aménagement et gestion des aires de foires			
	52	Organisation des foires Régionales			
			68	Création, aménagement et gestion* des marchés	77
	53	Participation à la construction et à la gestion des abattoirs régionaux	69	Construction et gestion des abattoirs et aires d'abattage	78

Source : *Élaboration de l'auteur sur la base de la loi 055-2004 et son modificatif 065-2009 (arts. 85 à 105).*

III.2.2. Analyse du transfert des tâches

Après avoir décliné (tableau III.11) les tâches ainsi qu'elles ont été dévolues aux collectivités territoriales par le législateur, le but du présent paragraphe est de procéder à leur lecture analytique. Cette analyse est proposée suivant deux angles d'approche : le premier angle consiste en une lecture critique des enseignements mis en évidence par la description des tâches, le second est, quant à lui, une analyse en économique politique des tâches transférées.

III.2.2.1. Lecture critique du transfert des tâches

La description des tâches a révélé certains enseignements dont les plus saillants, regroupés en cinq catégories, sont évoqués ci-dessous :

A/ Agrégation et non-classification fonctionnelle des tâches

Suivant une logique de transfert rationnel des tâches, le découpage en dix domaines opéré par le CGCT est large et globalisant. En effet, chacun des dix domaines peut être considéré comme étant une offre globale de biens et services collectifs dont il est nécessaire de désagréger en des tâches plus homogènes permettant d'identifier clairement l'offre et la fonction de production de chacune d'entre elles. En d'autres termes, il aurait fallu faire une classification fonctionnelle des tâches attribuées aux collectivités territoriales ce qui n'est pas le cas. Mais, en matière de classification fonctionnelle, il n'existe pas de modèle idéal. En revanche, des « best practices » peuvent utilement constituer des références. Dans cette perspective, une classification fonctionnelle à trois niveaux telle qu'illustrée ci-dessous pourrait être retenue.

Figure III.5 : Illustration générale d'une classification fonctionnelle de compétence

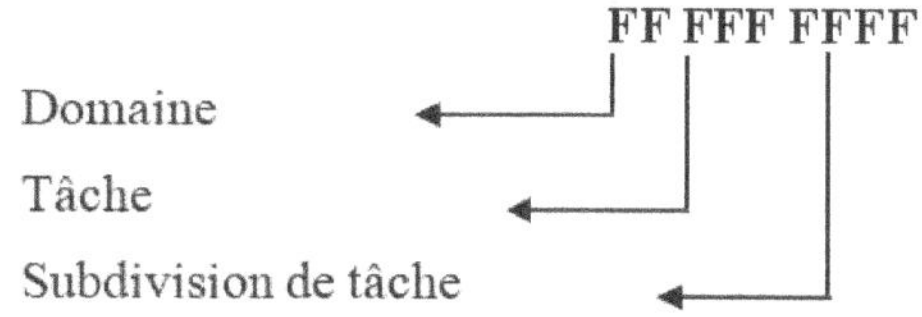

Comme il résulte de l'illustration précédente, le premier niveau FF est large et regroupe plusieurs tâches dévolues de telle sorte qu'il est difficile d'appréhender précisément l'offre et la fonction de production propres à chaque subdivision de tâche. De ce point de vue, le découpage que laisse entrevoir l'énumération du tableau III.11 n'est pas satisfaisant. Pour illustrer plus concrètement cette proposition de classification fonctionnelle, le domaine 1 du tableau « aménagement du territoire, gestion du domaine foncier, aménagement urbain » peut servir d'exemple. Ce domaine peut être divisé en des fonctions plus homogènes, par exemple, « aménagement urbain », « gestion foncière », et « aménagement urbain ». Chacune de ces tâches pourrait à son tour être subdivisée en d'unités de tâches plus cohérentes. Ainsi, la tâche « aménagement urbain » attribuée à la commune urbaine pourrait être scindée en d'unités de prestations distinctes ainsi qu'il résulte de la figure III-6 ci-dessous.

Il convient de noter que la classification fonctionnelle des tâches devra, idéalement, être en cohérence avec la nomenclature budgétaire[16], tout au moins, en sa partie dépense. En effet, la cohérence de ces deux classifications est l'un des meilleurs instruments de transparence dans la gestion administrative et budgétaire des tâches attribuées aux collectivités territoriales. En plus, une telle classification est un excellent instrument de pilotage en mains des décideurs locaux. Elle constitue enfin un excellent outil d'évaluation des performances locales en termes de réalisation des objectifs socio-économiques.

Figure III.6 : Illustration d'une classification fonctionnelle des tâches

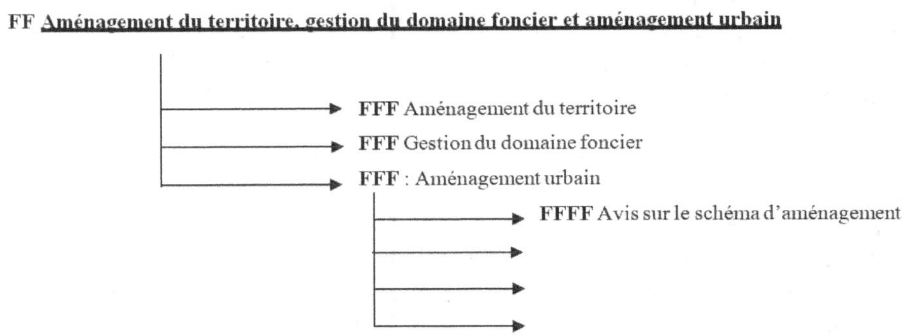

B/ Incohérences dans l'énumération de certaines tâches par domaine

Il existe un problème de cohérence des tâches telles qu'elles ont été énumérées, ce qui est en fait la conséquence de l'observation précédente. En effet, à chacun des domaines de la première colonne de gauche du tableau **III-11** devrait correspondre horizontalement des tâches locales ordonnées de nature identique. Il n'en est pas toujours ainsi pour les mêmes raisons que ci-dessus. Pourtant, une telle mise en cohérence permettrait de mettre en évidence sous chaque collectivité territoriale les tâches exclusives, mais

[16] Il convient de signaler que la nouvelle nomenclature budgétaire des CT adoptée courant 2019 et non encore mise en œuvre a acté une classification fonctionnelle des dépenses en neuf (9) fonctions ou divisions suivant leurs objectifs socio-économiques (décret 2019-0621, art. 7). Toutefois, les fonctions de cette nomenclature budgétaire ne sont pas toutes en cohérence avec les tâches des CT tant du point de vue des intitulés que des contenus des tâches. Pourtant, la classification fonctionnelle des dépenses des CT est censée résulter de la classification des tâches attribuées auxdites CT.

aussi, de percevoir du même coup les tâches partagées entre régions, communes urbaines et rurales. Par exemple, la mise en œuvre des tâches B14 et C16 (« initiative et soutien au ramassage scolaire ») du tableau met en jeu des fonctions de production qui ne sont pas du tout en cohérence avec le domaine un (1) qui est relatif à l'aménagement du territoire, à la gestion foncière et à l'aménagement urbain. En effet, le ramassage scolaire est plutôt un des facteurs qui entre dans la production du bien « enseignement » et devait de ce fait figurer sous le domaine cinq (5), « éducation, emploi, formation professionnelle et alphabétisation ».

C/ Imprécisions d'intitulés de certaines tâches

Les intitulés de certaines tâches sont imprécis et équivoques, ce qui peut constituer des sources de confusions. Exemples : les intitulés des tâches B13 et C15. En effet, l'intitulé de la tâche B13, « initiative et soutien au transport en commun », peut être entendu sous plusieurs angles. Il pourrait signifier que la collectivité est non seulement responsable de l'offre de transport en commun, mais aussi qu'elle devra assurer la gestion de la fonction de production ou créer un environnement favorable permettant au secteur privé d'assurer la production. Pourtant, la formulation de l'intitulé ne permet pas d'appréhender les différentes possibilités de mise en œuvre de la production de la tâche. Dans le même sens, l'emploi de certaines expressions ne permet pas de se faire une idée exacte, ni sur la substance de la tâche attribuée, ni sur la responsabilité attribuée à la collectivité territoriale concernée. Exemples : A6 « participation à la protection des cours d'eau » ; B24 « participation à la protection et à la gestion de la faune des forets classées » ; C18 « participation à la protection et à la gestion des eaux souterraines, de surface et des ressources halieutiques », etc. Comme ces intitulés le révèlent, il est difficile de savoir à quoi correspond exactement l'expression « participation » dans ces trois intitulés. S'agit-il de « participation » à la décision sur l'offre, à la gestion de la fonction de production, ou s'agit-il d'une simple participation financière ? Selon la réponse donnée à chacune de ces trois questions, les implications en termes de responsabilités des collectivités territoriales attributaires ne sont pas les mêmes. Du reste, il est évident que si le terme « participation » implique une participation financière, ces trois intitulés ne devraient pas figurer dans le transfert des tâches mais plutôt dans le transfert financier. On pourrait faire les mêmes observations relativement aux termes « initiative » et « soutien » au ramassage scolaire, évoqués précédemment. Enfin, il est à se demander si un simple « avis » peut être considéré comme une tâche dévolue. Par exemple, les tâches A1 « avis sur SRA/SDAU » ; B1 « avis sur le SDAU » et C1 « avis sur SAEDH » ne seraient-elles pas de simples procédures administratives ? Dans tous les cas, il est impossible, à partir de ces intitulés, d'appréhender de façon précise les offres et fonctions de production desdites tâches.

D/ Confusions entre les transferts de tâches et les transferts financiers

En effet, on peut observer que certaines compétences répertoriées dans le tableau **III.11** ne peuvent être raisonnablement que des transferts financiers et non des transferts de tâches. Il en est ainsi, à titre d'exemple, des tâches A18, 25, 26, 27 de la région. En ce qui concerne, par exemple, la tâche « participation à la construction et à la gestion des établissements secondaires » (A27), étant donné que l'acquisition, la construction et la gestion de ces mêmes établissements sont de la compétence exclusive de la commune urbaine (cf. tâche B38), la « participation » dont il est question ici ne pourrait être qu'une participation aux coûts, ce qui implique des transferts financiers de la région vers la commune urbaine. Il convient toutefois de signaler que dans son état le plus récent, le CGCT n'a prévu aucun mécanisme explicite de transferts financiers croisés entre les collectivités territoriales, même si on peut relever que la nomenclature budgétaire des CT de juin 2019 (décret 2019-0621) a, quant à elle, innové en prévoyant un article en nature de recette intitulé « transferts reçus d'autres collectivités territoriales ».

E/ Superposition de tâches

La superposition de certaines tâches des communes urbaines à statut particulier pose un problème de logique et peut conséquemment poser un problème ultérieur de responsabilité. Les tâches « construction et entretien des caniveaux, des gares et des aires de stationnement » (B12) et « création, gestion des espaces verts et parcs communaux » (B19) qui sont en même temps attribuées à la commune urbaine à statut particulier et aux arrondissements de la même commune peuvent être citées en exemple. En effet – et il s'agit là du problème de logique – étant donné que les territoires institutionnels des arrondissements d'une commune urbaine à statut particulier donnée épuisent le territoire institutionnel (y compris les caniveaux et espaces verts) de ladite commune, on peut se demander comment les uns et les autres peuvent être en pratique concurremment attributaires de ces tâches. La conséquence qui peut résulter de cette superposition est qu'en cas de dysfonctionnements dans l'implémentation de ces tâches, les citoyens auront de la peine à savoir qui, de la commune ou de l'arrondissement, est responsable desdits dysfonctionnements. En somme, une telle confusion au niveau de l'attribution des tâches est de nature à favoriser des comportements stratégiques des acteurs institutionnels locaux. En outre, elle contribue à diluer les responsabilités de ces derniers tout en bridant la mise en œuvre de l'imputabilité politique.

III.2.2.2. Analyse en économie politique des transferts de tâches

Cette analyse aurait dû logiquement être opérée en deux temps : premièrement, analyser la cohérence des tâches transférées avec les critères institutionnels de transfert retenus ; deuxièmement, vérifier que les tâches attribuées aux collectivités territoriales sont bien des tâches dévolues ainsi que le suggère le dispositif institutionnel.

Cependant, le premier niveau de l'analyse n'a pas été réalisé pour les raisons déclinées ci-dessous. En effet, le principe de subsidiarité que le CGCT considère comme étant le critère des transferts de tâches aux collectivités territoriales n'a ni définition, ni dimension opérationnelle consacrée par ledit CGCT. On aurait pu utiliser une grille d'analyse théorique pour effectuer ce premier niveau d'analyse. Mais la revue de la littérature sur la question a montré qu'il n'y a pas en l'état actuel d'unanimité, en termes de conceptualisation, autour du principe de subsidiarité. Du reste, le principe de subsidiarité qui a davantage partie liée avec la décentralisation bottom-up est plutôt très contesté en tant que critère pertinent de transferts des tâches dans un contexte de décentralisation top-down (cf. chapitre II). En somme, faute d'une grille d'analyse institutionnelle et/ou théorique robuste de référence, la vérification de la cohérence des tâches transférées avec le critère sur la base duquel lesdits transferts sont censés avoir été opérés n'a pas été réalisée.

Quant au deuxième niveau d'analyse, il pourrait être abordé suivant deux formules : vérifier si oui ou non les tâches transférées sont effectivement des tâches dévolues en utilisant comme outils de vérification, soit les dimensions institutionnelles de la dévolution, soit les dimensions théoriques déclinées précédemment (cf. tableau III.10). Cependant, c'est la seconde formule qui a été mise en œuvre et dont les conclusions sont explicitées ci-après. En effet, l'investigation réalisée précédemment sur l'entendement institutionnel de la dévolution a révélé que le dispositif institutionnel n'a proposé aucune dimension précise de cette modalité de la décentralisation. Le CGCT a certes donné des indications permettant d'inférer que les tâches transférées sont censées être toutes des tâches dévolues, mais ledit CGCT n'a point donné de définition ni d'indication permettant d'appréhender les dimensions opérationnelles de la dévolution pour en faire un modèle d'analyse rigoureuse.

La dernière précision qu'il convient de signaler concerne les tâches qui feront l'objet d'analyse. Une approche globale aurait voulu que cette analyse prenne en compte toutes les tâches répertoriées dans le tableau **III.11** précédent. Cependant, non seulement l'analyse ne prend pas en compte les tâches de la région[17], mais en plus, elle ne concerne qu'un échantillon de

---

[17] Il convient de noter pour le déplorer le fait qu'en dépit de l'importance de la région CT en raison de sa vocation d'espace économique et cadre d'aménagement, de planification et de coordination du développement (CGCT, art. 15), les modalités de transfert des compétences et des ressources de l'État à leur profit n'ont été actées pour la première fois qu'à travers les dix

tâches communales énumérées dans ledit tableau. Cette sélection des tâches à analyser n'a pas été faite de façon totalement arbitraire. En effet, de toutes les tâches attribuées par le CGCT aux collectivités territoriales, les tâches retenues pour l'analyse sont celles dont les modalités de transfert ont été actées dans un premier temps dès 2006 pour les communes urbaines par le décret 2006-209 du 15/05/2006. Ces modalités de transfert ont ensuite été réaffirmées et consolidées pour toutes les catégories de commune (communes à statut particulier, urbaines et rurales) courant 2009 à travers les décrets n° 2009-105, n° 2009-106, n° 2009-108 du 3 mars 2009 portant, respectivement, transfert des compétences et des ressources aux communes, dans les domaines de la culture, de la jeunesse, des sports et des loisirs ; du préscolaire, de l'enseignement primaire et l'alphabétisation et dans le domaine de la santé. Les décrets de 2009 qui avaient abrogé le décret 2006 ont eux-mêmes été abrogés par les décrets n° 2014-931, n° 2014-934, n° 2014-939 du 10 octobre 2014 portant, respectivement, modalités de transfert des compétences et des ressources de l'État aux communes, dans les domaines de l'éducation de la formation professionnelle et de l'alphabétisation ; de la santé et de l'hygiène ; de la culture, des sports et des loisirs. Les précisions ci-dessus ayant été déclinées, l'échantillon des tâches communales retenues concerne les domaines suivants : (i) l'éducation et l'alphabétisation ; (ii) la santé et l'hygiène ; (iii) la culture, les sports et les loisirs ; (iv) l'état civil. L'état civil bien que ne figurant pas dans le tableau III-11 est retenu pour l'analyse, pour des raisons suffisamment explicitées précédemment.

La démarche d'analyse est la suivante : (i) **premièrement**, la conception d'une matrice (tableau **III.12** ci-après) contenant, en première ligne (en haut), les dimensions théoriques de la dévolution et, en première colonne de gauche, les tâches attribuées à la commune. La deuxième colonne (offres) et la troisième (fonctions de production) comportent chacune deux sous-colonnes contenant respectivement « État central » et « Commune ». Ainsi, à chaque tâche (première colonne de gauche), les responsabilités en matière d'offre et de fonction de production de chaque niveau de gouvernement sont mentionnées dans les sous-colonnes correspondantes. La dernière colonne (à droite) recense, s'il y a lieu et pour chaque tâche, les types de contrôles exercés par l'État central sur la commune. Il convient de préciser que l'analyse étant réalisée en référence aux dispositifs institutionnels en vigueur, les responsabilités des différents niveaux de gouvernement en matière d'offre et de fonction de production pour chacune des tâches sont celles qui sont prévues par lesdits dispositifs institutionnels (CGCT, loi

---

(10) décrets du 10 octobre 2014. Du reste, on constate qu'à ce jour, lesdites compétences et ressources ne sont pas effectivement transférées (sauf l'exception notable et très symbolique transfert à certaines régions de l'entretien des pistes rurales courant 2019) alors que les tout premiers organes délibérants et exécutifs des régions sont en place et fonctionnels depuis plus d'une décennie suite aux élections locales d'avril 2006.

d'orientation de l'éducation, Code de la santé, Code de l'hygiène publique, Code des personnes et de la famille, réglementations en matière de culture, des sports et loisirs, les décrets n° 2014-931, n° 2014-934, n° 2014-939 du 10 octobre 2014, etc.). Cette précision est d'autant plus importante que dans certains cas, des gaps plus ou moins importants pourraient exister entre les normes institutionnelles et la mise en œuvre concrète sur le terrain. Cette précision est valable également pour la tutelle exercée par l'État central sur les communes, de même que la nature des relations formelles et/ou informelles qui en découlent ; (ii) **deuxièmement**, un commentaire plus détaillé portant sur les résultats du test d'analyse est proposé ; (iii) **troisièmement**, un tableau synoptique (tableau III.13) des résultats dudit test est proposé.

Tableau III.12 : Matrice d'analyse des tâches communales

Dimensions dévolution → **Domaines ↓** **Tâches**	**Offres** **État central**	**Offres** **Commune**	**Fonctions de production** **État central**	**Fonctions de production** **Commune**	**Tutelle/ contrôles de l'État central**
1. Éducation, alphabétisation					
Éducation préscolaire	a) politique nationale d'éducation (Constitution, Code de l'éducation) ; b) planification ; c) carte éducative ; d) programmes et formation des éducateurs ; e) programmes scolaires.		a) détermination du statut du personnel ; b) normes et standards des infrastructures et équipements ; c) conception, production, distribution de manuels ;	d) paiement des salaires ; e) acquisition ou construction d'écoles et équipement ; f) entretien et gestion des écoles.	Tutelle : autorisation préalable, supervision, contrôle de gestion
Enseignement primaire	a) politique nationale éducative (Constitution, Code de l'éducation) ; b) planification ; c) carte scolaire ; d) programmes et formation des enseignants ; e) programmes scolaires.		a) détermination du statut du personnel ; b) fixation normes et standards infrastructures et équipements ; c) conception, production, distribution de manuels ;	d) paiement des salaires ; e) acquisition ou construction d'écoles et équipement ; f) entretien et gestion des écoles.	Tutelle : autorisation préalable, supervision, contrôle de gestion.
Alphabétisation	a) politique nationale éducative (Constitution, Code de l'éducation) ; b) planification ; c) carte éducative ; d) programmes et formation des formateurs ; e) programmes d'alphabétisation.		a) détermination du statut du personnel ; b) fixation normes et standards infrastructures et équipements ; c) conception, production, distribution de manuels ;	d) paiement des salaires ; e) acquisition ou construction de centres et équipement ; f) entretien et gestion des centres.	Tutelle : autorisation préalable, supervision, contrôle de gestion.

2. Santé, hygiène					
Paquet minimum d'activités (PMA) : prévention des maladies ; soins et activités curatives	a) politique nationale sanitaire (Constitution, Code de la santé) ; b) planification ; c) carte sanitaire et PMA ; d) programme et formation du personnel sanitaire.		a) fixation statut du personnel ; b) fixation normes et standards d'infrastructures, d'équipements ;	c) paiement des salaires. d) construction, entretien et gestion des formations sanitaires de base.	Tutelle : autorisation préalable, supervision, contrôle de gestion.
Pharmacie : Approvisionnement Distribution	a) politique pharmaceutique (Constitution, Code de la santé) ; b) planification ; c) carte sanitaire ; d) programme et formation du personnel		a) fixation du statut du personnel ; b) fixation normes et standards d'infrastructures, d'équipements ;	c) paiement des salaires ; d) construction, entretien et gestion des pharmacies.	Tutelle : autorisation préalable, supervision, contrôle de gestion.
Hygiène et salubrité : Enlèvement et traitement des ordures ménagères ; traitement des déchets industriels et commerciaux ; aménagement et entretien voirie ; lutte contre les bruits et nuisances sonores	a) normes et standards généraux d'hygiène et salubrité publiques (Code de l'hygiène publique) ; b) programme et formation du personnel ;	c) normes spécifiques ; d) planification.	a) statut du personnel ; b) normes standards d'infrastructures, équipements ;	c) paiement des salaires ; d) construction, entretien et gestion des infrastructures et équipements.	Tutelle : police d'hygiène ; supervision et contrôle a posteriori du respect des normes et standards.
3. Culture, sports, loisirs					
Musées et bibliothèques	a) orientation politique et réglementation générale ;	b) normes spécifiques (musées) ; c) planification.	a) normes et standards des infrastructures et équipements ;	b) paiement des salaires ; c) construction et entretien infrastructures, équipements ; gestion.	Contrôle a posteriori.
Archives	a) orientation politique, normes générales ;	b) normes spécifiques ; c) planification	a) normes infrastructures, équipements ;	b) paiement des salaires ; c) construction, entretien infrastructures, équipements ; d) conservation, gestion des archives.	Contrôle de légalité a posteriori.
Sites et monuments	a) orientation politique et normes générales ;	b) normes spécifiques ; c) planification	a) normes infrastructures et équipements ;	b) paiement des salaires ; c) création, équipement, entretien, gestion sites et monuments.	Contrôle a posteriori.
Sports	a) orientation politique générale, réglementation générale ;	b) normes spécifiques ; c) planification	a) statut du personnel ; b) normes infrastructures et équipements ;	c) paiement des salaires ; d) Construction, entretien infrastructures, équipements ; gestion.	Supervision, contrôle du respect des normes.
4. État civil	a) normes (Code des personnes et de la famille) ; b) planification ; c) carte d'état civil ; d) programme et formation personnels.		a) normes registres d'état civil et actes d'état civil ; b) nomination officiers d'état civil ;	c) paiement des salaires ; d) gestion centres d'état civil.	Supervision, contrôle permanent (a priori et a posteriori).

Source : *auteur.*

Des commentaires relatifs aux résultats du test d'analyse

A/ Domaine de l'éducation et l'alphabétisation

Dans ce domaine, le transfert des biens « éducation préscolaire », « enseignement primaire » et « alphabétisation » a d'abord été opérationnalisé en 2006, ensuite en 2009 par le décret 2009-106 du 03/03/2009 avant d'être réaffirmé par le décret 2014-931 du 10/10/2014 qui a abrogé le décret de 2009. Ainsi qu'il résulte de la loi d'orientation de l'éducation (art. 2, loi 013-2007), l'éducation de la petite enfance (éducation de la prime enfance[18] et éducation préscolaire[19]), l'enseignement de base[20] (enseignement primaire[21] et enseignement post-primaire[22]) et l'éducation non formelle (alphabétisation et développement de l'environnement lettré) constituent l'éducation de base. Il en résulte que le groupe de biens sous analyse est constitué de deux biens de la tâche éducation de base formelle que sont l'éducation préscolaire et l'enseignement primaire et un bien de la tâche éducation de base non formelle qu'est l'alphabétisation. En application de la précédente proposition de classification, on peut faire une désagrégation suivie de la classification suivante :

FF- Éducation et alphabétisation

FFF- Éducation de base

FFFF- Éducation préscolaire

FFFF- Enseignement primaire

FFFF- Alphabétisation

Les commentaires sur les résultats de la matrice, ainsi qu'ils sont exposés ci-dessous, sont les mêmes pour les trois biens de la tâche éducation de base.

1) L'offre

La matrice révèle que l'offre est en mains de l'État central en matière d'éducation de base. En effet, le gouvernement central est responsable de la politique générale en matière d'éducation de base à l'échelle nationale, ainsi qu'il résulte des articles 18 et 27 de la Constitution (1991). Suivant ces dispositions constitutionnelles, l'éducation de base est un « droit-créance » pour les citoyens dont l'État central est principalement chargé de promouvoir l'effectivité. En outre, l'État central est responsable de la conception et de l'implémentation des stratégies en matière d'éducation préscolaire, d'enseignement primaire et d'alphabétisation. C'est dans cette

[18] L'ensemble des activités d'encadrement des enfants de trois (3) ans au plus.

[19] L'ensemble des activités éducatives destinées aux enfants de trois (3) à six (6) ans au plus.

[20] L'enseignement de base est obligatoire pour tous les enfants de six(6) ans à seize (16) ans. Il est « gratuit » dans les établissements publics (cf. art. 4 et 6, loi 013).

[21] Premier palier de la scolarité obligatoire, il comporte un cycle unique d'une durée normale de six (6) ans subdivisé en trois sous-cycles (CP, CE et CM) de deux (2) ans chacun.

[22] L'enseignement post-primaire est le second palier de la scolarité obligatoire et comprend l'enseignement général et l'enseignement technique et professionnel.

perspective que l'État central s'est fixé comme objectif stratégique « d'accroître l'offre et améliorer la qualité de l'éducation » dans l'axe 2 du PNDES (2016-2020) consacré au développement du capital humain. De même, toute la politique curriculaire de l'éducation de base relève de la compétence du gouvernement central. À travers la loi (loi 13/2007, articles 10 et 23 notamment), le gouvernement central a déterminé les qualités et quantités désirables des biens « éducation préscolaire », « enseignement primaire » et « alphabétisation » (composition et durée des cycles, langues d'enseignement et disciplines enseignées, durée de l'année scolaire, durées horaire, journalière et hebdomadaire par matière enseignée, etc.).

Ainsi qu'il résulte de l'article 1 al. 2 du décret 2014-931, l'État central a la responsabilité de la conception de la carte éducative, c'est-à-dire que la responsabilité de la répartition géographique des lieux de délivrance de l'éducation préscolaire, de l'enseignement primaire et de l'alphabétisation incombe au gouvernement central. Le CGCT a évoqué la possibilité de « participation » de la commune dans le cadre de l'élaboration de la tranche communale de ladite carte éducative. Mais comme noté précédemment, le concept de « participation » manque de précision en ce qui concerne son contenu opératoire en termes de responsabilité communale. Du reste, cette « participation » n'a pas été reprise dans le protocole-type d'opérations (arrêté interministériel n° 2009-024) comme étant un aspect des engagements de la commune. Enfin, il revient au gouvernement central de déterminer les programmes de formation des enseignants et formateurs et d'assurer leurs formations initiales et continues.

2) La fonction de production

En matière de production des biens « éducation préscolaire », « enseignement primaire » et « alphabétisation », l'État central est responsable de la fixation du statut du personnel (enseignantes/enseignants, formatrices/formateurs, cadres de gestion administrative et financière, etc.) à travers la loi (Code du travail, loi 081-2015 et loi 003-2017). Il est également responsable de la conception, la production et la distribution des livrets et manuels préscolaires, scolaires et d'alphabétisation de même que de la fixation des normes et standards en matière d'infrastructures, mobiliers et équipements dans les centres d'alphabétisation et écoles.

La commune est chargée de mettre en œuvre la carte éducative. Elle est également responsable de la construction des bâtiments, de l'acquisition des équipements scolaires, de l'entretien et de la gestion des établissements d'enseignement et centres d'alphabétisation. De même, la commune est responsable de la gestion du personnel, y compris le paiement des salaires conformément aux textes édictés par l'État central.

3) Tutelle ou contrôle de l'État central

L'État central exerce une tutelle a priori sur la commune puisque toute ouverture d'école ou de centre d'alphabétisation par cette dernière doit avoir été en principe autorisée préalablement par le premier. En outre, il contrôle le respect des normes et standards qu'il a fixés en matière de curricula, de construction, de fonctionnement et d'équipement des infrastructures. En somme, le gouvernement central contrôle et/ou supervise toutes les activités d'éducation de base et de gestion des écoles et de centres d'alphabétisation par les communes à travers ses administrations centrales ou services techniques déconcentrés (STD). Il en résulte que la relation entre l'État central et la commune urbaine en matière de tâche « éducation de base » est une relation de type « principal-agent », le premier étant le « principal » et la seconde l'« agent ».

Au regard de ce qui précède, le transfert de la tâche « éducation de base » à la commune est plutôt une délégation de tâche. En effet, l'État central a la maîtrise exclusive de l'offre en matière d'éducation préscolaire et d'enseignement primaire de même qu'en matière d'alphabétisation. La commune n'est responsable que de certains facteurs de production des biens « éducation préscolaire », « enseignement primaire » et « alphabétisation », ceci, sous la tutelle de l'État central. Enfin, l'État central et la commune urbaine entretiennent une relation d'agence qui est une des caractéristiques de la délégation de tâche.

B/ Domaine de la santé et de l'hygiène

Dans le domaine de la santé et de l'hygiène publique, les services prestés par les formations sanitaires de base constitués de paquets minima d'activés, les prestations pharmaceutiques et les prestations d'hygiène et salubrité publiques ont été initialement opérationnalisés en 2006. Cette opérationnalisation a été réaffirmée par le décret 2009-108 et confirmée en 2014 par le décret 2014-934. Sur la base de la lecture combinée des différentes dispositions institutionnelles de référence (CGCT ; Code de la santé publique ; Code de l'hygiène publique, décret 2014-934), on peut désagréger les prestations de ce domaine pour en donner les classifications ci-dessous :

FF- Santé et hygiène
FFF- Paquet minimum d'activités (PMA)
FFFF- Prévention de la maladie
FFFF- Soins et activités curatives
FFF- Pharmacie
FFFF- Approvisionnement pharmaceutique
FFFF- Distribution des médicaments
FFF- Hygiène et salubrité publiques
FFFF- Enlèvement et traitement des ordures ménagères
FFFF- Traitement des déchets industriels ou commerciaux dangereux

FFFF- Aménagement et entretien voirie
FFFF- Lutte contre les bruits et nuisances sonores
FFFF- La police d'hygiène publique

a-/ Du paquet minium d'activités (PMA)

Les résultats du test d'analyse sont identiques pour toutes les composantes prestées à travers le PMA dans les formations sanitaires de base.

1) L'offre

La Constitution (Cst. 1991, art. 26[23]), le Code de la santé publique (loi n° 23-94/ADP du 19/05/94) et le CGCT attribuent à l'État central la responsabilité de l'élaboration et de la mise en œuvre de la politique nationale de santé. De ce fait, il édicte les réglementations sanitaires et planifie l'offre globale des prestations de santé dans toutes les formations sanitaires, y compris dans les formations sanitaires de base. C'est dans cette perspective que le premier objectif stratégique de l'axe 2 du PNDES (2016-2020) consiste à « promouvoir la santé des populations et accélérer la transition démographique ». L'un des effets attendus de cet objectif étant que « l'accès aux services de santé de qualité est garanti à tous », il en résulte que l'État central s'est engagé, entre autres, à implémenter des actions d'« amélioration de la qualité et de la quantité de l'offre des services de santé » et de « réduction des inégalités régionales d'accès à la santé » en vue d'atteindre cet effet. Du reste, l'État central est responsable de la fixation des normes et standards de couverture sanitaire sur le plan national, de même que de la détermination des PMA des soins et préventions des maladies dans les formations sanitaires de base. De même, il est responsable de l'élaboration de la carte sanitaire. Enfin, il revient au gouvernement central de déterminer les programmes de formation des personnels de santé et d'assurer leurs formations initiales et continues.

Pour ce qui concerne la commune, elle peut décider de faire mieux que le contenu du PMA en fonction des préférences locales et des ressources à disposition.

2) La fonction de production

Le gouvernement central détermine les normes et standards des infrastructures et équipements de production des prestations dans les formations sanitaires de base. Il fixe également le statut du personnel hospitalier (loi 057-2017/AN).

---

[23] « Le droit à la santé est reconnu. L'État œuvre à le promouvoir. »

La commune est responsable de la construction, de l'équipement, de l'entretien et de la gestion des formations sanitaires de base. En outre, la prise en charge salariale du personnel de santé lui échoit en principe.

3) Tutelle ou contrôle de l'État central

La construction et l'ouverture des formations sanitaires de base sont soumises à l'autorisation préalable du gouvernement central. En outre, il contrôle le respect des normes et standards en matière de soins, d'infrastructures et équipements. Enfin, il contrôle la gestion des formations sanitaires de base.

Les éléments d'analyse ci-dessus révèlent que le transfert à la commune des biens prestés sous forme de PMA dans les formations sanitaires est plutôt une délégation de tâche. En effet, l'État central a la maîtrise totale de l'offre du PMA dans les formations sanitaires de base. La commune n'est responsable que de certains facteurs de production de ces PMA prestés dans lesdites formations sanitaires de base. De même, l'État central et la commune entretiennent une relation de type « principal-agent » qui est une des caractéristiques de la délégation de tâche.

b-/ Pharmacie

La politique pharmaceutique est une des composantes de la politique sanitaire nationale. Il en résulte que les résultats du test d'analyse relatifs aux prestations pharmaceutiques (approvisionnement pharmaceutique et distribution des médicaments) sont essentiellement les mêmes que ceux des formations sanitaires de base.

1) L'offre

L'État central est responsable de la définition de la politique nationale pharmaceutique. Il est également responsable de l'élaboration des normes d'approvisionnement pharmaceutique et de distribution des médicaments. Enfin, il revient au gouvernement central de déterminer les programmes de formation des personnels pharmaceutiques et d'assurer leurs formations initiales et continues.

2) La fonction de production

L'État central fixe les normes et standards des infrastructures et équipements. Il fixe également le statut du personnel pharmaceutique. La commune est responsable de la construction des infrastructures, de l'acquisition des équipements et de l'entretien. Elle est également responsable de la commande et de la distribution des médicaments au niveau de ses dépôts pharmaceutiques. Enfin, la commune est responsable de la gestion des dépôts pharmaceutiques, de même que du paiement du salaire du personnel.

3) Tutelle ou contrôle du centre

Le contrôle de l'État central prend la forme d'autorisation préalable d'ouverture de dépôts pharmaceutiques. En outre, l'État central assure le contrôle du respect des normes d'approvisionnement pharmaceutique.

Il résulte de ce qui précède que les prestations pharmaceutiques (approvisionnement pharmaceutique et distribution des médicaments) sont déléguées à la commune. Du reste, la relation commune-État central en matière pharmaceutique est de type « principal-agent » toute chose caractéristique de la délégation de tâche.

c-/ Hygiène et salubrité publiques

La tâche « hygiène et salubrité » se décompose en quatre prestations : l'enlèvement et le traitement des ordures ménagères, le traitement des déchets industriels et commerciaux dangereux, l'aménagement et l'entretien de la voirie, la lutte contre les bruits et nuisances sonores et la police d'hygiène publique.

1) L'offre

La définition de la politique nationale d'hygiène et de salubrité est de la responsabilité de l'État central. Il est également responsable de la conception des normes et standards généraux en matière d'hygiène et salubrité publiques ainsi qu'il résulte des dispositions constitutionnelles (art. 26) et du Code de l'hygiène publique (loi n° 22-2005/AN du 24/05/2005). L'État central est responsable de la détermination du programme de formation et de la formation initiale et continue du personnel en charge de l'hygiène et de la salubrité publiques.

La commune peut fixer certaines normes spécifiques d'hygiène et salubrité publiques dans l'espace communal.

2) La fonction de production

L'État central fixe les normes et standards des facteurs de production des prestations d'hygiène et salubrité (infrastructures, équipements, etc.). Il est également responsable de la détermination du statut du personnel en charge de la police d'hygiène publique, ainsi qu'il résulte du décret 2006-325 du 6 juillet 2006 portant attributions, organisation et fonctionnement de la police de l'hygiène publique.

La commune est responsable de la construction des infrastructures, de l'acquisition des équipements et de l'entretien. Elle est également responsable dans son ressort territorial de l'enlèvement et le traitement des ordures ménagères, du traitement des déchets industriels et commerciaux dangereux, de l'aménagement et l'entretien de la voirie, de la lutte contre les bruits et nuisances sonores de même que la police d'hygiène publique. La commune est également responsable du paiement des salaires du personnel en charge de ces prestations d'hygiène et salubrité publiques.

3) La tutelle de l'État central

Le gouvernement central supervise les activités de la commune urbaine en matière d'hygiène et salubrité et contrôle le respect des normes de référence. Du reste, ainsi qu'il résulte du Code de l'hygiène publique (art. 132) et de son décret d'application (décret 2006-325, art. 2), la police d'hygiène publique assurée par les agents de la police municipale l'est sous la tutelle directe de l'État central à travers le ministère en charge de la Santé.

En somme, les prestations d'hygiène et de salubrité constituent des prestations plutôt déléguées à la commune même si en la matière cette dernière jouit d'une relative marge de manœuvre. La relation de la commune avec l'État central demeure de type « principal-agent ».

C/ Domaine « culture, sports et loisirs »

La classification des tâches de ce domaine peut se décliner de la façon suivante :

FF- *Culture, sports et loisirs*
FFF- Culture et loisirs
FFFF- Musées et bibliothèques
FFFF- Archives
FFFF- Sites et monuments
FFF- Sports

a-/ Culture et loisirs

Les résultats de l'analyse sont les mêmes pour les trois composantes de la tâche « culture et loisirs » que sont « musées et bibliothèques », « archives » et « sites et monuments ».

1) L'offre

L'État central est responsable de l'orientation générale de la politique nationale en matière de culture et loisirs de même que de l'élaboration des normes générales. La commune est responsable de l'élaboration des normes spécifiques, de la planification et du pilotage de l'offre de culture et loisir dans le territoire communal.

2) La fonction de production

L'État central fixe les normes générales des infrastructures et équipements en matière de culture et loisir. La commune est responsable de la construction, de l'équipement, de l'entretien et de la gestion des musées, bibliothèques, archives, sites et monuments. Elle est également responsable de la gestion du personnel, notamment le paiement des salaires.

3) La tutelle de l'État central

L'État central assure la supervision et le contrôle des activités des structures culturelles et des loisirs.

Les développements précédents révèlent que la commune est relativement autonome en matière de pilotage de l'offre et de maîtrise de la fonction de production en matière de culture et des loisirs. Elle entretient des relations d'assistance et partenariat avec l'État central en la matière. Autrement dit, la tâche « culture et loisirs » présente beaucoup plus les traits d'une tâche dévolue.

b-/ Sports

1) L'offre

L'État central est responsable de l'orientation de la politique nationale de sport et de l'élaboration des cadres et normes générales en matière de sport. Il est également responsable de la formation initiale et continue du personnel d'encadrement des disciplines sportives.

La commune est responsable des normes spécifiques, de la planification et du pilotage de l'offre des politiques communales de sport à travers son plan communal de développement (PCD).

2) La fonction de production

L'État central fixe les normes générales en matière d'infrastructures et d'équipements sportifs. En outre, il est responsable de la fixation du statut du personnel d'encadrement des disciplines sportives. La commune est responsable de la construction, de l'équipement, de l'entretien et de la gestion. Elle est également responsable du paiement des salaires du personnel.

3) La tutelle ou contrôle de l'État central

L'État central supervise les activités des structures sportives. Il exerce un contrôle de légalité a posteriori sur la commune en matière de sport.

La commune est relativement autonome en matière de sport et entretient de ce fait des relations de partenariat avec l'État central. À travers ses STD, ce dernier apporte également des appuis techniques à la commune dans le cadre du pilotage de l'offre et dans la gestion de la fonction de production. En définitive, la tâche « sport » est plutôt une dévolution.

D/ État civil

1) L'offre

Les prestations en matière d'état civil sont codifiées par l'État central à travers le Code des personnes et de la famille (CPF) adopté suivant Zatu n° AN VII-13/PF/PRES du 16/11/89. En outre, l'État central est responsable de la planification et du pilotage de l'offre de prestation d'état civil, de même que de l'organisation territoriale des lieux de délivrance desdites prestations. Enfin, il est responsable de la formation initiale et continue du personnel d'état civil.

2) La fonction de production

L'État central fixe les standards en matière d'infrastructure, d'équipement, de registres d'état civil, de même que les normes de gestion desdits registres. Il détermine également les normes en matière d'actes et autres certificats d'état civil. Enfin, l'État central est responsable de la fixation du statut du personnel d'état civil et de la nomination des officiers d'état civil.

La commune est responsable de la construction des infrastructures, de l'équipement et de la gestion des centres (principaux ou secondaires) d'état civil. Elle assure également la prise en charge salariale du personnel d'état civil.

3) La tutelle ou contrôle de l'État central

La tutelle a priori et le contrôle a posteriori sont exercés par l'autorité judiciaire (procureur du Faso) territorialement compétente. Du reste, en tant qu'officiers d'état civil, le maire et ses adjoints ont pour supérieur hiérarchique direct le procureur du Faso, territorialement compétent.

Les éléments d'analyse ci-dessus révèlent que la tâche d'état civil est une tâche déléguée à la commune. De ce fait, les relations entre la commune et l'État central en matière d'état civil sont de type « principal-agent ».

Les résultats d'ensemble du test d'analyse sont synthétisés dans le tableau **III.13** ci-après.

Tableau III.13 : Synthèse du test d'analyse des tâches communales

Tâches	Modalités institutionnelles		Résultats du test	
	Dév.*	Dél. **	Dév.	Dél.
Éducation				
Éducation préscolaire	X			X
Enseignement primaire	X			X
Alphabétisation	X			X
Santé				
Prévention de la maladie	X			X
Soins et activités curatives	X			X
Approvisionnement pharmaceutique	X			X
Distribution des médicaments	X			X
Enlèvement et traitement des ordures ménagères	X			X
Traitement des déchets industriels et commerciaux dangereux	X			X
Aménagement et entretien de la voirie	X			X
Lutte contre les bruits et nuisances sonores	X			X
La police d'hygiène publique	X			X
Culture, loisirs et sports				
Musées et bibliothèques	X		X	
Archives	X		X	
Sites et monuments	X		X	
Sports	X		X	
État civil		(X)		X

Source : *auteur.*
* ***Dév.*** : Dévolution ; *****Dél.*** : Délégation ; **X** : renseigne sur la modalité de la tâche concernée.

Les résultats du test (tableau III.13) montrent que toutes les tâches des domaines « éducation » et « santé » sont des tâches déléguées à la commune. Ce qui ne correspond pas à ce que laissent sous-entendre les dispositions du CGCT qui, elles, considèrent que lesdites tâches sont toutes des tâches dévolues. Par contre, les tâches du domaine « culture, sports et loisirs » se sont révélées être des tâches dévolues toute chose en cohérence avec l'intention du législateur du CGCT. Pour ce qui concerne la tâche « état civil », elle s'est révélée être une tâche déléguée de la commune contrairement aux dispositions institutionnelles qui en font une tâche « intuitu personae » du maire et de ses adjoints.

Il convient toutefois de signaler deux limites relatives aux résultats de l'analyse :(i) la première limite tient au caractère théorique du modèle d'analyse. Ainsi, les résultats de l'analyse ne révèlent que le niveau de cohérence de la dévolution institutionnelle des tâches de la commune par rapport au modèle d'analyse. En d'autres termes, on pourrait dire que les résultats du test mettent en évidence le niveau de cohérence externe de la dévolution institutionnelle et ne disent rien sur le niveau de cohérence interne. Ce dernier ne pouvant être réalisé que sur la base d'un modèle institutionnel de dévolution. Mais, comme signalé précédemment, le dispositif institutionnel ne précise aucune dimension de la dévolution permettant de concevoir un modèle d'analyse. Sous cette réserve, on peut indiquer que parmi les tâches qui, du point de vue institutionnel, sont toutes des tâches dévolues, certaines le sont effectivement au regard de la grille d'analyse théorique tandis que d'autres ne le sont pas au regard de la même grille. Et que sur la base de la même grille d'analyse, l'état civil est une tâche déléguée de la commune. (ii) Les résultats de l'analyse doivent également être relativisés dans la mesure où le test n'a concerné que certaines tâches des communes ayant fait l'objet d'opérationnalisation pour la première fois il y a plus d'une décennie.

Conclusion

Le premier but de ce chapitre III était de décrire et analyser les tâches attribuées par la loi aux collectivités territoriales. Mais, comme toute analyse suppose une grille d'analyse, la première section du chapitre a été consacrée à la recherche de cette grille. Cette partie théorique a révélé deux choses : premièrement, en matière de transfert de tâches, la théorie ne propose pas de critères « magiques » qui soient indiscutablement valables dans tous les contextes de décentralisation. Toutefois, la théorie du fédéralisme financier de deuxième génération propose une méthodologie cohérente et pragmatique en matière de partage de tâches entre les niveaux de gouvernement dans un système de gouvernement multi-niveaux. Cette méthodologie a comme exigence que les critères de partage retenus le soient de façon explicite avec des contenus précis convenus d'accord partie par tous les acteurs impliqués dans le processus de partage des tâches. Deuxièmement, la même théorie du fédéralisme financier avance trois modalités de transfert de tâches dans un contexte de décentralisation top-down. Cependant, seulement deux de ces modalités se sont avérées pertinentes en tant que modalités de transfert de tâches dans un contexte d'État unitaire d'Afrique de l'Ouest comme l'est l'État burkinabè. Ces deux modalités sont la dévolution de tâches et la délégation de tâches.

La seconde section du chapitre a décrit sous un premier point les tâches attribuées aux collectivités territoriales. Cette description a concerné également le seul critère et la seule modalité de transfert de tâches consacrés par le CGCT que sont, respectivement, le principe de subsidiarité et la dévolution de tâches. Pour ce qui concerne le principe de subsidiarité, le dispositif institutionnel ne lui donne ni définition ni dimension précise permettant d'appréhender son caractère opératoire en tant que critère de transfert des tâches. Du reste, la question de sa pertinence en tant que critère de transfert des tâches dans une décentralisation top-down demeure posée.

Quant à la dévolution des tâches, non seulement elle n'a pas été définie par les dispositions institutionnelles, mais en plus ses dimensions opérationnelles n'ont pas été déclinées. En revanche, une lecture croisée suivie d'une interprétation téléologique desdites dispositions institutionnelles a permis d'inférer que toutes les tâches transférées aux collectivités territoriales étaient considérées comme étant des tâches dévolues. Le dernier point de cette seconde section a consisté en une lecture analytique du transfert des tâches. Dans cette perspective, les enseignements tirés de la description ont d'abord été analysés. Ensuite, sur la base d'un modèle théorique, une analyse de certaines tâches considérées institutionnellement comme étant des tâches dévolues à la commune a été réalisée. Les résultats du test d'analyse révèlent que les tâches du domaine « culture, sports et loisirs » sont des tâches dévolues. Par contre, les résultats relatifs aux tâches des domaines « éducation » et « santé » révèlent que lesdites tâches sont plutôt des tâches déléguées à la commune. Enfin, la tâche « état civil » censée être, du point de vue institutionnel, une tâche « intuitu personae » du maire et de ses adjoints s'est révélée être une tâche déléguée de la commune après le test d'analyse.

En somme, les résultats de l'analyse permettent d'inférer que les dispositions institutionnelles ont opéré, toutes choses étant égales par ailleurs, des transferts-dévolution pour ce qui concerne les tâches du domaine « culture, sports et loisirs » et des transferts-délégation pour les tâches des domaines « éducation » et « santé » de même que la tâche « état civil ». Ainsi, même s'il y a lieu de relativiser les conclusions de l'analyse pour les raisons précédemment évoquées, il reste qu'au regard de ce qui précède le caractère incohérent et/ou non explicite des règles institutionnelles relatives au transfert des tâches se trouve être confirmé.

CHAPITRE IV

Le transfert des ressources

Comme suite logique au transfert des tâches, le présent chapitre aborde la problématique du transfert des ressources[24], entendu au sens de transfert de fiscalité, des redevances d'utilisation et de transferts budgétaires. L'objectif général du chapitre est de faire la description et l'analyse des ressources institutionnellement transférées aux collectivités territoriales après avoir passé en revue quelques éléments de littérature relatifs auxdits transferts. Aussi, le chapitre comporte-t-il deux sections :

La première section passe en revue la littérature relative aux justifications, critères et modalités économiques de répartition des impôts et des transferts budgétaires dans un maillage administratif à plusieurs niveaux. Cette revue théorique sert ultérieurement de grille de lecture pour l'analyse.

La deuxième section est consacrée aux ressources attribuées par les dispositions institutionnelles aux collectivités territoriales. Son premier point fait la description générale des ressources transférées tandis que le deuxième propose une lecture critique de ces mêmes ressources. Le dernier point de la section analyse en économie politique les impôts et les transferts budgétaires en ayant comme fil conducteur la grille de lecture évoquée ci-dessus, de même que les enseignements des deux premiers points de la présente section.

---

[24] Il convient de signaler que le transfert des ressources aux CT est souvent appréhendé dans les textes juridiques – notamment dans la série des 21 décrets du 10 octobre 2014 relatifs aux modalités de transfert des compétences et ressources aux communes et régions – au sens formel prenant en compte le transfert du patrimoine, le transfert des ressources humaines et le transfert des ressources financières. Par contre, du point de vue de l'analyse en économie politique de la décentralisation, le patrimoine et le personnel sont considérés comme étant des facteurs de productions des biens et services locaux et ont de ce fait plus partie liée avec le transfert des tâches qu'avec le transfert des ressources. Aussi, pour des raisons tenant à son intérêt heuristique et par choix méthodologique, seul le transfert des ressources financières est traité dans le présent chapitre.

IV.1. Le transfert des ressources en théorie

Les justifications, critères et modalités de transfert des ressources aux collectivités locales sont appréhendés en théorie de façon différenciée selon qu'il s'agit des impôts, des redevances d'utilisation et des transferts budgétaires. De ce fait, la section est subdivisée en trois sous-sections dont la première est consacrée aux impôts, la deuxième aux redevances d'utilisation et la dernière aux transferts budgétaires.

IV.1.1. Le transfert des impôts

La décentralisation, pour être cohérente, implique qu'aux tâches dévolues aux collectivités territoriales correspondent des impôts locaux adéquats et dynamiques attribués en propre auxdites collectivités afin de leur permettre de financer leurs choix dépensiers. Mais, sous l'angle théorique, plusieurs modalités de répartition des impôts entre les niveaux de gouvernement de même que plusieurs critères de détermination d'un « bon » impôt local sont proposés. Modalités de répartition (IV.1.1.1) et critères de détermination du « bon » impôt local (IV.1.1.2) sont successivement évoqués ci-dessous. Après quoi, une fonction d'objectifs de répartition des impôts est proposée (IV.1.1.3). Le dernier point (IV.1.1.4) est une indicative évocation de deux exemples d'impôts locaux.

IV.1.1.1. Les modalités de répartition des impôts

Le vocable employé pour définir les modalités de répartition des compétences fiscales entre les niveaux de gouvernement est souvent variable d'un auteur à un autre ou suivant le véhicule linguistique employé (par exemple, les termes anglo-saxons traduits en français renvoient quelques fois à des contenus différents ou vice versa). Mais, à partir d'une lecture croisée de trois sources complémentaires sur la question, on peut retenir trois catégories de modalités (Ebel et Yilmaz, 2001 ; Blöchliger et King, 2006 ; Dafflon et Madiès, 2008 : 44) :

A/ L'impôt exclusif

Suivant cette modalité, un seul niveau de gouvernement exploite de façon exclusive l'assiette fiscale, maîtrise les taux d'imposition et perçoit l'intégralité du produit fiscal. Il faut signaler que cette modalité est également désignée sous l'appellation d'« impôts propres ».

B/ L'impôt partagé (ou « shared tax »)

Dans le cas de l'impôt partagé, plusieurs niveaux de gouvernement ont accès à la même assiette ou la même base. Cette modalité a des variantes internes :

(1) La première variante correspond à la **souveraineté fiscale**, c'est-à-dire que chaque niveau de gouvernement a le « [...] droit d'inventer des impôts, c'est-à-dire, de définir les assiettes des impôts, le cercle des assujettis, le mode de calcul et le barème des taux [...], ainsi qu'au droit de lever l'impôt ; en d'autres termes, de l'encaisser et de gérer, en première instance tout au moins, le contentieux fiscal » (Dafflon, 2005: 43). Cependant, la souveraineté peut être partielle ou limitée lorsqu'un niveau de gouvernement n'a que la maîtrise de certains critères de la pleine souveraineté fiscale. Par exemple, le « shared tax base » qui implique qu'une même assiette fiscale soit partagée conjointement par plusieurs niveaux de gouvernement dont chacun fixe librement le taux d'imposition s'inscrit dans la souveraineté partielle.

(2) **La flexibilité fiscale** constitue la deuxième variante. Elle a lieu lorsqu'un niveau de gouvernement local ne peut décider que sur le coefficient d'impôt, les autres variables (base, déduction et barème) de l'équation[25] fiscale restant identiques pour tous les niveaux de gouvernement.
Le système des centimes additionnels (ou « peggyback tax ») est un exemple typique de la flexibilité fiscale.

(3) La troisième et dernière modalité correspond à la **fiscalité obligatoire**. Cette modalité a lieu lorsqu'un niveau inférieur de gouvernement ne peut opérer librement des choix fiscaux et qu'il est tenu de se conformer en matière fiscale à des règles rigides fixées par un échelon supérieur de gouvernement.

C/ Part aux recettes (ou « revenue sharing »)

Dans cette modalité, l'assiette et les taux d'imposition sont déterminés par le niveau supérieur de gouvernement qui encaisse les recettes fiscales et dont une proportion fixe est allouée à l'échelon inférieur de gouvernement. Deux variantes du « revenue sharing » peuvent être notées :

(1) La première variante renvoie au principe de dérivation. Autrement dit, le partage du produit fiscal se fait selon le critère d'origine dudit produit de telle sorte que le niveau inférieur de gouvernement ne reçoit que tous ou une proportion fixe des impôts perçus sur son territoire fiscal.

(2) La seconde variante implique une méthode fondée sur une clé de répartition du produit fiscal. Ladite clé pouvant prendre en compte des variables démographiques (chiffre de population) ou inclure des

[25] En rappel, la formule générale de l'équation fiscale se décline de la façon suivante : $T = t \times (B - D) \times k$ avec T : rendement fiscal ; t : barème des taux ; B : base ; D : paramètre de personnalisation de l'impôt (déduction, dépenses fiscales, etc.) ; k : coefficient annuel d'équilibre du budget.

éléments dont le but est de réduire les différences de potentiels fiscaux. Autrement dit, le but de cette dernière formule est d'implémenter une péréquation des ressources.

Il convient de noter deux remarques pour conclure sur ce point des modalités :

Premièrement, il y a lieu de noter que dans un système de gouvernement à plusieurs niveaux, la première modalité (impôt exclusif) ci-dessus évoquée est en fait plutôt rare. En revanche, ce qui l'est moins, c'est la modalité de l'impôt partagé. Or, cette dernière modalité peut être source d'effets externes négatifs sur l'autonomie fiscale des niveaux inférieurs de gouvernement. Ces externalités connues en théorie sous l'appellation d'externalités fiscales verticales surviennent lorsque la décision fiscale d'un échelon de gouvernement influe sur la contrainte budgétaire d'un autre échelon de gouvernement (Dafflon et Madiès, 2008 : 48). Ainsi que le notent ces deux auteurs, les externalités fiscales verticales peuvent survenir dans les trois cas suivants : (i) lorsque les impôts prélevés par un échelon de gouvernement donnent droit à un crédit d'impôt ou à une déduction fiscale pour un autre niveau de gouvernement ; (ii) lorsque deux ou plusieurs niveaux de gouvernement accordent concurremment des exonérations fiscales. (iii) lorsque plusieurs niveaux de gouvernement font des prélèvements sur une même base d'imposition. Ce dernier cas qui correspond à une superposition fiscale peut avoir des incidences négatives en termes de surexploitation de la base commune, mais aussi en termes d'iniquité fiscale résultant de la double imposition de certains contribuables. Des règles de coordination peuvent permettre de corriger les doubles impositions. Mais lorsque lesdites règles sont décidées par le niveau supérieur de gouvernement, elles peuvent ne pas être neutres sur l'autonomie fiscale du niveau inférieur de gouvernement tout en mettant sous contrainte les décisions budgétaires de ce dernier.

Deuxièmement, le concept d'autonomie fiscale du niveau local de gouvernement, même à son plus haut degré, ne peut, en pratique, qu'être relatif. En effet, une des conséquences de l'autonomie est de mettre en concurrence les collectivités locales entre elles, ce qui peut influencer à des degrés divers les décisions fiscales des unes et des autres. En d'autres termes, la concurrence fiscale est susceptible de réduire les autonomies fiscales ou réduire, à tout le moins, les marges de manœuvre fiscales des différentes collectivités territoriales concurrentes qui cherchent, chacune, à se rendre plus attractive sur le plan fiscal.

IV.1.1.2. Les critères du « bon » impôt local

Tout comme dans le cas des tâches, la répartition des impôts dans un système de gouvernement à plusieurs niveaux devrait être réalisée suivant des critères précis. Sous ce rapport, le but premier de ce point est de décliner les critères théoriques du « bon » impôt local et d'esquisser une catégorisation des impôts auxquels peut renvoyer cette notion du « bon » impôt local. Mais les critères théoriques de détermination de l'impôt local sont eux-mêmes fondés sur des principes généraux qui, selon la théorie du fédéralisme financier, devraient commander l'affectation des impôts aux différents échelons de gouvernement. Lesdits principes sont préalablement exposés.

A/ Des principes généraux d'affectation des impôts

La théorie lie la problématique de répartition des impôts dans un système de gouvernement à plusieurs paliers à celle des trois « bureaux » du secteur public que sont la stabilisation, la redistribution et l'allocation des ressources. Ainsi, elle avance quatre principes généraux d'affectation des impôts plus un cinquième, relatif aux redevances d'utilisation, qui sera évoqué ultérieurement sous le point consacré à ces redevances. Ces principes ont été identifiés par Musgrave (1983 et 2000) cité par Dafflon et Madiès (2008 : 45-47). Lesdits principes qui ont été également repris par Ebel et Yilmaz (2001) se présentent ainsi qu'il suit :

(1) Les impôts contribuant à la stabilisation macroéconomique doivent être prélevés par le gouvernement central dans la mesure où la stabilité du contexte macroéconomique est un bien collectif pur.

(2) Les impôts dont le but est la redistribution interindividuelle doivent relever du gouvernement central, lorsque les bases sont susceptibles de mobilité ou lorsque le fait générateur de l'imposition s'origine dans plusieurs collectivités territoriales.

(3) Les bases d'imposition qui font l'objet d'une forte répartition inégalitaire sur le territoire national devraient être centralisées. Par exemple, l'imposition des ressources naturelles localisées dans certaines régions d'un pays donné illustre ce type de fiscalité. En effet, la centralisation d'un tel prélèvement pourrait se justifier pour des raisons d'équité interrégionale.

(4) Les collectivités territoriales devraient imposer des bases faiblement mobiles afin d'éviter la concurrence fiscale et/ou la concurrence budgétaire. En effet, même si la définition stricte et formelle de l'impôt l'assimile à une prestation pécuniaire sans contrepartie directe, il faut remarquer qu'il a tout de même une contrepartie indirecte que sont les biens et services collectifs offerts. Dans cette perspective et partant de l'hypothèse du « vote par les pieds » à la Tiebout (1956), les citoyens/contribuables sont censés choisir leur lieu de résidence en mettant en balance les impôts payés et les biens et services collectifs offerts.

B/ Du « bon » impôt local

L'impôt a pour but de fournir aux collectivités locales des recettes afin de financer les besoins des citoyens locaux. Mais l'impôt local devra, en outre, promouvoir l'efficacité, favoriser l'équité et l'autonomie locale. De même, cette fiscalité devra être transparente et encourager la responsabilité budgétaire des acteurs locaux (Gilbert et Guengant, 1998 : 7). Le « bon » impôt local est donc l'impôt qui répond aux critères de l'efficacité, de l'équité, de l'autonomie locale, de la transparence tout en ayant un bon rendement. De même, il devra être visible et non exportable. En somme, la théorie distingue essentiellement six critères pour caractériser le « bon » impôt local ainsi qu'ils sont successivement évoqués ci-dessous.

(1) L'équité

Le critère de l'équité fiscale est une modalité de mise en œuvre d'un des grands principes de financement du secteur public qui est le principe de la capacité contributive. Étant entendu que ce principe vise à répartir la charge fiscale entre les contribuables lorsqu'il n'est pas possible d'établir une relation directe, explicite et causale entre le montant de l'impôt et les avantages retirés de l'usage des BCL. De ce fait, la charge du prélèvement fiscal devra être distribuée équitablement entre les contribuables. Mais l'équité de la perception fiscale se décline sous deux angles qu'il convient de distinguer : (i) premièrement, l'équité verticale qui implique qu'à capacité contributive différente, les contribuables devront acquitter des impôts différents ; (ii) deuxièmement, l'équité horizontale qui signifie que les contribuables ayant les mêmes capacités contributives paient les mêmes montants d'impôt. Ce deuxième aspect de l'équité soulève un autre problème d'équité territoriale entre les individus. En effet, quel traitement faut-il réserver aux contribuables dotés des mêmes capacités contributives mais qui sont localisés dans des collectivités territoriales différentes et qui, de ce fait, sont bénéficiaires de BCL différents ? La solution pourrait résider dans la mise en œuvre d'une coordination fiscale efficace.

En somme, l'équité suppose l'adoption d'assiettes et de barèmes de taux adaptés au but poursuivi qui est de faire en sorte que chaque contribuable paie l'impôt à la hauteur de sa capacité contributive et non en fonction d'une consommation effective de biens collectifs locaux. Pour autant, cette équité fiscale, qui vise à réaliser une certaine justice sociale, ne peut se fonder que sur des jugements de valeur, ceci, dans la mesure où il n'existe pas de critère objectif de définition d'un degré approprié d'inégalité entre contribuables.

(2) L'efficacité

L'efficacité qui « vise à maximiser les performances productives de l'économie pour une distribution donnée des revenus et des patrimoines » doit être entendue dans la perspective de la fiscalité locale selon deux sens complémentaires (Gilbert, Guengant, 1998 : 1924) : (i) l'efficacité allocative qui implique qu'« à la marge, l'utilité du dernier franc dépensé doit être identique dans tous ses usages alternatifs » de telle sorte qu'« aucun transfert sectoriel d'activités, par exemple, l'augmentation des consommations collectives au détriment des consommations privées, donc l'alourdissement de la pression fiscale, ne permet d'accroître le bien-être social ». Ceci, étant entendu que tout prélèvement fiscal pour financer, par exemple, un bien collectif local s'accompagne nécessairement d'une réduction de la consommation privée à concurrence dudit prélèvement. Ainsi, un impôt local efficace sera celui qui favoriserait une affectation optimale des ressources entre consommations alternatives de telle sorte que l'utilité sociale créée par la production d'un BCL à travers l'impôt soit supérieure à l'utilité sociale détruite. (ii) L'efficacité territoriale ou spatiale qui implique que l'impôt local ne devrait pas être la source d'incitation à la mobilité des personnes pour de pures raisons fiscales. En d'autres termes, les migrations inter-collectivités devront être justifiées pour des raisons (activités professionnelles, par exemple) autres que pour capter des avantages fiscaux.

Toutefois, même appréhendé suivant ses deux entendements, le concept d'efficacité de l'impôt local semble dépourvu de portée pratique. En effet, étant donné que les utilités sont de l'ordre du subjectif et dépendent des préférences individuelles, les critères de l'optimalité qui y sont attachés sont difficilement mesurables. Dans un système démocratique, le vote peut constituer une solution plus ou moins commode pour permettre l'expression des préférences individuelles tout en constituant un moyen d'arbitrage entre lesdites préférences. Mais cela suppose que le vote lui-même conduise à un choix efficace permettant l'égalisation des utilités marginales. Ce qui n'est pas toujours, nécessairement, le cas puisque le résultat du vote dépend de la performance de l'arrangement institutionnel de son processus. Par exemple, les referendums financiers dans les cantons suisses peuvent être considérés comme des formes d'arrangement institutionnel beaucoup plus performantes pour générer des choix collectifs plus efficaces. Par contre, dans une démocratie représentative où de tels referendums n'existent pas, il revient aux élus locaux d'apprécier les besoins et les préférences des citoyens. Sauf que dans un tel processus, l'efficacité des choix collectifs peut être contrariée par de nombreux biais résultants de la relation d'agence entre les élus et les citoyens/électeurs : sélection adverse, aléas moraux, etc. Au total, l'efficacité de la fiscalité locale dépendra en définition de l'efficacité des institutions mise en place en matière d'organisation du territoire et en matière budgétaire et fiscale.

(3) L'autonomie locale

L'autonomie locale est un concept polysémique. En effet, l'autonomie locale a une définition variable suivant les disciplines scientifiques ou suivant les auteurs à l'intérieur d'une même discipline. Cependant, dans une perspective générale, on peut retenir la définition proposée par la Charte européenne de l'autonomie locale. Ainsi, selon l'article 3, al.1 de ladite Charte, l'autonomie locale est « le droit et la capacité effective pour les collectivités locales de régler et gérer, dans le cadre de la loi, sous leur propre responsabilité et au profit de leurs populations, une part importante des affaires publiques » (Conseil de l'Europe, 1996). Cette définition générale révèle bien que le concept d'autonomie peut comporter plusieurs facettes dont il peut en résulter des imprécisions. Mais l'autonomie locale dont l'impôt local devra favoriser la promotion est l'autonomie financière qui est considérée comme étant réalisée lorsqu'une collectivité locale est en mesure d'obtenir par ses propres moyens les ressources financières dont elle a besoin, sans recourir ou dépendre d'autres collectivités, situées à un niveau supérieur ou à un même niveau de gouvernement (Dafflon, Perritaz, 2000a : 4). Dans cette perspective, pour que l'impôt local favorise l'autonomie locale, il faudrait que les collectivités territoriales aient une certaine souveraineté en matière fiscale, c'est-à-dire, qu'elles aient la liberté de moduler les impositions locales selon les préférences locales. Toutefois, la souveraineté fiscale est nécessaire mais elle n'est pas suffisante pour conférer une véritable autonomie financière aux gouvernements locaux. En effet, l'autonomie que la souveraineté fiscale peut conférer dépend du rendement de l'imposition locale et de la proportion que les ressources d'impôt représentent dans les ressources totales nécessaires à la couverture du budget local. De ce fait, pour que l'impôt local puisse conférer une véritable autonomie locale, il faudrait, idéalement, que le niveau local soit fiscalement souverain (totalement ou partiellement) et que cette souveraineté porte sur des catégories d'impôts ayant des bases dynamiques et des rendements élevés représentant des proportions importantes dans les recettes totales. Sous ce rapport, la flexibilité fiscale pourrait également conférer une certaine autonomie financière au niveau local, pour autant qu'elle concerne des impôts ayant des rendements élevés et dont le niveau local peut disposer librement des produits. Au total, le « bon » impôt local est un impôt qui confère, entre autres, une autonomie fiscale (et non nécessairement la souveraineté fiscale) ou qui confère, plus largement, une autonomie financière au niveau local de gouvernement.

(4) La transparence

L'impôt local devra être transparent tant du point de vue de son assiette, de son barème que de l'encaissement de son produit. Pour ce faire, il devra être porté par un système fiscal administré de manière transparente et au moindre coût. Cette transparence fiscale nécessite la mise en place d'une structure comptable et d'un plan comptable soumis à des règles précises. Elle implique également que le budget et les comptes locaux soient organisés de la même manière. De même, ces documents (budgets, comptes) devront être publiés et accessibles au public. Enfin, la transparence implique que les règles d'audit et de contrôle budgétaire et/ou comptable soient connues et pratiquées. En somme, la transparence fiscale suppose la mise à la disposition des citoyens d'une information aussi parfaite que possible sur le système fiscal afin que lesdits citoyens/contribuables puissent opérer des choix collectifs optimaux à travers le vote.

(5) Le rendement

Le critère de rendement de l'impôt local se décline suivant deux facettes complémentaires : premièrement, il signifie que l'impôt local devra dégager les recettes fiscales attendues pour permettre le financement des dépenses des collectivités locales, c'est-à-dire que l'imposition devra garantir l'autonomie financière du niveau local. Deuxièmement, le rendement implique la minimisation des coûts d'administration de la perception de l'impôt. Ces coûts étant entendus comme des coûts de l'administration fiscale (assiette, liquidation, recouvrement, contrôle), mais aussi, des coûts que les contribuables devront supporter pour acquitter leurs obligations fiscales.

(6) La visibilité et le caractère non exportable

L'impôt local devra, idéalement, être visible pour les contribuables/électeurs mais aussi non exportable sur des résidents extérieurs à la collectivité territoriale qui opère le prélèvement. La visibilité de l'impôt favorise la responsabilisation des gouvernements infranationaux puisqu'elle suppose que les biens et services offerts en contrepartie (en quantité et/ou en qualité) des prélèvements soient également visibles pour les électeurs/contribuables, sauf à vouloir provoquer l'incivisme fiscal et/ou l'élection d'autres candidats aux prochaines échéances électorales ou encore le « vote par les pieds ». Le caractère non exportable de l'impôt local empêche une rupture du lien entre prestations et financements. Si donc l'impôt est non exportable, les citoyens/contribuables seront plus sensibilisés aux coûts des prestations, ce qui permet d'éviter des demandes excessives et non rationnelles en biens et services locaux.

En guise de synthèse sur les critères théoriques du « bon » impôt local, il convient de faire remarquer qu'il serait difficile qu'un système fiscal puisse répondre simultanément et de façon satisfaisante à tous les critères ci-dessus évoqués. Du reste, certains de ces critères sont susceptibles d'entretenir des relations contradictoires. Par exemple, la relation entre le critère d'équité et celui de l'efficacité de la fiscalité locale pourrait s'inscrire dans l'ordre du dilemme pour les collectivités territoriales. En effet, alors que l'équité vise à assurer et/ou préserver une certaine justice sociale à travers le prélèvement fiscal, l'efficacité vise, quant à elle, à garantir une meilleure performance productive de l'économie locale. Autrement dit, les collectivités locales devraient avoir une politique fiscale qui puisse concilier performance économique et justice sociale. Pourtant, ces deux objectifs pourraient se concurrencer tant du point de vue des moyens de mise en œuvre que du point de vue des résultats de telle sorte que la réalisation de l'un d'eux supposerait des sacrifices aux dépens de l'autre. En somme, on peut convenir avec Gilbert et Guengant (1998 : 22) que toute fiscalité efficace pourrait être coûteuse en termes d'équité, de même que toute fiscalité équitable pourrait l'être en termes d'efficacité.

IV.1.1.3. La fonction d'objectifs de la répartition des impôts

La plupart des auteurs partagent l'idée selon laquelle il n'existe pas un modèle optimal de répartition des impôts au niveau infranational de gouvernement qui soit valable en tout lieu et en tout temps. En revanche, on peut adopter une méthodologie cohérente de répartition des impôts entre paliers de gouvernement à partir de la définition d'une fonction d'objectifs permettant de répondre aux questions essentielles. Tel est le but de la matrice, tableau **IV.14** ci-après. Elle comprend, en première ligne, les arguments de la fonction d'objectifs et les différents niveaux de gouvernement. En première colonne de gauche, on a quatre blocs d'arguments reprenant l'essentiel des critères du « bon » impôt local précédemment exposés auxquels d'autres arguments ont été ajoutés pour tenir compte de tous les niveaux de gouvernement. Ces arguments ne sont qu'indicatifs même si en l'état, ils peuvent permettre de faire le tour de la problématique de répartition des impôts. Ainsi, certains arguments pourraient être écartés et d'autres ajoutés suivant le contexte. L'essentiel est que tous les arguments soient préalablement débattus et adoptés par toutes les parties prenantes au processus de décentralisation (État central, régions, communes) avant l'évaluation de la matrice. En plus, il faudrait que le contenu de chaque bloc d'arguments et de chaque argument soit explicité afin que les acteurs aient la même grammaire de compréhension. Du reste, une telle démarche participative est une des applications du principe de subsidiarité dont l'un des piliers réside dans le droit des acteurs à participer aux processus de décision.

Tableau IV.14 : Matrice d'une fonction d'objectifs de répartition des impôts

Arguments	État central	Régions	Communes
Souveraineté fiscale - Maîtrise de la souveraineté - Marge de manœuvre financière			
Efficience allocative - Neutralité ou efficacité géographique - Efficacité allocative - Rendement (coûts administratifs) - Transparence			
Équité (éthique) - Capacité contributive vs utilisateur-payeur - Capacité financière des collectivités - Coûts des biens sous tutelle - Préférences locales			
Autonomie budgétaire - Équilibre budgétaire - Impôts partagés vs part aux recettes - Transferts budgétaires			

Source : *adapté de Dafflon (2004 : 8).*

Le contenu de la matrice (tableau IV.14) peut être explicité de la façon suivante :

(1) Bloc souveraineté fiscale : la notion de souveraineté fiscale a déjà été explicitée (cf. IV.1.1.1). Mais les deux arguments de ce bloc renvoient à deux aspects différents de la question. Ainsi, l'argument de la « maîtrise de la souveraineté » renvoie à la question de savoir si les gouvernements infranationaux peuvent décider librement sur l'assiette, sur le taux ou sur d'autres éléments de l'impôt (par exemple, un coefficient annuel d'équilibre du budget). L'autre aspect, la « marge de manœuvre financière », décline l'angle économique des problèmes à résoudre. Concrètement, il s'agit de répondre à la question suivante : est-ce que le développement économique des niveaux de gouvernement fiscalement souverains permet à ceux-ci d'agir de manière flexible sur les bases d'impositions ?

(2) Bloc efficience allocative : les arguments de ce bloc ont été explicités précédemment sous le point IV.1.1.2.

(3) Bloc équité : les arguments sous ce point impliquent des jugements de valeur liés à la définition de l'équité. Dans cette perspective, il s'agit de se demander quelle est la définition de l'équité interrégionale ? Quel acteur (gouvernement central ? collectivités locales ? ou les deux entités de commun accord ?) fixe cette définition ? Les réponses apportées à ces questions permettront d'opérer un choix entre l'application du principe de la capacité contributive et/ou celui de l'utilisateur-payeur (ou pollueur-payeur) qui fait intervenir des jugements de valeur liés à la définition de l'équité. De même, la définition de l'équité devra permettre de savoir si « la capacité financière des collectivités » garantit cette équité. Il en est de même pour les coûts des biens sous tutelle et du respect des préférences locales qui font également intervenir des jugements de valeur.

(4) **Bloc autonomie budgétaire** : l'autonomie budgétaire d'une collectivité territoriale signifie que cette dernière a la capacité « de décider seule, en toute indépendance, les catégories, la quantité et la qualité des prestations qu'elle entend offrir à ses résidents » (Dafflon et Perritaz, 2000a : 7). Ainsi qu'il résulte de cette définition, la question de l'autonomie budgétaire est intimement liée à celle de la souveraineté fiscale ou plus exactement à l'autonomie financière que doit conférer cette dernière. Du reste, c'est en raison de cette relation que se justifie l'inscription du bloc « autonomie budgétaire » dans la matrice. Mais le lien entre autonomie financière et autonomie budgétaire doit être appréhendé sous deux angles (Dafflon et Madiès, 2008 : 63) : (i) premièrement, sous l'angle de ce que la première conditionne la seconde en vertu du principe de responsabilité budgétaire. Ce principe signifiant qu'une collectivité territoriale doit assumer les conséquences financières de ses choix dépensiers ou qu'elle ne peut financer des tâches que si elle a les moyens à disposition. (ii) Deuxièmement, la relation entre autonomie budgétaire et autonomie financière réside également dans le fait que la nature des tâches assurées par les collectivités territoriales détermine la nature des recettes destinées à leur financement. Il en résulte que la formule séquentielle la plus cohérente en matière de transfert des compétences (tâches et ressources) serait celle qui consisterait à déterminer, préalablement, les tâches à transférer (dévolution et/ou délégation) au niveau local, puis, aussi et surtout, d'attribuer les ressources appropriées pour les financer. Le graphique du budget décentralisé (volet fonctionnement) représenté ci-après (figure IV.7) permet de mieux expliciter cette logique séquentielle tout en mettant en évidence le lien entre autonomie budgétaire et autonomie financière des paliers inférieurs de gouvernement : en haut dans le boîtier de gauche du graphique figurent les dépenses résultant des fonctions attribuées à la collectivité territoriale, et à droite, on a les recettes. On remarquera qu'en regard des BCL choisis en propre par la collectivité (tâches dévolues), il y a, à droite, la fiscalité propre. La traduction en termes de transfert des compétences est la suivante : aux tâches dévolues (BCL choisis en propre) de la collectivité territoriale devraient correspondre des impôts « dévolus » (fiscalité propre). Ceci, pour respecter le principe de la responsabilité budgétaire qui constitue la toile de fond du lien entre la tâche propre et la fiscalité propre. En

somme, les BCL choisis en propre (tâches dévolues) correspondent au véritable domaine de l'autonomie budgétaire de la collectivité territoriale dont la contrepartie est l'autonomie financière qui renvoie à la fiscalité propre (ou impôts « dévolus »). Mais étant donné que l'autonomie budgétaire de la collectivité territoriale est sous contrainte de l'équilibre de son budget, une définition précise de la notion d'équilibre budgétaire et les conditions de sa mise en œuvre devront être, préalablement, déterminées. Après quoi, viennent les questions : quels impôts attribués au niveau local et comment le faire (impôts exclusifs, impôts partagés ou « revenue sharing ») afin de garantir l'autonomie budgétaire ? Ensuite, éventuellement, quels transferts budgétaires faudrait-il implémenter afin de garantir la cohérence entre l'autonomie budgétaire et les autres objectifs ?

En somme, la matrice (tableau IV.14 précédent) a identifié des questions – du reste non exhaustives – qui sont susceptibles d'être mises sur la table des discussions en matière de partage des impôts dans le cadre d'un processus de décentralisation top-down. Elle n'apporte pas une réponse définitive quant au choix du/des bon(s) impôt(s) local/locaux. En revanche, la matrice propose un processus de décision qui assure : (**i**) que toutes les parties prenantes concernées, État central et collectivités territoriales, participent aux différents choix. Du reste, c'est une des justifications de la présence des colonnes « État central », « régions » et « communes » dans la matrice ; (**ii**) que la démarche est conduite de manière cohérente – notamment par une compréhension identique des concepts et critères à travers une même grammaire de lecture de tous ; (**iii**) que les éventuelles incidences contradictoires de tel ou tel impôt soient appréhendées et explicitées ; (**iv**) que la pondération des critères et arguments soit le résultat d'arbitrages expliqués et explicites.

Au total, la matrice de fonction d'objectifs se veut être un instrument de « dialogue fiscal » entre les parties prenantes institutionnelles aux fins de sélectionner et retenir les « bons » impôts locaux selon le contexte de référence. Étant entendu que le fondement principiel de cette démarche doit être idéalement le principe de subsidiarité.

IV.1.1.4. Les catégories d'impôts locaux

En dehors de la critériologie du « bon » impôt local précédemment déclinée, la théorie ne donne pas une énumération précise d'impôts à attribuer aux collectivités territoriales qui soit valable dans tous les contextes. Cependant, tenant compte des principes généraux d'affectation des impôts et des critères du « bon » impôt local, on peut évoquer de façon indicative deux catégories d'impôts susceptibles d'être prélevées par les collectivités locales. Il s'agit de l'impôt foncier et l'impôt sur le revenu des ménages.

A/ L'impôt foncier

L'assiette de l'impôt foncier porte sur la valeur vénale ou locative du sol et des immeubles. Cet impôt est considéré comme l'impôt local-type. En effet, le sol est le seul bien marchand immobile par nature (Gilbert et Guengant, 1998 : 58). En outre, puisque théoriquement, la valeur vénale du patrimoine foncier est censée capitaliser positivement les services rendus par les équipements collectifs locaux et négativement la charge fiscale, on peut dire que l'impôt foncier est conforme au principe du bénéfice (Dafflon et Madiès, 2008 : 54). De même, selon Greffe (1997 : 366), cet impôt est aisé à mettre en œuvre au niveau local tout en étant susceptible d'ajustement aux besoins de financement des collectivités locales.

Cependant, certains problèmes sont soulevés relativement à l'impôt foncier. **(i)** Ainsi en est-il du lien entre le poids de l'impôt et la nature des services rendus qui n'est pas très évident, ce qui peut conduire à des impositions ne tenant pas compte des contraintes économiques sous-jacentes. Mais cette limite peut être considérée comme étant quelque peu normale pour un prélèvement fondé sur la capacité contributive. **(ii)** Deuxièmement, il est reproché à l'impôt foncier d'être visible, ce qui pourrait être source d'incivisme fiscal notamment lorsque les contribuables ne perçoivent pas de contrepartie visible en termes de biens et services locaux. Toutefois, du point de vue des critères du « bon » impôt local, on pourrait dire que la visibilité de l'impôt foncier est plutôt une qualité puisqu'elle peut inciter les décideurs locaux à plus de responsabilité. En effet, pour éviter l'incivisme fiscal et/ou pour éviter de perdre les futures élections, les décideurs locaux seraient plus incités à décider des offres de prestations en contrepartie de l'impôt et à la satisfaction des contribuables/électeurs. **(iii)** Troisièmement, certains problèmes d'administration de l'impôt foncier, souvent bien réels, sont également relevés. On peut citer, entre autres, la question de l'inexistence d'un cadastre, de la publicité foncière, le problème de l'évaluation et de révision des bases, etc. Par exemple, selon Gilbert et Guengant (1998 : 60), jusqu'en 1998, la révision sexennale des bases prévues par la loi fiscale française n'avait pas été réalisée depuis 1970. Une telle absence d'actualisation qui fige l'assiette fiscale confère à l'impôt foncier un défaut de dynamisme des rendements. En dépit de toutes ces limites et de ces risques, l'impôt foncier demeure l'un des rares impôts qui répond au mieux à quelques-uns des critères du « bon » impôt local.

B/ L'impôt sur le revenu des ménages

Pour le fédéralisme financier de première génération, l'impôt sur le revenu des ménages devrait relever du gouvernement central. En effet, ce type d'imposition qui se caractérise par la mobilité de ses bases a généralement une vocation redistributive. Or, si les bases sont mobiles et si les collectivités territoriales font de la redistribution des revenus, il est probable que tous les pauvres convergent vers la collectivité la plus généreuse, les riches, eux, la quitteront, ce qui rendra finalement impossible le financement des politiques locales de redistribution (Gilbert et Guengant, 1998 : 62-63). De ce fait, ce type d'impôt ne devrait pas être décentralisé. Cependant, cette position théorique n'est pas exempte de critique : une politique redistributive au niveau local peut se justifier si elle correspond aux préférences des citoyens locaux. En outre, certaines redistributions peuvent exiger des informations détaillées sur les bénéficiaires qui ne peuvent être recueillies que par les gouvernements locaux. Enfin, on peut douter de ce que la migration des individus pour de seules raisons de captation d'avantages fiscaux soit vérifiée dans tous les contextes.

L'impôt sur le revenu, sous réserve que les collectivités territoriales prélèvent sur la base d'un taux additionnel identique par rapport au taux national, pourrait être intéressant pour lesdites collectivités territoriales. En effet, cette imposition a certains avantages (Dafflon et Madiès, 2008 : 54) : (**i**) elle est simple à mettre en œuvre puisque la base et le barème demeurent les mêmes à l'échelle nationale ; (**ii**) elle peut être ajustée aux besoins budgétaires des collectivités territoriales (sous contrainte de l'équilibre budgétaire) ; (**iii**) enfin, elle ne remet pas en cause fondamentalement le concept national de redistribution pour autant que le taux national et le taux uniforme additionnel du niveau local soient fixés de façon adéquate.

Pour prendre un exemple contextuel burkinabè, on peut évoquer l'impôt unique sur les traitements et salaires (IUTS) perçu au profit de l'État central et qui frappe l'ensemble des rémunérations du secteur officiel (secteur public et secteur privé formel). Cet impôt présente trois autres avantages supplémentaires : (**i**) la majorité des assujettis à l'IUTS sont des contribuables « captifs » donc, le risque de « vote avec les pieds » est inexistant ; (**ii**) il fait l'objet d'atténuation à la source et les produits sont reversés mensuellement au Trésor public par les employeurs ; (**iii**) enfin, cet impôt a un rendement élevé dû, entre autres, à la faiblesse de ses coûts d'assiette et de recouvrement.

En somme, l'IUTS pourrait être une bonne source de financement pour les collectivités territoriales, notamment pour les communes. Cependant, deux problèmes pourraient se poser : premièrement, à défaut de la formule des centimes additionnels qui n'est pas, du reste, souhaitable afin d'éviter de grever davantage le pouvoir d'achat des travailleurs/contribuables[26], on pourrait envisager que l'État central concède quelques points du barème actuel aux collectivités territoriales. Mais en raison des nombreux avantages

[26] Il s'agit également d'éviter d'en rajouter à la vive polémique actuelle entre le gouvernement central et ses partenaires sociaux relativement à certains éléments de la base d'imposition de cet impôt.

de cet impôt, il n'est pas du tout certain que le gouvernement central puisse accepter de s'en défaire, même partiellement ; deuxièmement, s'il devait être implémenté selon le principe de dérivation, l'IUTS comme impôt local ne serait intéressant que pour les deux communes urbaines à statut particulier et, éventuellement, pour quelques rares communes urbaines en raison de la concentration presque exclusive des activités du secteur officiel – donc, des fonctionnaires et employés de l'économie privée – dans ces collectivités urbaines. Pour les communes rurales, la solution risque de n'être qu'un simple pis-aller. Par contre, la solution pourrait consister à utiliser les produits de l'IUTS pour abonder un fonds de péréquation des ressources au profit des collectivités territoriales.

IV.1.2. Les redevances d'utilisation

Les redevances d'utilisation comme moyen de financement pour les collectivités territoriales reposent sur le principe d'équivalence. Ce principe qui s'inspire des règles de l'économie de marché cherche à établir un lien entre bénéficiaires et payeurs des prestations publiques. Comme il en est le cas pour les règles du marché, le principe d'équivalence se fonde théoriquement sur l'échange volontaire en considérant la dépense publique et la répartition de la charge fiscale comme une relation d'échange entre le consommateur et le secteur public. Mais la quantité de services collectifs produite devant être unique, l'ajustement ne peut se faire que par les prix, de telle sorte que chaque consommateur paie un prix fiscal différencié, conforme à son évaluation marginale de la prestation publique dont il bénéficie.

La mise en œuvre du principe d'équivalence suppose que le secteur public puisse appréhender les fonctions de demande individuelle pour chaque bien collectif. Or, les caractéristiques des biens collectifs, notamment des biens collectifs purs (non-rivalité et non-exclusion), peuvent favoriser des comportements stratégiques qui consisteraient pour les consommateurs à cacher leurs vraies préférences, ce qui rendrait difficile la connaissance des demandes individuelles pour lesdits biens collectifs. En somme, la mise en œuvre, en l'état, du principe d'équivalence pose des problèmes.

Pour conférer un caractère opératoire au principe d'équivalence, la théorie de gestion des finances publiques lui a substitué le principe d'« utilisateur-payeur » ou de « pollueur-payeur ». Il faut rappeler que sous l'angle de gestion des finances publiques locales, l'application de ce dernier principe s'inscrit dans le prolongement du principe d'équilibre du budget. Toutefois, il ne concerne, en l'espèce, que des tâches particulières du secteur public et non l'ensemble des BCL offerts dans le cadre du budget général. Lesdites tâches particulières correspondent à celles « spécifiques » (boîtier en haut à gauche de la figure IV.7 suivante) ainsi qu'elles sont mentionnées dans l'illustration du budget décentralisé avec à droite les redevances d'utilisation.

L'application du principe utilisateur-payeur comporte certains avantages (Dafflon et Madiès, 2008 : 56-57) : (**i**) elle permet d'améliorer l'allocation des ressources à travers le système des redevances. En effet, la non-gratuité que le principe implique favorise une utilisation parcimonieuse des ressources ; (**ii**) elle favorise l'équité redistributive puisque la prestation est payée par les utilisateurs et non par le budget général à travers les impôts de tous les contribuables ; (**iii**) elle permet de dégager des recettes nouvelles qui sont affectées à des tâches particulières.

En revanche, l'application du principe utilisateur-payeur suppose la réunion de quatre conditions techniques et des jugements de valeur ainsi qu'ils résultent du tableau IV.15 ci-après. En outre, dans le contexte de la Suisse où il est pratiqué par de nombreuses communes (pour le financement du traitement des déchets et ordures, par exemple), le principe utilisateur-payeur (ou pollueur-payeur) suppose le respect de certaines règles financières de nature jurisprudentielle dégagées par la juridiction suprême (tribunal fédéral). Ces règles financières, au nombre de quatre, sont succinctement déclinées ci-dessous (Dafflon, 1998 : 122-124) :

(1) La première règle est celle de l'équivalence entre la redevance d'utilisation et les avantages que l'usager retire de la prestation publique. Suivant l'entendement des magistrats de la haute juridiction suisse, lesdits avantages sont ceux estimés par le groupe des usagers et non ceux résultant d'une estimation individuelle.

(2) L'égalité de traitement des usagers est la deuxième règle consacrée par le tribunal fédéral. Elle implique que la tarification selon le principe utilisateur-payeur ne doit être ni arbitraire, ni différenciée selon les situations individuelles des usagers. La tarification doit plutôt être « en proportion des avantages retirés » par les individus, et ceci, en fonction de l'estimation du groupe d'usagers. En somme, la redevance d'utilisation n'étant pas un impôt, son tarif ne doit pas faire l'objet de personnalisation, c'est-à-dire qu'aucune réduction de tarif pour tenir compte de la situation personnelle d'un utilisateur ne doit être possible.

(3) La couverture des coûts constitue la troisième règle financière. Cette règle a une double signification : (i) premièrement, la somme cumulée des contributions causales encaissées par la collectivité territoriale doit couvrir la totalité du coût de la tâche financée ; (ii) deuxièmement, la somme des contributions ne doit pas dépasser le total du coût étant donné qu'en principe, l'activité d'une collectivité territoriale n'a pas pour but de réaliser des bénéfices. Dans cette perspective, le traitement comptable de tout éventuel excédent des contributions sur le coût doit exclusivement s'inscrire dans la logique de l'application du principe utilisateur-payeur. Par exemple, ledit produit excédentaire qui ne devra pas être repris au titre des recettes du budget général de la collectivité, ni pour couvrir les coûts d'autres tâches pourrait servir à un amortissement supplémentaire de l'actif du bilan correspondant à la tâche de référence.

(4) La dernière règle fixée par la jurisprudence est celle de la causalité, c'est-à-dire la règle qui fixe le moment de naissance de l'obligation de payer la contribution causale (on parlerait de fait générateur dans le cas de l'impôt). Pour fixer ladite règle, les juges font la distinction entre taxe et « charge de préférence ». La taxe est due lorsque l'usager utilise effectivement le service, tandis que la charge de préférence, qui est une fraction de la taxe, est due « lorsque l'agent économique fait partie du cercle des bénéficiaires potentiels, mais n'utilise pas le service parce qu'il s'en est exclu momentanément pour un motif privé » (Dafflon, 1998 : 124). Le fondement de cette distinction dont le but est de faire payer les bénéficiaires potentiels de la tâche réside dans la justice distributive. Par exemple, en vertu de cette justice distributive, le propriétaire d'un terrain non bâti situé dans une zone à bâtir desservie par un réseau de distribution d'eau potable devra acquitter la charge de préférence même si son terrain n'est pas raccordé au réseau. En effet, la valeur de son terrain capitalise positivement les services rendus par le réseau de distribution d'eau. En plus, ledit propriétaire bénéficie de la possibilité de raccorder son immeuble au réseau au moment voulu, c'est-à-dire qu'il bénéficie de la valeur d'assurance du réseau de distribution d'eau qui est en soi un bien économique. Il est donc équitable qu'il participe au coût de réalisation de l'infrastructure sous forme de charge de préférence.

Enfin, les autres éléments qui doivent faire l'objet d'attention particulière dans la perspective d'une mise en œuvre du principe utilisateur-payeur sont relatifs aux règles comptables et aux critères de calcul des tarifs. En effet, les règles comptables doivent être adaptées de manière précise afin d'éviter de faire des redevances d'utilisation des impôts déguisés. En d'autres termes, l'application du principe suppose la mise en place d'une comptabilité analytique permettant d'obtenir des informations exhaustives et transparentes sur les coûts et leurs imputations pour la tâche de référence. Pour ce qui concerne la tarification, il n'existe pas de solution unique valable pour toutes les tâches susceptibles d'être financées selon le principe utilisateur-payeur. Mais quelle que soit la solution adoptée, l'objectif sous-jacent à toute tarification suivant le principe utilisateur-payeur devra être de respecter l'équité en imputant de façon appropriée les coûts de façon que ceux-ci soient couverts par les seuls bénéficiaires de la prestation.

Tableau IV.15 : Condition d'application du principe utilisateur-payeur/pollueur-payeur

Le principe utilisateur-payeur/pollueur-payeur ne peut pas s'appliquer sans condition à tous les BCL. Sa mise en œuvre présuppose quatre conditions techniques (Dafflon, 1998 : 113-119) :

1) La possibilité d'identifier les bénéficiaires : le but du principe étant de réserver les avantages du bien ou service aux seuls usagers qui en paient le prix, ceux-ci doivent pouvoir être identifiés et individualisés.

2) Possibilité d'exclusion : elle implique que les usagers qui ne paient pas le prix du service soient écartés de la consommation. Cette possibilité d'exclusion oblige les usagers éventuels à révéler leurs préférences et à moduler la quantité qu'ils achètent en fonction du prix. Le coût d'exclusion s'ajoute aux coûts de production et de distribution du service.

3) Indivisibilité modérée de l'offre : l'indivisibilité de l'offre rend difficile la tarification des services collectifs, particulièrement en raison du fait que la règle du prix égal au coût marginal n'est pas praticable. En effet, cette indivisibilité implique qu'une fois une unité de ce service produite, elle peut être mise, plus ou moins complètement, à égale disposition de tous les individus. Autrement dit, cette caractéristique de la production connue en finances publiques sous l'appellation de « production jointe à utilisateurs multiples » rend impossible l'application du principe de l'optimum qui veut que les biens et services soient vendus à leurs coûts marginaux. Dans cette perspective, pour que le principe utilisateur-payeur/pollueur-payeur puisse être praticable, l'indivisibilité de l'offre devrait tout au moins être modérée.

4) Effets externes modérés : les biens et services pour lesquels on envisage l'application du principe utilisateur-payeur ne devraient pas être une source de bénéfices externes trop importants, profitant à de nombreuses personnes autres que les utilisateurs-payeurs.

Par contre, les principes techniques succinctement décrits ci-dessus sont nécessaires mais pas suffisants pour permettre la mise en œuvre du principe utilisateur-payeur. En effet, l'application du principe est également une question « d'opportunité politique » et suppose de ce fait des jugements de valeur qui se déclinent sous deux angles :

5) Économie de marché ou le « mieux d'État » et principe utilisateur-payeur : le financement des biens et services collectifs selon le principe utilisateur-payeur procède du choix de résoudre la question de l'allocation des ressources par le mécanisme des prix ceci ayant l'avantage de donner des informations relativement claires sur les quantités et les qualités desdits biens et services collectifs. Ainsi, le mécanisme de prix incite les individus à une utilisation plus parcimonieuse des biens et des ressources puisqu'ils sont obligés de tenir compte de la valeur relative et du coût d'opportunité de chaque prestation. A contrario, en l'absence du mécanisme de prix, les citoyens/consommateurs seraient plus incités à adresser au secteur public (État central, collectivités locales) des demandes accrues de biens et services dans la mesure où ils ne perçoivent pas le coût direct lié à leurs demandes. Cette situation peut être source de gaspillage d'autant plus que l'accroissement de la demande peut permettre également aux politiciens ou aux fonctionnaires de poursuivre leurs propres objectifs : servir la clientèle électorale ou étendre les compétences, etc. Enfin, le financement selon le principe utilisateur-payeur permet de limiter autrement la demande des biens et services collectifs que par le rationnement tout en restreignant le pouvoir de l'État d'augmenter les prestations pour des motifs non rationnels. En somme, l'application du principe renforce l'efficience allocative. Et elle s'inscrit dans l'optique du « mieux d'État » qui consiste à appliquer les règles de l'économie de marché (utilisateur-payeur) chaque fois que cela est possible (conditions techniques) tout en centrant l'allocation des ressources suivant le processus institutionnel et démocratique dans les cas où le mécanisme des prix ne peut pas jouer.

6) Équité redistributive et principe utilisateur-payeur : le principe utilisateur-payeur est un facteur de justice fiscale pour autant que l'on admette que chaque agent économique doit payer le prix fiscal correspondant aux avantages marginaux dérivés de la consommation du bien collectif. En outre, l'application du principe permet d'améliorer la politique redistributive puisque sa mise en œuvre dans les cas où il est possible peut permettre de dégager des moyens supplémentaires pour financer d'autres tâches de nature redistributive.

Source : *Élaboration de l'auteur sur la base des références citées dans le tableau.*

IV.1.3. Les transferts budgétaires

Dans le cadre d'un processus de décentralisation, les transferts budgétaires ou subventions peuvent constituer une source plus ou moins importante de recettes pour les budgets des collectivités territoriales. Mais du point de vue de la théorie économique, les subventions reposent sur certaines justifications. En outre, partant de ces justifications, la théorie propose une typologie desdites subventions. Le but de ce paragraphe est d'exposer, sous un premier point, les justifications économiques des subventions ainsi que les différentes classifications en second lieu.

IV.1.3.1. Les justifications des transferts budgétaires

De façon générale, les transferts budgétaires ont pour but de corriger ou de réduire les inégalités de situation induites par la diversité des caractéristiques des collectivités territoriales. Une synthèse des justifications des transferts budgétaires est mise en évidence dans le graphique IV.7 ci-après relatif au budget décentralisé. Dans la première boîte (en haut à gauche), on a la première catégorie de justifications des transferts budgétaires que sont les tâches déléguées qui, du point de vue budgétaire, renvoient aux dépenses liées avec les dotations et subventions (boîte en haut à droite) comme étant les types de transferts pour les financer. Dans les deux dernières boîtes en bas du graphique, figurent à gauche les autres catégories de raisons (les déséquilibres) qui peuvent justifier différents types de transferts (à droite). Cependant, il faut noter que l'alternative aux transferts budgétaires comme solution à la première catégorie des déséquilibres (déséquilibres de l'offre dans la boîte) peut consister en une nouvelle répartition des tâches et/ou des ressources aux fins de restaurer les équilibres.

En plus de cette synthèse graphique, il convient d'évoquer quelques fondements analytiques des transferts budgétaires ainsi qu'ils sont proposés par Derycke et Gilbert (1988 : 46) ; Dafflon et Madiès (2008 : 74-78) et Yatta (2009 : 143-178) :

A/ Correction des déséquilibres verticaux

Les déséquilibres verticaux ont lieu lorsque les ressources propres des collectivités territoriales ne sont pas en mesure de couvrir les dépenses de leurs compétences. Un tel déséquilibre peut s'expliquer par plusieurs raisons dont on peut se contenter d'en évoquer trois : **1)** une discordance entre tâches et ressources attribuées aux collectivités territoriales. Dans ce cas, une solution alternative aux transferts budgétaires serait d'opérer une nouvelle répartition des tâches et des ressources dans le but de réaliser la concordance ; **2)** l'État central a accaparé l'essentiel des impôts ou ceux à haut rendement aux dépens du niveau local. L'alternative à la subvention du gouvernement central réside dans les impôts partagés ou l'augmentation de la souveraineté fiscale des collectivités territoriales ; **3)** une assiette fiscale faible dans un système fiscal uniforme peut également être la cause du déséquilibre vertical. Dans ce cas, la décentralisation fiscale ou les impôts partagés peuvent constituer une alternative aux transferts budgétaires.

B/ Normes minimales/ biens sous tutelle/ priorités nationales

Pour diverses raisons (mobilité des facteurs, protection des minorités, etc.), l'État central peut imposer des normes aux collectivités territoriales. De même, pour des raisons tenant aux priorités nationales et/ou au bien-être national, le gouvernement central peut imposer des préférences centrales au niveau local de gouvernement. Dans ces cas d'espèce, le niveau local assure une fonction d'agence pour le compte du centre. Pour cette raison, celui-ci doit dédommager celui-là à travers des transferts budgétaires.

C/ Correction des effets de débordement

Les effets de débordement ont déjà fait l'objet de développement dans le chapitre III précédent consacré au transfert des tâches. Les solutions correctrices des effets de débordement ont également été déclinées sous le même chapitre. Les transferts budgétaires constituent une de ces solutions.

D/ Correction des déséquilibres horizontaux

Les déséquilibres horizontaux résultent des disparités entre collectivités territoriales. Ces disparités peuvent être dues à trois raisons : **1)** une distribution inéquitable des ressources naturelles entre collectivités territoriales ; **2)** des disparités de capacités financières entre les différentes collectivités territoriales ; **3)** des différences de coûts et/ou de besoins pour des raisons démographiques, topographiques, socio-économiques, etc.

À défaut de mettre en œuvre une nouvelle répartition des tâches et/ou des ressources ou d'envisager des collaborations intergouvernementales, les transferts budgétaires constituent une solution correctrice des déséquilibres horizontaux. Ces transferts ont alors pour but de réaliser une péréquation des ressources et/ou des besoins. Il s'agit de mettre des moyens à la disposition des collectivités territoriales qui ont des moyens inférieurs à la moyenne nationale afin qu'elles puissent offrir des qualités comparables de biens et services collectifs à l'échelle du territoire. Plus concrètement, les transferts budgétaires sont alloués aux collectivités territoriales qui ont des capacités contributives inférieures à la moyenne nationale (péréquation des ressources) ou des besoins plus élevés que la moyenne nationale (péréquation des besoins).

Figure IV.7 : Le budget décentralisé : compétences et déséquilibre

Dépenses	**Recettes**
Répartition des tâches	**Répartition des ressources**
BCL choisi en propre (tâches dévolues)	Fiscalité propre :
	- impôt(s) exclusif(s)
	- impôt(s) partagé(s)
	- choix entre impôts et redevances d'utilisation
Tâches spécifiques (dévolues ou déléguées)	Redevances d'utilisation
Tâches déléguées	Dotations et subventions
- En général	- dotations non affectées ou part aux recettes
- incitatives	- subventions spécifiques ou incitatives
Déséquilibre de l'offre	
- Discordance entre tâches et ressources	- Dotations budgétaires supplémentaires
- Uniformité du système fiscal	- *idem*
- Impasse budgétaire	- *idem*, ou système de coefficients
Déséquilibres de production	
- Effets de débordement, d'encombrement	- Subventions de corrections
- Disparité des coûts	- Péréquation des charges
Déséquilibre de ressources financières	- Péréquation des ressources

Source *: adapté de Dafflon et Madiès (2008 : 65).*

IV.1.3.2. Typologies des transferts budgétaires

Le but de ce point est de tenter un exercice de classification des transferts budgétaires sur la base de la littérature disponible sur le sujet. Dans cette perspective, la classification proposée ci-dessous résulte d'une lecture combinée de Derycke et Gilbert (1988 : 48-56), Greffe (1997 : 368-374), Dafflon et Madiès (2008 : 79-85). Mais précisons à la suite des deux derniers auteurs que toute tentative de classification des transferts budgétaires est un exercice délicat : le vocable en la matière n'est pas unifié, il est plutôt variable d'un auteur à un autre et/ou d'un véhicule linguistique à un autre. Or, cette variation terminologique n'est pas toujours neutre sur les objectifs et les effets des transferts. Ceci étant précisé, on peut décliner les différentes typologies suivant deux formules : premièrement, en se basant sur des critères couramment utilisés pour la classification (A) et deuxièmement, en partant des objectifs projetés des transferts budgétaires (B).

A/ Typologie selon des critères de classification

Les critères couramment retenus pour effectuer la classification des transferts budgétaires sont au nombre de trois : il s'agit des critères de l'utilisation, du mode de calcul et de la disponibilité des fonds.

1) Les transferts budgétaires selon l'utilisation

(a) **Transfert global** : le transfert est dit global ou général (« block grant ») si son montant est à libre disposition de la collectivité bénéficiaire. Ainsi, le partage des ressources qui consiste à garantir le versement au niveau inférieur de gouvernement d'une partie d'un ou de certains revenus du gouvernement central peut être considéré comme un exemple de transfert global. Cependant, il faudrait que ledit partage concerne une part prédéterminée, garantie mais limitée (ou « à guichet fermé ») d'une recette fiscale de l'État central et que le versement se fasse en bloc, de manière permanente et inconditionnelle à la collectivité bénéficiaire.

(b) **Transfert spécifique** : le transfert est spécifique (« conditional, restricted, categorical, specific grant ») si des critères de sélection limitent son utilisation en l'affectant à une tâche, à une dépense précisée par le niveau de gouvernement qui le verse. Mais cette affectation peut être plus ou moins étroite. Par exemple, une subvention à l'éducation de base est sans doute une affectation moins restrictive qu'une subvention destinée à la formation contenue des enseignants du primaire sur une innovation pédagogique.

En tout état de cause, si l'objectif de la subvention est l'augmentation de la quantité d'un bien collectif local particulier, le transfert spécifique est plus efficace que celui global.

2) Les transferts selon le mode de calcul

(a) **Transfert conditionnel ou proportionnel à une dépense déterminée (« matching grant ») :** Le transfert est dit conditionnel ou proportionnel à une dépense déterminée si le montant de la subvention varie, soit en fonction du montant de la dépense subventionnée, soit en fonction de la part de financement propre que la collectivité bénéficiaire est disposée à consacrer à la tâche subventionnée. Autrement dit, une telle subvention est généralement exprimée en pourcentage de la dépense pour laquelle elle est versée. En fait, le transfert conditionnel est une subvention liée aux ressources (« input-oriented ») de telle sorte que si la collectivité bénéficiaire dépense plus que prévu pour l'objet de la subvention, elle reçoit en conséquence un montant de subvention plus élevé. En somme, le transfert conditionnel est un moyen efficace pour inciter la collectivité bénéficiaire à accroître les dépenses relatives à un bien subventionné. Cette subvention est de ce point de vue plus efficace que la subvention globale.

(b) **Transfert forfaitaire (« non-matching » ou « lump-sum grant »)** : ce transfert a lieu quand la collectivité bénéficiaire reçoit un montant fixe pour financer une tâche précise (dans ce cas, la subvention est spécifique, mais elle peut ne pas l'être, c'est-à-dire qu'elle peut également être globale), quelle que soit sa propre participation. Peut également être classé dans cette catégorie de transfert le partage des produits d'un impôt à condition que le montant soit prédéterminé et garanti en proportion de la recette fiscale.

3) Les transferts selon la disponibilité des fonds

(a) **Transfert rationné (à guichet fermé ou « close-ended »)** : il s'agit du transfert pour lequel le montant total mis à disposition par la collectivité donatrice pour une tâche subventionnée est limité. Ainsi, dans le cas où l'État central viendrait à mettre une telle subvention à la disposition des gouvernements infranationaux, il faudrait que des critères de sélection soient prédéterminés au cas où les demandes individuelles de ces derniers gouvernements viendraient à dépasser les moyens prévus. Idéalement, la limite du transfert rationné qui doit être structurelle et non conjoncturelle devrait être fixée par la loi. Cette limite serait mise à l'abri de modifications ad hoc à court terme tout en permettant aux collectivités récipiendaires de savoir à moyen terme ce qu'elles pourraient recevoir.

(b) **Transfert non rationné (à guichet ouvert ou « open-ended »)** : dans ce cas, les moyens budgétaires mis à disposition ne sont pas limités.

Ainsi qu'on peut s'en rendre compte, les six types de transferts ci-dessus exposés sont opposables deux à deux. Mais en termes d'effets budgétaires (schéma IV.8 ci-dessous), les transferts peuvent être, soit à l'avantage de l'État central qui les pourvoit, soit à celui des gouvernements infranationaux qui les reçoivent. Par exemple, le transfert à « guichet fermé » permet à l'État central de limiter la dépense de subventionnement (avantage pour ledit État) mais elle instaure une concurrence entre les gouvernements infranationaux dans la mesure où la subvention reçue par l'un d'entre eux n'est plus disponible pour un autre (désavantage pour les récipiendaires).

Figure IV.8 : (Dés)avantages des transferts budgétaires

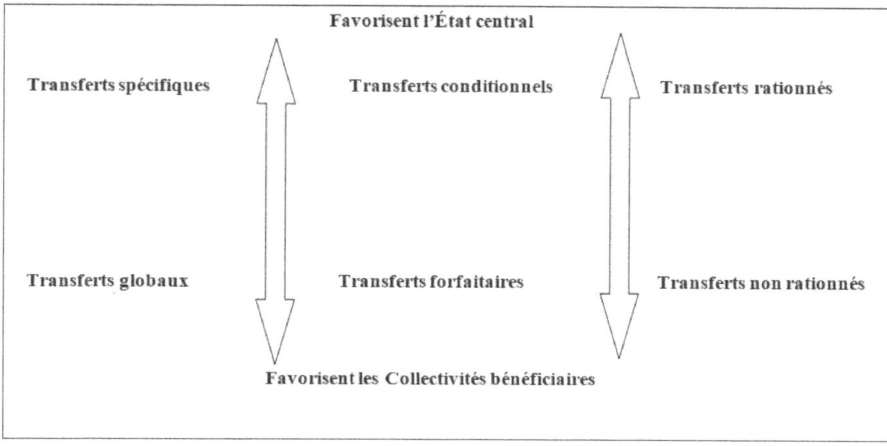

<u>Source</u> *: adapté de Dafflon (2004 : 24).*

B/ Typologie selon les résultats attendus

En faisant un croisement de la typologie précédente basée sur les critères et les objectifs théoriquement projetés des transferts, on obtient la classification suivante basée sur les résultats attendus desdits transferts :

1) Les transferts incitatifs

Ces transferts incitent les collectivités récipiendaires à offrir ou à augmenter quantitativement et/ou qualitativement l'offre des biens et services collectifs locaux. Si l'on se réfère à la classification précédente, cet objectif d'incitation peut être réalisé à travers les subventions spécifiques et forfaitaires. En effet, les transferts spécifiques permettent l'affectation du montant de la subvention reçue à la tâche visée par l'incitation, et le caractère forfaitaire permet de ne pas faire dépendre ledit montant des dotations budgétaires que la collectivité bénéficiaire serait prête à affecter à la tâche visée.

2) Les transferts compensatoires

Les transferts compensatoires visent à compenser les besoins et les coûts des biens collectifs locaux dont les normes (biens sous tutelle) sont imposées au niveau local par l'échelon supérieur de gouvernement. Ils peuvent également consister à dédommager l'échelon local au titre d'une tâche d'agence (tâches déléguées) pour le compte du gouvernement central. Les transferts de compensation peuvent prendre la forme de subventions spécifiques, conditionnelles et rationnées. Le caractère spécifique permet de garantir l'affection des fonds à la tâche sous tutelle. Le caractère conditionnel fait dépendre l'évaluation du montant de la compensation de l'écart des besoins et coûts par rapport à la norme de référence de la tâche fixée par l'État central. Enfin, le caractère rationné du transfert (guichet fermé) permet d'exercer une incitation plus forte sur les dépenses locales mieux que la subvention à guichet ouvert.

3) Les transferts correctifs

Ces transferts visent à corriger les effets des discordances entre les dimensions institutionnelles et fonctionnelles des tâches au niveau local. Il peut s'agir plus concrètement de corriger les effets de débordement des bénéfices des biens collectifs locaux (BCL). Si donc ces transferts visent à corriger lesdits effets de débordement, ils doivent être spécifiques, conditionnels et non rationnés. Le premier caractère (spécifique) permet que le transfert soit affecté à la tâche qui génère les effets de débordement ; le deuxième, que le montant du transfert soit proportionnel aux dépenses qui sont à l'origine des effets de débordement et le dernier caractère (non rationné) permet de pouvoir prendre en compte, de façon exhaustive, l'étendue de l'externalité de telle sorte que des effets de débordement positifs ne soient pas limités par des rationnements budgétaires.

4) Les transferts d'équilibre vertical (ou partage des ressources)

Ces transferts ont pour buts, soit de résoudre la discordance entre tâches et ressources transférées au niveau local, soit de repartir des moyens financiers dans un système fiscal unifié (fiscalité obligatoire), soit enfin de combler une impasse budgétaire du niveau local. Pour atteindre ces buts, les transferts d'équilibre vertical doivent être globaux et forfaitaires. Donc, les montants doivent être à libre disposition de la collectivité récipiendaire et être prédéterminés et garantis.

5) Les transferts péréquatifs (ou d'équilibre horizontal)

Le but de ces transferts étant de faire la péréquation des ressources ou des besoins, ils doivent avoir un caractère global et forfaitaire. Autrement dit, les subventions péréquatives doivent être à libre disposition de la collectivité bénéficiaire et les montants, prédéterminés et garantis.

Les éléments de ces différentes typologies des transferts budgétaires peuvent être illustrés selon la figure IV.9 ci-après :

Figure IV.9 : Illustration des typologies des subventions

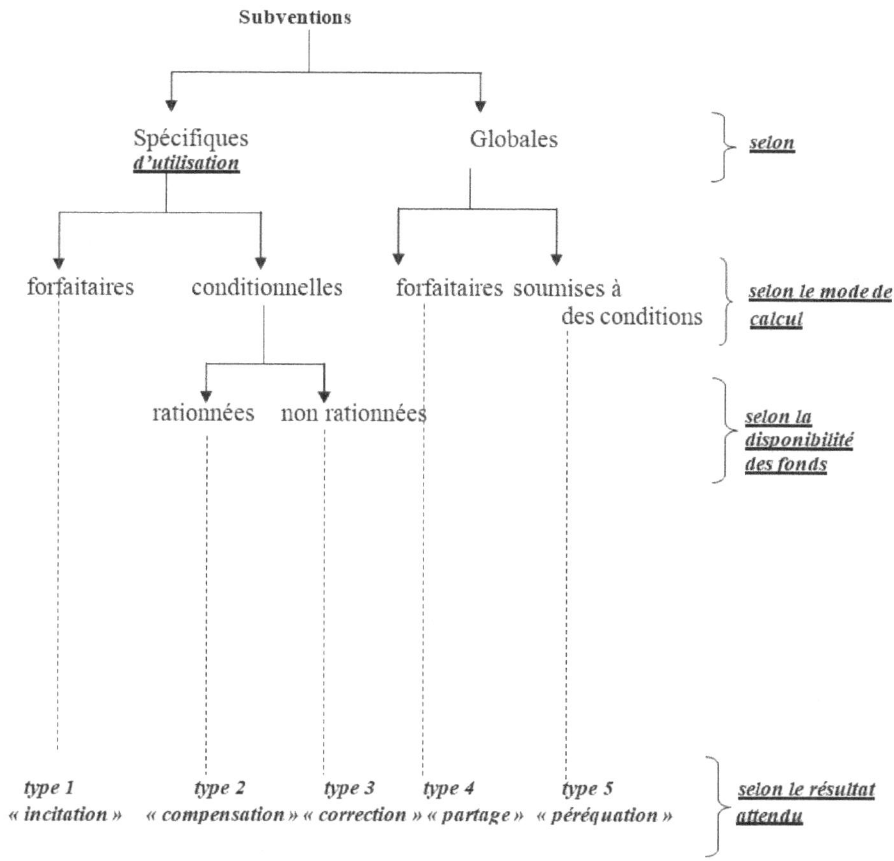

Source *: adapté de King (1984 : 87).*

IV.2. Le transfert des ressources en pratique

Cette section est consacrée à l'examen des ressources transférées aux collectivités territoriales par les dispositions institutionnelles. Elle comporte trois paragraphes : le premier paragraphe fait la description générale des ressources des collectivités territoriales ainsi qu'elles sont prévues par les lois de référence. Le deuxième point propose une analyse critique de ces ressources tandis que le troisième et dernier paragraphe fait une lecture en économie politique des mêmes ressources.

IV.2.1. Description générale des ressources attribuées aux collectivités territoriales

La description des ressources est réalisée sur la base d'une lecture combinée de la loi 014-2006 relative à la détermination des ressources et des charges des collectivités territoriales et du Code général des impôts (CGI, à jour au 31/12/2019). La loi 014-2006 énumère les ressources des collectivités territoriales en distinguant les ressources de la commune de celles de la région. En outre, les ressources de chaque niveau de collectivité sont classées en deux catégories que sont les ressources de fonctionnement et celles d'investissement.

Suivant cette perspective de la loi, les ressources sont déclinées dans quatre tableaux distincts. Les deux premiers tableaux (IV.16 et IV.17) contiennent, respectivement, les ressources de fonctionnement et d'investissement de la région. Les deux derniers (tableaux IV.18 et IV.19) décrivent les ressources de fonctionnement de la commune de même que les ressources d'investissement de cette dernière.

Aux fins de demeurer dans la logique de la description, les contenus des tableaux sont constitués des énumérations légales auxquelles on se contentera simplement d'affecter des numéros d'identification. Bien entendu, ces énumérations ont tenu compte des modifications intervenues dans le cadre du CGI à jour au 31/12/2019. Il convient toutefois de signaler d'emblée que certaines des énumérations de la loi 014 ne correspondent pas à des recettes au sens propre mais elles sont tout de même maintenues dans les différents tableaux en l'état (trame de fond en bleu foncé).

Chaque niveau de collectivité a six catégories de ressources de fonctionnement selon l'énumération de la loi : « impôts et taxes » (colonne A) ; « recettes d'exploitation des services » (colonne B) ; « recettes du domaine » (colonne C) ; « revenus divers » (colonne D) ; « dotation globale de fonctionnement » (colonne E) et « produit de la fiscalité partagée » (colonne F).

Les ressources d'investissement sont également au nombre de six catégories : « recettes propres » (colonne A) ; « subventions, aides, dons, legs » (colonne B) ; « recettes temporaires ou accidentelles » (colonne C) ; « fonds de concours » (colonne D), « dotation globale d'équipement » (colonne E) et emprunt (colonne F).

Il convient de signaler que la classification des recettes par nature telle qu'annexée au décret 2019-0621 portant nomenclature budgétaire des CT n'est pas en ligne avec la classification de la loi 014-2006, ce qui pose un problème de cohérence du dispositif.

Tableau IV.16 : Les ressources de fonctionnement de la région

Impôts et taxes	Recettes d'exploitation des services	Recettes du domaine	Revenus divers	Dotation globale de fonctionnement	Produits de la fiscalité partagée
A	B	C	D	E	F
1) Contribution des patentes 2) Taxe de résidence 3) Taxe foncière des sociétés 4) Taxe sur les armes 5) Contribution des micro-entreprises 6) Contribution des licences 7) Taxe sur les véhicules à moteur 8) Contribution foncière	1) Taxe de visites sanitaires 2) Taxe d'abattage 3) Produit de vente des prestations 4) Taxe pour service rendu 5) Produit maternités et centres médicaux 6) Location de matériel 7) Autres produits d'exploitation	1) Droit de place marché, foires, parcs bestiaux 2) Location de propriétés 3) Autres produits du domaine	1) Remboursement de frais 2) Produit affermage et service concédés 3) Produit financier 4) Produit quêtes et contributions volontaires 5) Recettes accidentelles ou exceptionnelles 6) Bénéfices non réinvestis des exploitations à caractère industriel ou commercial 7) Excédent ordinaire de clôture des exercices précédents	1) Part dotation globale	1) Part produits de la fiscalité partagée

***Source** : Élaboré par l'auteur sur la base de la loi 014-2006 et du Code général des impôts (loi 058-2017 à jour au 31/12/2019).*

Tableau IV.17 : Les ressources d'investissement de la région

Recettes propres	Subventions, aides, dons, legs	Recettes temporaires ou accidentelles	Fonds de concours	Dotation globale d'équipement	Emprunt
A	B	C	D	E	F
1) Produit des ventes des biens meubles, immeubles, valeurs et titres mobiliers 2) Dépôt et cautionnement récupérés 3) Prélèvement sur les recettes de la section « fonctionnement » 4) Excédent d'investissement reporté 5) Autres recettes propres	1) Subventions de l'État central 2) Subventions d'autres collectivités locales nationales ou étrangères 3) Subvention d'institutions ou organismes divers 4) Aides, dons, legs	1) Recettes temporaires ou accidentelles	1) Fonds de concours	1) Part dotation globale d'équipement	1) Fonds d'em-prunts

***Source** : Élaboré par l'auteur sur la base de la loi 014-2006 et du Code général des impôts (loi 058-2017 à jour au 31/12/2019).*

Tableau IV.18 : Les ressources de fonctionnement de la commune

Impôts et taxes	Recettes d'exploitation des services communaux	Recettes du domaine communal	Revenus divers	Dotation globale de fonction-nement	Produit de la fiscalité partagée
A	B	C	D	E	F
1) Contribution des patentes 2) Taxe de résidence 3) Taxe foncière des sociétés 4) Taxe sur les armes 5) Contribution des micro-entreprises 6) Contribution des licences 7) Taxe sur les véhicules à moteur 8) Contribution foncière 9) Taxe sur le spectacle 10) Taxe sur les jeux 11) Taxe sur la publicité 12) Taxe sur les charrettes	1) Taxe de visites sanitaires 2) Taxe d'abattage 3) Produit de vente de prestation 4) Taxe pour service rendu 5) Produit maternités et centres médicaux 6) Location de matériel 7) Droit d'expédition des actes administratifs et d'état civil 8) Taxe funéraire 9) Redevance de balayage et d'enlèvement des ordures 10) Autres produits d'exploitation	1) Droit de place marchés, foires, parcs bestiaux 2) Location de propriétés communales 3) Redevance occupation du domaine public 4) Concessions cimetières 5) Droits de stationnement 6) Taxe sur la dégradation du domaine communal 7) Autres produits domaniaux	1) Remboursement de frais 2) Produit affermage et services concédés 3) Produit financier 4) Produit quêtes et contributions volontaires 5) Recettes accidentelles ou exceptionnelles 6) Bénéfices non réinvestis des exploitations à caractère industriel ou commercial 7) Produits des amendes de police 8) Contribution opération de lotissement 9) Excédent ordinaire de clôture des exercices précédents	1) Part communale de dotation globale de fonctionnement	1) Part produits de la fiscalité partagée

Source *: Élaboré par l'auteur sur la base de la loi 014-2006 et du Code général des impôts (loi 058-2017 à jour au 31/12/2019).*

Tableau IV.19 : Les ressources d'investissement de la commune

Recettes propres	Subventions, aides, dons, legs	Recettes temporaires et accidentelles	Fonds de concours	Dotation globale d'équipement	Emprunt
A	B	C	D	E	F
1) Produit vente des biens meubles, immeubles, valeurs et titre mobiliers 2) Dépôt et cautionnement récupérés 3) Prélèvement sur les recettes de la section « fonctionnement » 4) Excédent d'investissement reporté 5) Produit vente de matériels et animaux mis en fourrière 6) Autres recettes propres	1) Subventions de l'État central 2) Subventions d'autres collectivités locales nationales ou étrangères 3) Subvention d'institutions ou organismes divers 4) Aides, dons, legs	1) Recettes temporaires et accidentelles	1) Fonds de concours	1) Part dotation globale d'équipement	1) Fonds d'emprunt

Source : *Élaboré par l'auteur sur la base de la loi 014-2006 et du Code général des impôts (loi 058-2017 à jour au 31/12/2019).*

IV.2.2. Analyse critique des ressources transférées

La précédente description générale des ressources attribuées aux collectivités territoriales a mis en évidence certains nombres d'enseignements institutionnels qu'il convient de lire sous un angle analytique. Pour ce faire, le présent paragraphe comporte deux aspects : le premier aspect consiste en une proposition de classification plus cohérente des recettes communales et régionales suivant une perspective de gestion des finances publiques. Les règles de partage des produits de certains impôts entre la commune et la région forment le second point de cette analyse.

IV.2.2.1. Classification des ressources des collectivités territoriales

La classification des ressources des collectivités territoriales suivant la perspective de gestion des finances publiques locales est déclinée dans le tableau IV.20 ci-après. Chaque ressource est indiquée dans ce dernier tableau par sa référence d'identification résultant des tableaux IV.16, IV.17, IV.18 et IV.19. Mais la composition du tableau IV.20 a nécessité des ajustements ainsi qu'ils sont expliqués ci-dessous.

A/ Des éléments d'ajustement

Ces éléments d'ajustement ont concerné principalement quatre points :

(1) Les excédents de clôture

La loi a énuméré les excédents de clôture des exercices budgétaires précédents (Cf. tableau IV.16, D7 ; tableau IV.18, D9) comme étant des recettes de fonctionnement ou d'investissement selon le cas. Mais étant donné que les reports d'excédents de clôture ne constituent pas des recettes (au sens de revenus), ils n'ont pas été retenus dans le tableau IV.20. L'observation est la même pour l'excédent d'investissement reporté (tableaux IV.17 et IV.19, A4).

(2) Les dépôts et cautionnements

Les « dépôts et cautionnements récupérés » (tableaux IV.17 et IV.19, A2) qui figurent en recettes propres d'investissement de la commune et de la région n'ont pas été retenus dans la classification. En effet, la récupération d'un cautionnement à l'échéance met un terme à un engagement juridique qu'est le cautionnement. Cette récupération est donc une opération juridique et ne constitue pas une recette pour la collectivité territoriale. Pour ce qui concerne la récupération d'un dépôt, elle est une simple opération de trésorerie bien évidemment si ledit dépôt avait initialement donné lieu à une sortie de liquidité. Dans tous les cas, cette dernière récupération ne peut pas non plus constituer une recette au sens de revenu. Du reste, le RFCT (décret 2019-0575) n'a pas repris les dépôts et cautionnements récupérés comme étant des recettes propres d'investissement des CT, ce qui est cohérent avec l'analyse précédente.

(3) Les prélèvements sur recettes

Les prélèvements sur les recettes de la section de fonctionnement (tableaux IV.17 et IV.19, A3) évoqués comme étant des recettes propres de la section investissement de la commune ou de la région n'ont pas été mentionnés dans le tableau de classification analytique ci-après. Ce serait faire un double emploi que de mentionner lesdits prélèvements en investissement puisque les mêmes recettes figurent dans la section fonctionnement.

(4) Les emprunts

Les emprunts qui ne sont ni des prélèvements ni des transferts budgétaires ne figurent pas dans le tableau de classification. En effet, les emprunts sont certes des moyens de paiement mais ils ne constituent pas des recettes, même si le législateur (CGCT, art. 118) considère « les fonds emprunts » comme étant des recettes d'investissement. Par contre, le RFCT, tout en signalant les emprunts comme étant des moyens de financement du développement local, ne les énumère pas comme étant des recettes, ce qui est somme toute logique du point de vue de la gestion des finances publiques.

Après avoir opéré les différents ajustements ci-dessus évoqués, les ressources des collectivités territoriales peuvent être classées en deux catégories : les recettes propres et les transferts budgétaires.

B) Des recettes propres des CT

La notion de « recettes propres » n'est définie ni par le CGCT ni par la loi 014-2006. Cependant, l'article 38 du CGCT dispose que « les ressources financières des collectivités territoriales sont constituées de recettes propres, de dotations budgétaires de l'État (central) et de toutes autres contributions ». On peut déduire de ce qui précède que les recettes propres sont constituées des impôts, des taxes, des ressources du patrimoine et des activités commerciales et des ressources « non classés » ainsi qu'il résulte du tableau IV.20 ci-après. Du reste, cette inférence est globalement en cohérence avec l'énumération des ressources propres effectuée par le RFCT (décret 2019-0575, art. 54).

Les quatre catégories de recettes propres sont successivement explicitées ci-dessous :

(1) Premièrement, il y a les impôts, c'est-à-dire les prélèvements obligatoires sans contrepartie directe pour le contribuable, et effectués selon le principe de la capacité contributive. Du point de vue des principes budgétaire, tous les impôts sont non affectés. Les prélèvements, énumérés dans les colonnes A des tableaux IV.16 et IV.18 correspondent à cette définition. Ceci signifie que les termes « contribution » ou « taxe » utilisés pour désigner certains de ces prélèvements sont inexacts : il s'agit bien des impôts mal nommés, peut-être à dessein pour mieux faire passer l'amère pilule de certaines réformes fiscales. Aussi, sont-ils récapitulés dans la colonne « Impôts » du tableau IV.20 ci-après sur la base des numéros de référence résultant des deux tableaux précédents.

(2) La deuxième catégorie est constituée des taxes. Les taxes sont des prélèvements ayant des contreparties sous forme de biens et services locaux dont bénéficient les payeurs. En d'autres termes, l'exigibilité de la taxe est subordonnée à l'existence d'une prestation offerte par la collectivité territoriale. Cependant, le montant de la taxe n'est ni équivalent à un prix, ni calculé en fonction des coûts du service rendu (Sawadogo, 1991 : 54). En outre, tout comme l'impôt, les produits de la taxe ne sont soumis à aucune obligation d'affectation. Les taxes de la commune et de la région sont regroupées dans la colonne correspondante du tableau IV.20. Mais il convient de préciser que dans cette catégorie, certains intitulés peuvent être des sources de confusions. Par exemple, « redevance pour occupation du domaine public » (C3, tableau IV.18) pourrait laisser penser à la redevance d'utilisation telle qu'elle a été évoquée précédemment dans la revue de la littérature alors qu'il s'agit bien, ici, d'une taxe.

Par contre, la « redevance de balayage et enlèvement des ordures » (B9 tableau IV.18) qui, en l'état actuel, constitue une taxe pourrait être une véritable redevance si elle était soumise aux règles financières et comptables du principe utilisateur-payeur/pollueur-payeur précédemment évoquées. Par exemple, si les produits de cette « redevance » n'étaient pas soumis à la règle de la non-affectation. Au total et à l'analyse, il n'existe pas de redevance d'utilisation, au sens rigoureux de la théorie des finances publiques, parmi les revenus des collectivités territoriales.

(3) La troisième catégorie est constituée des ressources du patrimoine et des activités commerciales des collectivités territoriales.

(4) La catégorie « non classée » concerne des ressources dont l'imprécision des intitulés ne permet pas de les classer dans l'une ou l'autre des catégories précédentes. Il s'agit des « autres produits d'exploitation » (B7), « autres produits domaniaux » (C3), « remboursement de frais » (D1) et « recettes accidentelles ou exceptionnelles » (D5) du tableau IV.16. Les mêmes intitulés sont référencés B10, C7, D1 et D5 dans le tableau IV.18.

C/ Des transferts budgétaires

Les transferts budgétaires représentent le deuxième aspect des ressources des CT. Ils comprennent les dotations budgétaires de l'État central ainsi que les transferts financiers reçus d'autres tiers. De même, les parts des produits de la fiscalité partagée (F1, tableaux IV.16 et IV.17) qui sont, suivant la perspective de la grille de lecture retenue, des parts aux recettes (« revenue sharing ») appartiennent également aux transferts budgétaires. Bien entendu, cette fiscalité partagée entre l'État central et les CT n'est pas à confondre avec les impôts propres des CT qui sont partagés entre les communes et les régions. Il s'agit ici de la fiscalité partagée prévue aux articles 13-6 et 20-6 de la loi 014-2006 relative aux ressources et charges des CT.

Tableau IV.20 : Classification des recettes des collectivités territoriales

Collectivités territoriales		Impôts	Taxes	Ressources du patrimoine et activités commerciales	Non classées	Transferts
Région	Fonction-nement (tableau **IV.16**)	A1, A2, A3, A4, A5, A6, A7, A8	B1, B2, B3, B4, B5, C1	B6, C2, D2, D3, D6	B7, C3, D1, D5	D4, E1, F1
	Investis-sement (tableau **IV.17**)			A1	A5, C1	B1, B2, B3, B4, D1, E1
Commune	Fonction-nement (tableau **IV.18**)	A1, A2, A3, A4, A5, A6, A7, A8, A9, A10, A11, A12	B1, B2, B3, B4, B5, B7, B8, B9, C1, C3, D7	B6, C2, C4, C5, C6, D2, D3, D6	B10, C7, D1, D5	D4, E1, F1
	Investis-sement (tableau **IV.19**)			A1, A5	A6, C1	B1, B2, B3, B4, D1, E1

Source : *auteur.*

IV.2.2.2. Lecture critique des règles de partage des impôts entre la commune et la région

La loi 014-2006 relative à la détermination des ressources des collectivités territoriales dispose en son article 16 que les produits des impôts référencés A1 à A7 des tableaux IV.16 et IV.18 devront faire l'objet de partage entre les communes et les régions. La formule de partage des produits de ces sept impôts énumérés par la loi a été précisée par un décret (n° 2007-287) du gouvernement central en date du 18/05/2007. Cette clef de répartition est de **1,5 %** et **98,5 %** respectivement pour les régions et les communes à statut particulier ; **3 %** pour les régions et **97 %** pour les communes à statut ordinaire. Pour ce qui concerne l'impôt A8 (la contribution foncière), la clé a été fixée par le CGI (à jour au 31/12/2019) pour des raisons qui sont explicitées *infra*.

Ainsi que le précise le décret ci-dessus cité, l'opération de partage devra être mise en œuvre dès le recouvrement de chaque impôt par le receveur municipal (décret n° 2007-287, art. 4). D'un point de vue analytique, ce modèle de partage se rapproche du « revenue sharing » sans tout à fait correspondre au modèle théorique développé précédemment parce que dans la présente espèce, l'État central ne s'attribue aucune proportion des produits collectés de l'impôt, même s'il contrôle par contre toutes les variables de l'équation fiscale. Un tel mécanisme de partage pose quelques problèmes :

(i) Premièrement, l'attribution des produits de ces impôts partagés aux CT de même que les clés de répartition ne sont pas à l'abri de modifications ad hoc de la part du gouvernement central, ce qui pose auxdites CT un problème de prévisibilité à moyen et long terme.

(ii) Deuxièmement, le décret n'indique pas la démarche méthodologique ayant permis d'aboutir aux différentes clés de répartition des produits d'impôts entre les communes et les régions. Ceci n'offre pas toutes les garanties de transparence. Par exemple, on constate que les pourcentages des produits attribués aux régions sont dans l'ensemble faibles et il est impossible de savoir exactement si cet état de fait est objectivement justifié ou pas, puisque le texte n'a pas décliné la logique de détermination des clés de partage.

(iii) Troisièmement, à travers la procédure de gestion des impôts partagés, on s'aperçoit une fois de plus (le premier cas réside dans l'élection des conseillers régionaux par ceux communaux, cf. Chapitre II) que l'arrangement institutionnel fait dépendre la région collectivité territoriale de la commune. En effet, l'implémentation du mécanisme de partage ci-dessus décrit fait dépendre les montants des parts perçues par les régions des performances de gestion administrative des impôts partagés au niveau des différentes communes. Il en résulte que la région se rapproche, toutes choses étant égales par ailleurs, d'une entité de collaboration intercommunale.

IV.2.3. Analyse en économie politique des ressources des CT

Les ressources des collectivités territoriales sont de quatre ordres, à l'exclusion des ressources « non classées » (cf. tableau IV.20) : les impôts, les taxes, les ressources du patrimoine et activités commerciales de même que les transferts budgétaires. Le but de ce paragraphe est de procéder à une analyse de ces revenus sur le fondement des outils théoriques développés dans la première section de ce chapitre. Cependant, cette analyse est prioritairement concentrée sur les impôts et les transferts budgétaires. La raison de ce choix tient en ceci : les taxes (colonne « Taxes » du tableau IV.20), les ressources du patrimoine et des activités commerciales (colonne « Ressources du patrimoine et activités commerciales » du tableau IV.20) ne posent pas de problème analytique particulier en dehors de ceux déjà évoqués sous le paragraphe précédent consacré à la lecture critique du cadre institutionnel. En effet, ces deux catégories de revenus relèvent de la compétence exclusive des collectivités territoriales qui peuvent les instituer librement par décision des organes délibérants (CGCT, art. 116). Cette précision, étant donné le paragraphe, est constituée de deux points : l'analyse du transfert des impôts et celle des transferts budgétaires.

IV.2.3.1. L'analyse en économie politique du transfert des impôts

Le but de ce point est d'utiliser les éléments de la grille de lecture (première section) pour analyser le transfert des impôts aux collectivités territoriales. Il faut rappeler que lesdits impôts sont au nombre de huit pour la région (cf. tableau IV.16, A1 à A8) et de douze pour la commune (cf. tableau IV.18, A1 à A12). Deux questions sont successivement évoquées : premièrement, les modalités de répartition du pouvoir fiscal et deuxièmement, les critères d'attribution des impôts aux communes et régions. Après quoi, quelques enseignements sont déclinés.

A/ Analyse des modalités de répartition du pouvoir fiscal

Suivant la grille d'analyse retenue dans la première section précédente (sous le point IV.1.1.1 en l'occurrence), il y a trois modalités de répartition du pouvoir fiscal dans un système de gouvernement à plusieurs niveaux : les modalités de l'impôt exclusif (ou impôts propres), de l'impôt partagé et de la part aux recettes (ou « revenue sharing »). Qu'en est-il du pouvoir fiscal des communes et des régions ?

Comme indiqué précédemment, les impôts A1 à A8 du tableau IV.16 et les impôts A1 à A12 du tableau IV.18 sont attribués, respectivement, aux régions et communes par la loi. À l'exception de l'impôt A8 (contribution foncière), tous les autres impôts sont attribués en propre à ces collectivités territoriales et ne sont pas prélevés en concurrence avec le gouvernement central. En d'autres termes, cette modalité est a priori celle de l'impôt exclusif ou des « impôts propres ». La conséquence logique de cette modalité sous l'angle théorique devrait consister en ce que les communes et les régions aient le pouvoir d'exploiter de façon exclusive les assiettes des impôts attribués tout en maîtrisant les taux et en percevant l'intégralité des produits. Il convient donc d'analyser la nature du pouvoir fiscal des collectivités territoriales afin de vérifier si elle est en cohérence avec cette implication théorique de la modalité des « impôts propres ».

La disposition institutionnelle fondamentale en matière de fiscalité est l'article 101 de la Constitution du 2 juin 1991. Ledit article stipule que « ***la loi fixe les règles concernant [...] l'assiette, le taux et les modalités de recouvrement des impositions de toutes natures*** ». En d'autres termes, étant donné que la loi, stricto sensu, est de la compétence exclusive du législateur national (Assemblée nationale), cette stipulation constitutionnelle permet d'inférer que la souveraineté fiscale est exclusivement une compétence de l'État central. Du reste, en application de cette stipulation constitutionnelle, tous les impôts des régions et communes sont déterminés, tant du point de vue des règles d'assiette, des taux que des modalités de recouvrement, par le Code général des impôts (CGI, loi n° 058-2017 du 20/12/2017) et ses différentes modifications ultérieures dans le cadre des lois de finances annuelles. De ce fait, l'État central contrôle toutes les variables de l'équation fiscale à savoir l'assiette, les barèmes, les dépenses fiscales et autres ajustements de même que le coefficient annuel d'équilibre du budget.

Au regard de ce qui précède, on peut en déduire que les régions et communes qui ne contrôlent aucune variable de l'équation fiscale n'ont ni souveraineté, ni flexibilité fiscale. La nature du pouvoir fiscal des CT est donc celle de l'absence de pouvoir, c'est-à-dire que les CT sont soumises à un régime de fiscalité obligatoire, ce qui n'est pas en cohérence avec la modalité des « impôts propres ».

Quid de la gestion administrative et de la perception des produits des impôts ?

De façon générale et sous l'angle de la technique fiscale, la procédure de gestion administrative des impôts comporte trois étapes principales (Sawadogo, 1991: 22-39) :

1) Les opérations d'assiette qui consistent, d'une part, à déterminer les personnes (physiques et/ou morales) imposables de même que les matières imposables (richesses, activités, etc.) et, d'autre part, à évaluer les bases d'imposition, c'est-à-dire l'évaluation des quantités d'éléments matériels ou monétaires imposables.
2) La liquidation qui consiste à calculer le montant de l'impôt. Il s'agit d'appliquer à la base d'imposition les taux ou barèmes correspondants sous réserve des ajustements (abattements, exonération, etc.).
3) L'opération de recouvrement qui consiste à faire entrer le montant de l'impôt dans les caisses du Trésor public.

Pour ce qui concerne les impôts attribués aux CT, le RFCT (décret 2019-0575, art. 83) précise que les opérations de liquidation devront être effectuées par l'ordonnateur du budget à partir des bases fixées par la loi. Autrement dit, le maire en tant qu'ordonnateur du budget communal est théoriquement chargé de la liquidation des impôts de sa commune. Par contre, l'évaluation des bases et le recouvrement sont assurés par les STD (divisions fiscales et services du Trésor) du gouvernement central pour le compte de la commune. En outre, les produits des impôts collectés et toute la trésorerie des CT sont gérés, selon le principe de l'unité de trésorerie et de caisse (cf. chapitre V ci-après), par les receveurs municipaux nommés par le gouvernement central.

Au regard de ce qui précède, on peut noter que les CT perçoivent l'intégralité des produits des impôts dont elles sont attributaires (sous réserve du cas de la contribution foncière), même si elles sont pratiquement mises hors du circuit de gestion administrative desdits impôts.

Pour résumer sur ce point, on peut retenir que la modalité d'attribution du pouvoir fiscal aux collectivités territoriales est quelque peu atypique. En effet, l'analyse a montré que l'on est dans la forme en présence d'une modalité d'« impôts propres » sans que les CT n'aient quant au fond aucun pouvoir fiscal puisqu'elles évoluent sous un régime de fiscalité obligatoire.

En revanche, l'intégralité des produits des impôts est acquise auxdites CT, même si elles n'assurent pas elles-mêmes la gestion desdits produits. Un tel « design » institutionnel quelque peu atypique et incohérent peut poser un certain nombre de problèmes. Mais pour pouvoir évoquer de façon ordonnée lesdits problèmes, il convient d'analyser préalablement les critères d'attribution des impôts.

B/ L'analyse des critères de transfert des impôts aux CT

Ce point vise à rechercher et analyser les critères institutionnels d'attribution des impôts aux CT avec comme objectif de vérifier leur cohérence avec les critères théoriques du « bon » impôt local. Pour ce faire, la loi n° 014-2006 du 9 mai 2006, relative à la détermination des ressources et des charges des CT qui devaient constituer la référence la plus pertinente pour investiguer sur ces critères institutionnels, s'est pourtant contentée d'énumérer les impôts sans énoncer aucun critère d'attribution. Par contre, le CGCT, dans la définition qu'il donne de la collectivité territoriale en son article 8, précise que celle-ci est dotée de « l'autonomie financière » sans définir ce qu'il faut entendre par « autonomie financière » et sans indiquer de façon explicite si cette dernière servait ou non de critère de détermination des impôts attribués aux CT. Autrement dit, à ce stade, deux questions doivent être élucidées : l'autonomie financière est-elle le critère d'attribution des impôts aux communes et régions ? Si oui, quelles sont la définition et la déclinaison opérationnelle du concept d'autonomie financière ?

Pour ce qui concerne la première question et sur le fondement d'une interprétation téléologique des dispositions de l'article 8 du CGCT, on peut retenir que l'autonomie financière est le seul critère institutionnel de détermination des impôts locaux. En effet, si l'autonomie financière – en plus de la personnalité juridique – est une condition d'existence des CT (art. 8, CGCT), il faudrait bien que les impôts (ou plus généralement les ressources) attribués à ces dernières aient toutes les caractéristiques pour garantir ladite autonomie.

En ce qui concerne la définition de la notion de l'autonomie financière, comme indiqué ci-dessus, la loi est lacunaire. En revanche, on peut tout au moins affirmer que cette autonomie financière n'implique ni souveraineté fiscale, ni flexibilité fiscale puisque les CT sont soumises à un régime de fiscalité obligatoire (cf. point IV.2.2.1, A ci-dessus). Sous ce rapport, il reste à vérifier si les produits des impôts transférés sont totalement acquis aux CT, mais aussi, si lesdits produits représentent des proportions importantes des ressources totales nécessaires à la couverture des budgets des CT. En d'autres termes, est-ce que les impôts attribués au niveau local remplissent ces deux dernières conditions ?

En ce qui concerne la première condition, on peut dire que la réponse est positive. En effet, en dehors de la contribution foncière dont 10 % des produits sont « recentralisés » au profit du compte spécial du Trésor (numéro

132) dénommé « cadastre fiscal » (CGI, art. 277), la totalité des produits de tous les autres impôts est acquise aux CT récipiendaires.

Pour ce qui concerne la deuxième question (proportion des ressources d'impôts dans les ressources totales), elle demeure ouverte puisque sa réponse ne peut résulter que d'une analyse de données empiriques que sont les statistiques budgétaires. Or, une telle analyse ne s'inscrit ni dans le champ d'analyse de cet ouvrage, ni dans son choix méthodologique ainsi qu'ils ont été largement développés en introduction générale. En revanche, au sujet de la première condition, il faut relever que le tout ne réside pas dans le fait que les produits d'impôts soient totalement acquis aux CT, encore faudrait-il que lesdites CT disposent d'un pouvoir discrétionnaire dans l'affectation de ces produits ! En d'autres termes, les CT ont-elles une autonomie budgétaire ?

Il faut relever que le législateur n'a pas défini la notion d'autonomie budgétaire. Tout au plus, le CGCT et la loi 014-2006 se contentent-ils d'indiquer que la « collectivité territoriale dispose d'un budget propre » (CGCT, art. 106 ; loi 014-2006, art. 2). Mais disposer d'un budget « propre » n'implique pas forcément avoir une autonomie budgétaire qui suppose tout au moins une maîtrise des choix budgétaires. Compte tenu de cette autre lacune institutionnelle et pour pouvoir répondre à la question de l'autonomie budgétaire des CT, on s'en tiendra à la définition déclinée dans la grille d'analyse sous point IV.1.1.3.

En outre, dans le but de rechercher une réponse à la même question, une illustration du budget décentralisé est proposée ci-après (figure IV.10). Pour cette illustration du budget décentralisé, on s'est référé au dispositif institutionnel le plus pertinent qu'est le décret n° 2019-0621 du 14 juin 2019 relatif à la « nomenclature budgétaire des collectivités territoriales du Burkina Faso ». La figure IV.10 est donc la reprise comme telle de la nomenclature budgétaire annexée au décret ci-dessus évoqué, mais tout en limitant le niveau de détail aux chapitres. En effet, comme il résulte du RFCT et du décret 2019-0621 ci-dessus, les recettes et les dépenses des CT comprennent une section « fonctionnement » et une section « investissement » dont chacune est présentée en chapitres, articles et paragraphes selon leur nature et leur destination.

Si l'on fait une lecture croisée des dispositions de l'article 20 de la loi 014-2006 qui énumère les dépenses obligatoires (voir encadré IV.2 ci-après) des CT et la classification par nature des dépenses (figure IV.10 ci-après), il en résulte qu'en dehors de la rubrique « subventions » (imputation : 63), toutes les dépenses des CT sont pratiquement des dépenses obligatoires.

Les dépenses obligatoires ont quatre caractéristiques ainsi qu'il résulte de la lecture combinée du CGCT (art. 121) et du RFCT : (i) elles sont déterminées par la loi, c'est-à-dire par l'État central ; (ii) elles doivent être nécessairement figurées au budget de la CT ; (iii) elles doivent faire l'objet d'ouverture de crédits suffisants avant qu'il ne soit possible d'inscrire les dépenses dites facultatives, ces dernières ne pouvant être inscrites au budget que si elles présentent un « intérêt local » ; (iv) au cas où les autorités de tutelle constateraient une insuffisance de crédits correspondants à des dépenses obligatoires, elles peuvent les rétablir à leur juste montant en diminuant d'autant les dépenses facultatives.

Si donc la quasi-totalité des dépenses des CT sont des dépenses obligatoires, l'examen des caractéristiques de ces dernières conduit à une conclusion logique : les CT n'ont qu'une très faible autonomie en matière de choix des dépenses, et cette portion congrue de choix de dépenses ne concerne que les dépenses facultatives. Conséquemment, on peut affirmer à ce stade et sous réserve de l'analyse ultérieure des processus budgétaires (cf. chapitre V) que les CT ont une faible autonomie budgétaire, toutes choses étant égales par ailleurs. En effet, alors même que la loi considère que les tâches attribuées aux CT sont toutes des tâches dévolues (cf. chapitre III), il se trouve que c'est l'État central qui décide sur presque la totalité des catégories de dépenses des CT à travers la catégorie des dépenses dites « obligatoires ». Or, en décidant sur les catégories de dépenses, il décide indirectement des catégories de prestations (dont les tâches dévolues) que les CT sont amenées à offrir aux citoyens locaux. En plus, la possibilité qu'il a d'apprécier le caractère suffisant ou non des crédits ouverts pour couvrir les dépenses obligatoires et éventuellement de diminuer les crédits des dépenses facultatives pour abonder les rubriques des dépenses obligatoires constitue une décision indirecte sur les quantités et/ou les qualités des BCL financés par lesdits crédits budgétaires.

En somme, même si les produits des impôts sont acquis aux CT, il reste que ces dernières n'ont qu'une marge de manœuvre très réduite en ce qui concerne l'utilisation desdits produits. Aussi, peut-on tirer la conclusion relative et partielle que les impôts attribués aux communes et régions répondent très peu au critère de l'autonomie financière – entendue au sens du pouvoir discrétionnaire dans l'utilisation des produits des impôts – censé les caractériser. Cette conclusion est relative et partielle pour deux raisons : premièrement, l'analyse ne s'est pas basée sur des définitions institutionnelles (qui n'existent pas) explicites des notions d'autonomie financière et d'autonomie budgétaire. Elle s'est plutôt fondée sur une grille d'analyse théorique en économie politique. Deuxièmement, la question de la proportion des produits de ces impôts dans les ressources totales nécessaires à la couverture des budgets (sous réserve de l'équilibre budgétaire) est demeurée ouverte pour des raisons déjà explicitées. Pourtant, l'importance de cette proportion peut s'avérer déterminante dans l'appréciation du niveau d'autonomie financière et budgétaire d'une CT donnée. En effet, si les rendements des impôts d'une CT sont tels qu'ils peuvent lui permettre de financer la totalité des dépenses obligatoires tout en dégageant d'importants surplus pour financer des dépenses facultatives (qui sont décidées librement par la CT), il est évident qu'une telle collectivité serait relativement plus autonome qu'une autre qui ne serait pas dans ce cas.

Par contre, ce que cette analyse en économie politique révèle de façon tout à fait évidente à ce stade est le caractère non explicite, atypique et incohérent des dispositions institutionnelles en matière de transfert des impôts aux CT.

Figure IV.10 : Cadre budgétaire des collectivités territoriales

Budget de fonctionnement		***Budget d'investissement***	
Dépenses	***Recettes***	***Dépenses***	***Recettes***
60. achat de biens **61**. acquisition de services **62**. autres services **63.** subventions **64.** transferts **65.** charges exceptionnelles **66.** charges de personnel **67.** frais financiers **68.** dotations aux amortissements **69.** dotations provisions	**70**. vente de produit et services **71**. recettes fiscales **711. impôts directs locaux :** **7110 patentes** **7111 taxe de résidence** **7113 taxe sur les armes,** **7114 taxes de voirie** **7115 licence de boisson** **7116 contribution foncière** **7119 autres impôts directs** **716. impôts synthétiques :** **7160. contribution de la microentreprise** **72**. recettes non fiscales **73.** dotations, transferts, subvention : **7310. Dotation globale de fonctionnement (DGF)** **74.** dons programmes, legs, fonds de concours **75.** recettes exceptionnelles **77.** produits financiers, produits assimilés **78.** transfert de charges **79.** reprise sur provisions	**18.** dettes liées aux comptes rattachés **20.** charges immobilisées **21.** immobilisations incorporelles **22.** acquisitions et aménagements sols et sous-sols **23.** acquisitions, constructions, grosses réparations des immeubles **24.** acquisitions, grosses réparations des matériels et mobiliers **26.** prises de participation. Dépôts et cautionnements **27** prêts, créances avances et acomptes	**10** Dotations, subventions, dons, legs en capital **11**. réserves **13.** résultats d'exercice **14.** dons projets et legs **16.** emprunts dettes à M&LT, dettes assimilées **18.** dettes liées aux comptes rattachés **19.** provisions risques et charges **28.** amortissements **29.** provisions pour dépréciation

Source *: Élaboration de l'auteur sur la base de la nomenclature budgétaire des CT (classification par nature, décret 2019-0621).*

Encadré IV.2: Les dépenses « obligatoires » des CT

1) Fournitures de bureau, de bibliothèque et d'impression pour les services de la CT ;
2) Dépenses services locaux de désinfection et hygiène ;
3) Prélèvement sur les biens et revenus de la CT ;
4) Entretien du siège, des bâtiments et propriétés de la CT ;
5) Entretien cimetière ;
6) Location immeuble ;
7) Frais d'établissement et conservation des plans d'alignement ;
8) Dépenses électricité, gaz, eau ;
9) Participation au fonctionnement du service national de protection contre l'incendie ;
10) Traitements et salaires personnel permanent ;
11) Pensions ;
12) Indemnités officiants de l'état civil des centres secondaires ;
13) Frais conservation des archives, d'abonnement et conservation du J.O. ;
14) Frais registres et imprimés état civil, livrets de famille ;
15) Frais des sessions du conseil et des déplacements des conseillers ;
16) Dépenses induites par les transferts de compétences ;
17) Frais postes et télécommunications ;
18) Frais de perception des taxes locales ;
19) Intérêts des emprunts ;
20) Frais administratifs de gestion des impôts et taxes par les services fiscaux de l'État central ;
21) Frais de justice ;
22) Dépenses engagées non mandatées ;
23) Remboursement de la dette en capital ;
24) Dépenses des programmes d'investissement ou des actions de développement délibérées par le conseil de collectivité et inscrites dans le plan de développement de la CT.

Source : *Élaboration de l'auteur sur la base de l'article 20 de la loi 014-2006.*

C/ Des enseignements tirés de l'analyse du transfert des impôts

L'analyse des modalités de répartition du pouvoir fiscal ainsi que celle des critères d'attribution des impôts aux collectivités territoriales ont mis en évidence certains enseignements qu'il convient de relever avant de tirer une conclusion sur le transfert des impôts :

1) Le problème de déséquilibre vertical entre tâches et ressources

Il faut rappeler qu'au chapitre III précédent, il a été expliqué que selon l'entendement du CGCT, toutes les tâches transférées aux collectivités territoriales sont des tâches dévolues, même si l'analyse a montré que cette conception institutionnelle devrait être nuancée pour certaines tâches communales. Mais la dévolution, pour être cohérente, doit être concomitante avec le pouvoir de mobiliser des ressources pour financer les tâches dévolues. Pour simplifier, on pourrait dire qu'aux tâches dévolues doivent correspondre des impôts « dévolus », sinon il y a un risque de déséquilibre vertical puisque le niveau local décide sur lesdites tâches tandis que c'est l'État central qui décide sur toutes les variables fiscales. Ceci peut être illustré par la séquence suivante :

Tâches dévolues → choix locaux → si les choix diffèrent → besoins financiers diffèrent → fiscalité diffère → au moins flexibilité fiscale sinon risque de déséquilibre vertical.

2) Le problème de responsabilité budgétaire

Ce problème est la conséquence du problème précédent et est surtout lié au « signal prix » que fournit l'impôt pour les décisions dépensières et les choix des collectivités territoriales (sous réserve des règles d'équilibre budgétaire). En effet, la fiscalité obligatoire donne une information biaisée aux citoyens/contribuables sur les coûts des BCL. En conséquence, le niveau local pourrait opérer des choix collectifs inefficaces dans la mesure où les citoyens sont moins sensibilisés aux charges collectives à travers l'établissement d'un lien entre demande de BCL et paiement de contributions pécuniaires. En outre, les décideurs locaux sont déresponsabilisés sur le plan budgétaire en ce sens que le système fait du gouvernement central le décideur ultime des besoins locaux puisqu'il est en définitive le pourvoyeur des ressources financières.

3) Le problème d'équité entre collectivités territoriales

En plus du problème d'équité individuelle propre à tout système fiscal, la fiscalité obligatoire pose un problème d'équité territoriale. En effet, à travers ce système, les redevables, dotés des mêmes capacités contributives mais situés dans des collectivités territoriales différentes et bénéficiant de ce fait de BCL différents, supportent les mêmes charges fiscales. Ainsi, en cas de dévolution, les collectivités territoriales qui ont de meilleurs positionnements géographiques en termes d'activités économiques vont bénéficier des ressources fiscales plus élevées. Donc, aux ressources plus élevées correspondront plus de BCL décidés librement pour les citoyens alors que ces derniers supportent les mêmes charges fiscales que ceux des autres collectivités qui ne bénéficient pas de plus de BCL. Pour mieux expliciter ce problème, on peut l'illustrer par la matrice de décision ci-dessous :

Tableau IV.21 : Matrice de décision impôts-dépenses

		Dévolution Choix des dépenses		
		Faibles	**Moyens**	**Forts**
Bases d'impôts	**Faibles**	✓	3	5
	Moyennes	1	✓	6
	Fortes	2	4	✓

Source : *auteur.*

Les choix **1, 2** et **4** de la matrice signifient que les bases d'impôts sont moyennes à fortes et que les choix dépensiers sont faibles à moyens. Dans ce cas, la CT devrait pouvoir abaisser les taux d'impôts, ce qui n'est pas possible dans un régime de fiscalité obligatoire. En conséquence, les rendements d'impôts sont supérieurs aux dépenses, ce qui peut constituer une source de gaspillage des ressources.

Les choix **3, 5** et **6** signifient que les choix des dépenses (G) sont moyens à forts alors que les bases d'impôts (T) sont faibles à moyennes. Il en résulte deux problèmes : (**i**) si G est moyen à fort, le prélèvement fiscal doit être plus élevé. Dans ce cas, la solution serait une flexibilité à la hausse, ce qui n'est pas possible dans le contexte de fiscalité obligatoire. (**ii**) Cependant, il se peut que les écarts entre G et T s'expliquent par une faiblesse intrinsèque de la base. Dans ce cas, la péréquation peut être une solution. Mais si l'on opte pour cette dernière solution, il se pose la question du seuil (G-T) de péréquation qu'il faut déterminer.

Le problème de l'équité a un autre aspect qui peut se révéler en cas de délégation. Si donc les tâches sont fixées en standards et aux normes décidées par l'État central (délégation de tâches), toutes les collectivités territoriales doivent produire les mêmes BCL en quantité et qualité données. La collectivité qui a un meilleur positionnement économique, donc des bases plus importantes et larges, pourrait fixer un taux d'impôts plus bas si elle avait le contrôle du taux ou du coefficient d'impôt. Mais la fiscalité obligatoire oblige ses citoyens à payer le même taux fixé par l'État central.

En somme, les modalités et les critères de transfert des impôts attribués aux collectivités territoriales ne peuvent pas permettre en l'état de capter, toutes choses étant égales par ailleurs, tous les avantages de la décentralisation. En effet, ils ne permettent pas aux décideurs locaux de moduler les niveaux des impositions et donc des budgets locaux en fonction des besoins et préférences des citoyens suivant les lieux de résidence. Des réformes seraient donc souhaitables et pourraient s'orienter vers l'examen des questions suivantes :

(1) Pour ce qui concerne la question de la compétence fiscale des collectivités territoriales et de leur autonomie financière, deux scenarii pourraient être envisagés : (i) introduire une véritable flexibilité fiscale en permettant aux collectivités territoriales de décider des taux des impôts locaux. Étant entendu que ladite liberté devra être encadrée par l'État central par le biais de règles précises afin de prévenir les éventuels effets pervers d'empilements des taux. Cette formule est celle qui a, du reste, été retenue dans la directive 01/2011/UEMOA portant régime financier des CT au sein de l'UEMOA. En effet, cette directive dispose en son article 16 que *« le principe de la légalité de l'impôt implique que la création des impôts et taxes est du domaine de la loi.* ***Le conseil de collectivité territoriale, par sa délibération, fixe le taux des impôts et taxes locaux dans la limite du plafond déterminé par la loi*** *»*. Autrement dit, la création des impositions de toute nature est de la compétence de l'État central à travers le Parlement. Par contre, les organes délibérants des CT sont compétents pour décider des taux des impositions locales de toute nature. On constate toutefois que le Burkina Faso a fait une transposition que l'on pourrait qualifier de *contra legem* de cette disposition dans la mesure où le RFCT (décret 2019-575, art. 13) limite la compétence du conseil de collectivité à la fixation des taux des seules taxes locales à l'exclusion des impôts ; **(ii)** le second scénario pourrait consister à fixer annuellement un coefficient à appliquer à certains impôts de l'État central à déterminer. Il s'agirait d'un arrangement semblable au modèle classique des centimes additionnels qui laisserait le contrôle du coefficient annuel d'équilibre des budgets locaux aux mains des conseils de collectivité. Du reste, cette formule des centimes additionnels a été évoquée dans le CGCT comme source possible de revenu pour les communes (loi 055-2004, art. 226-4). Cependant, cette disposition du CGCT n'a pas été reprise dans la loi 014-2006 relative aux ressources et charges des collectivités qui constitue la référence institutionnelle pertinente en la matière. De même, la formule des centimes additionnels n'a pas non plus été consacrée par la loi 058-2017 du 20/12/2017 portant Code général des impôts, ce qui équivaut implicitement à une suppression, même si la nouvelle nomenclature budgétaire des CT (décret 2019-0621) a prévu une rubrique « centimes additionnels » au titre des recettes des CT.

(2) L'autre aspect de la réforme pourrait consister à envisager une meilleure et forte implication des collectivités territoriales dans la chaîne de gestion des impôts locaux qui devra idéalement être rénovée et dématérialisée.

Les centimes additionnels sont un héritage de la législation fiscale française. Ils avaient été introduits dans le système fiscal de certains pays africains dans le courant des années 1950 à la faveur de la création des communes mixtes rurales. Le principe est que les mêmes assiettes servent de bases de calcul aux impôts de l'État central et aux impôts locaux par adjonction d'une pression fiscale additionnelle, c'est-à-dire un coefficient annuel. Ainsi, le montant est déterminé par centimes dont chacun représente un centième de l'impôt principal d'où l'appellation de centimes additionnels.

Source : *Nach Mback (2003 : 451).*

IV.2.3.2. L'analyse en économie politique des transferts budgétaires

Le CGCT (arts. 115 et 117) et la loi 014-2006 (arts. 13-5, 14-2, 15-5 et 17-2) relative aux ressources et charges des collectivités territoriales prévoient deux grandes catégories de transferts budgétaires de l'État central vers les gouvernements infranationaux : une dotation globale de fonctionnement (tableaux IV.16. et IV.18, E1) et une dotation globale d'équipement (tableaux IV.17 et IV.19, E1). Cependant, en plus de ces deux dotations, il y a les produits de la fiscalité partagée (tableaux IV.16 et IV.18, F1) qui constituent également des transferts (« revenue sharing » ou parts aux recettes), même si lesdits produits ont été mentionnés par la loi 014-2006 comme étant des recettes propres de fonctionnement. Enfin et ainsi qu'il résulte du tableau IV.17 (B1, 2, 3, 4 et D1) et du tableau IV.19 (B1, 2, 3, 4 et D1) précédents, d'autres types de transfert sont susceptibles d'être réalisés au profit des collectivités, soit en provenance de collectivités nationales ou étrangères (coopération décentralisée), soit en provenance de tierces personnes, d'organismes divers ou même de l'État central. Pour ce qui concerne les autres transferts budgétaires de l'État central au profit des CT, un développement succinct y est consacré dans l'encadré **IV.3** ci-après.

Ceci étant précisé, les parts aux recettes ainsi que la dotation globale de fonctionnement (DGF) et la dotation globale d'équipement (DGE) constituent l'objet de ce point.

A/ Les parts aux recettes

Pour ce qui concerne les parts aux recettes ou « revenue sharing », si le principe a été inscrit dans la loi 014-2006 (arts. 13-6, 20-6), il reste que l'identification des impositions (assiette et taux) et les modalités de répartition des produits devront être précisées par une autre loi, c'est-à-dire par l'État central. En rappel et comme indiqué précédemment, le partage de ressources n'est cohérent et efficace qu'à la condition qu'au moment de la détermination des modalités, le législateur tienne compte du fait que ce type de transfert doit logiquement être global et forfaitaire (non conditionnel). Ceci signifie que le montant attribué à chaque CT devrait être à sa libre disposition et que le montant des produits à repartir devrait lui-même être prédéterminé et garanti. Ce qui est le cas pour ce qui concerne le seul exemple[27] de « revenue sharing », dont toutes les CT sont récipiendaires, qu'est la contribution foncière. En effet, le produit de cet impôt consacré dans le CGI (art. 269 et suivants) en remplacement de la taxe de jouissance est réparti selon la clé suivante (CGI, art. 277) :

- 75 % au budget de la commune ;
- 15 % au budget de la région ;
- 10 % affecté au compte spécial n° 132 « cadastre fiscal ».

En outre, il faut signaler que les parts des communes et des régions ci-dessus mentionnées sont des recettes des budgets généraux de ces CT et ne sont grevées d'aucune affectation particulière. En somme, la contribution foncière présente toutes les caractéristiques d'un « bon » « revenue sharing » entre les CT et l'État central au sens de l'analyse en économie politique.

B/ Les dotations globales de fonctionnement (DGF) et les dotations globales d'équipements (DGE)

Il faut noter, ainsi qu'il résulte de l'article 117 du CGCT, que les montants des DGF et DGE sont déterminés annuellement par le gouvernement central à l'occasion de l'adoption de la loi de finances. De même, les formules de répartition desdites dotations entre les collectivités territoriales récipiendaires sont fixées chaque année par l'État central à travers un arrêté conjoint des ministres en charge des Collectivités territoriales et des Finances.

Trois remarques relativement à ce mécanisme institutionnel peuvent être formulées :

(i) **Premièrement**, la loi n'annonce pas explicitement les résultats attendus de la DGF et de la DGE, ce qui n'est pas le moindre des défauts. En effet, les critères de la formule de distribution de ces dotations ainsi que la pondération de chaque critère sont, en principe, conçus en fonction des objectifs des dotations. De ce fait, comment peut-on concevoir une formule cohérente de répartition si l'on ignore les objectifs projetés ? En outre, sans indication à l'avance des résultats attendus, comment pourrait-on évaluer de façon objective l'efficacité des dotations attribuées ?

(ii) **Deuxièmement**, la détermination annuelle du montant des dotations pose un problème de prévisibilité au niveau des CT. En effet, il est impossible pour ces dernières de savoir à moyen terme les dotations

[27] La taxe superficiaire pourrait également être considérée comme étant un exemple de « revenue sharing » sauf que les collectivités territoriales récipiendaires des 20 % du montant total de cette imposition sont uniquement celles qui abritent les activités minières qui génèrent ladite taxe (décret 2017-23 du 23/01/2017, art. 16.). Par contre, le mécanisme du Fonds minier de développement local prévu par le Code minier de 2015 (loi 036-2015/CNT, art. 25,26) peut être considéré comme une forme particulière de « revenue sharing » même s'il ne s'agit pas en l'espèce de produits d'impôts au sens formel qui sont distribués.

qu'elles devront recevoir puisque le montant n'est connu qu'une fois le budget annuel de l'État central adopté. Comment le niveau local peut-il faire une planification budgétaire à moyen terme sur la base de ces dotations ?

(iii) Troisièmement, la détermination annuelle de la formule de répartition par arrêté conjoint des ministres en charge des Finances et des Collectivités territoriales renforce non seulement le problème de prévisibilité mais en plus, elle peut poser des problèmes de stabilité et de transparence ou favoriser des comportements stratégiques en raison justement de cette détermination discrétionnaire par le gouvernement central. En outre, cette détermination annuelle de la formule qui peut impliquer le changement de celle-ci d'une année à une autre pourrait poser des difficultés dans l'évaluation des résultats des DGF et DGE sur le moyen ou long terme. En effet, les critères de la formule et les pondérations n'étant pas neutres sur les effets des transferts, il en résulte que toute modification de ladite formule peut entraîner une modification de la perspective des résultats d'une année à l'autre.

Encadré IV.3 : Autres transferts budgétaires au profit des CT

Le but de cet encadré n'est pas de faire une analyse exhaustive des autres transferts financiers attribués par l'État central aux collectivités territoriales. Il s'agit de signaler succinctement l'existence de tels transferts.

Ces transferts peuvent être classés en trois catégories : les subventions du Fonds permanent de développement des collectivités territoriales (FPDCT), les transferts sectoriels des départements ministériels et divers autres transferts budgétaires.

1. Les transferts budgétaires du FPDCT

Le FPDCT a été créé par le CGCT (loi 055-2004/AN, art. 141) mais son arrangement institutionnel a été précisé à travers l'adoption de ses statuts par le gouvernement central suivant décret 2007-254 du 11 avril 2007.

Le management quotidien du fonds est assuré par un directeur général sous la surveillance d'un conseil de gestion de 9 membres dont 4 représentants des CT (1 pour les régions, 1 pour les communes urbaines et 2 pour les communes rurales). Mais en plus du conseil de gestion à composition exclusivement nationale, il y a également un comité de suivi composé des représentants des bailleurs extérieurs du fonds. La tâche dudit comité est de faire le suivi/évaluation de l'implémentation des programmes d'activités du FPDCT.

Les tâches du fonds sont au nombre de quatre (décret 2007-254, arts. 7 et 8) :

- Octroyer des subventions aux CT ;
- Octroyer des prêts aux CT ;
- Garantir les emprunts contractés par les CT ;
- Renforcer les capacités des CT.

Les ressources du FPDCT sont de cinq ordres (décret 2007-254, art. 30) :

- Les transferts de l'État central ;
- Les transferts des bailleurs extérieurs ;
- Les revenus des placements ;
- Les dons et legs ;
- Toutes autres recettes autorisées par le conseil de gestion.

Les subventions du fonds aux CT sont des transferts affectés au financement des projets d'investissement s'inscrivant dans la mise en œuvre de la politique du gouvernement (central) en matière de réduction de la pauvreté et de gouvernance locale (décret 2007-254, arts. 3 et 31). Les critères d'attribution et la formule de calcul desdites subventions sont fixés dans un « Code de financement » approuvé par le conseil de gestion (décret 2007-254, arts. 32 et 42).

Abondé principalement par l'État central et par certains partenaires techniques et financiers, le fonds finance les CT suivant un mécanisme de droit de tirage.

2. Les transferts sectoriels des ministères

La logique de ces transferts budgétaires réside dans les transferts sectoriels des tâches aux CT ainsi qu'il résulte des vingt et un (21) décrets du 10 octobre 2014 portant modalités de transfert des compétences et des ressources de l'État central aux communes et régions. En effet, il s'agit de transférer aux CT les dotations budgétaires annuelles (pour investissements et/ou pour charges récurrentes) que les départements ministères consacraient aux tâches qui ont été attribuées au niveau local. Dans le domaine de l'éducation, par exemple, étant donné que la construction et la gestion des écoles primaires sont désormais de la responsabilité des communes, le ministère chargé de l'Enseignement primaire transfère les dotations budgétaires initialement affectées à ces dépenses aux communes. Il devrait en être de même pour le ministère en charge de la Santé en ce qui concerne la construction et la gestion des formations sanitaires de base ou du ministère en charge de l'Hydraulique pour ce qui concerne la réhabilitation des forages, des bornes-fontaines, etc.

3. Les divers autres transferts budgétaires attribués aux CT

Ces divers autres transferts effectués par le gouvernement central au profit des collectivités territoriales peuvent être regroupés en deux catégories :

a) La première catégorie est constituée de la prise en charge des salaires des secrétaires généraux des mairies et des ex-agents des provinces mis à disposition des communes et régions. En effet, ainsi qu'il a été indiqué au chapitre II précédent, les secrétaires généraux (SG) des mairies peuvent être des fonctionnaires de l'État central mis à disposition des communes. Si ces SG demeurent des fonctionnaires de l'État central du point de vue de la carrière, leurs salaires devraient être payés, en principe, par les communes. Cependant, compte tenu des capacités financières actuellement limitées des communes, lesdits salaires sont payés par le gouvernement central. Autrement dit, ces payements représentent des transferts affectés aux dépenses de personnels. Pour ce qui concerne les ex-agents des provinces, la logique est quelque peu différente. Il faut rappeler qu'avant leur suppression en tant que CT suite à l'adoption du CGCT en 2004, les provinces étaient cumulativement des CT et des circonscriptions administratives. En tant que CT, les provinces avaient un personnel propre qui a été redéployé dans les communes et régions après la suppression. Cette décision de redéploiement a été prise par l'État central qui s'est engagé à payer les salaires desdits agents.

b) La deuxième catégorie des divers transferts est constituée de subventions accordées à l'Association des municipalités du Burkina Faso (AMBF) et à l'Association des régions du Burkina Faso qui sont les deux associations faîtières des CT.

Conclusion

Ce chapitre a consisté en la description et en l'analyse des ressources transférées aux collectivités territoriales après avoir passé en revue quelques éléments de littérature relatifs aux transferts des ressources afin d'en faire des grilles d'analyse.

On peut retenir en résumé qu'il n'existe pas en littérature de modèle optimal de transfert des ressources dans un système de gouvernement à plusieurs paliers qui soit valable en tout lieu et en tout temps. Toutefois, la théorie propose des grilles d'analyse qui, bien mises en contexte, peuvent servir de base d'inspiration pour réaliser, de façon cohérente avec les objectifs projetés, des opérations de transferts de ressources aux CT. Étant entendu qu'une des leçons essentielles de ces grilles d'analyse est que les ressources doivent nécessairement suivre les tâches transférées et qu'aux tâches dévolues aux CT doivent correspondre des impôts qui leur sont dévolus.

Après avoir décrit et analysé les ressources transférées, on peut retenir que la modalité d'attribution du pouvoir fiscal aux collectivités territoriales est atypique. En effet, l'analyse a montré que l'on est formellement en présence de la modalité d'« impôts propres » ou « d'impôts dévolus » sans que les CT n'aient, quant au fond, de véritables marges de manœuvre fiscales puisqu'elles sont soumises à un régime de fiscalité obligatoire. Un tel « design » institutionnel en plus d'être atypique est incohérent avec les objectifs projetés de la dévolution des impôts. En effet, un tel arrangement institutionnel du pouvoir fiscal ne permet pas aux décideurs locaux de moduler la pression fiscale et donc, les niveaux des budgets locaux en fonction des besoins et préférences des citoyens locaux. En outre, l'analyse des transferts budgétaires, en l'occurrence la DGF et la DGE, a mis en évidence le caractère non explicite, instable et peu transparent de l'arrangement institutionnel à eux dédié de telle sorte que les CT récipiendaires ne peuvent faire aucune planification à moyen et long terme sur la base des montants à recevoir.

En somme, le dispositif institutionnel du transfert des ressources aux collectivités territoriales ne peut pas permettre en l'état de capter, toutes choses étant égales par ailleurs, tous les avantages de la décentralisation.

CHAPITRE V

Les processus budgétaires des collectivités territoriales

Ce chapitre V a pour but de décrire et analyser le dispositif institutionnel des processus budgétaires des collectivités territoriales afin d'apprécier les niveaux de capacité décisionnelle de celles-ci dans le cadre desdits processus. En d'autres termes, l'objectif général est de vérifier si les règles régissant les processus budgétaires ont un caractère explicite, cohérent et incitatif tout en garantissant l'autonomie budgétaire des CT. Dans cette perspective, le chapitre comprend une première section descriptive et une autre consacrée à l'analyse.

V.1. Description des processus budgétaires des CT

Sans donner d'indications détaillées relatives aux processus budgétaires des CT ni consacrer une définition précise à leur autonomie budgétaire, le CGCT (art. 106) et la loi 014-2006 (art. 2) se sont tous contentés de disposer que la « collectivité territoriale dispose d'un budget propre ». Par contre, le décret 2019-0575 portant régime financier et comptable des CT (RFCCT) a, quant à lui, donné des indications relatives à la finalité de l'autonomie budgétaire en ces termes (RFCCT, art. 4) : « Pour la mise en œuvre de leur autonomie financière et l'accomplissement de leur mission de développement, les collectivités territoriales sont dotées d'un budget propre. » Ce même décret a également formalisé l'encadrement détaillé des processus budgétaires des CT, objet de description dans la présente section.

La section n'a pas vocation à faire une description détaillée de l'ensemble des processus budgétaires des CT. En revanche, en cohérence avec l'objectif du chapitre, elle entend décrire succinctement trois principales étapes desdits processus budgétaires que sont : l'adoption et l'approbation du budget ; l'exécution du budget ; l'adoption et l'approbation des comptes de clôture.

V.1.1. Le processus d'adoption et d'approbation du budget

L'avant-projet de budget primitif de la CT est élaboré annuellement sur la base des instructions contenues dans la « circulaire budgétaire » adressée par le gouvernement central à tous les ordonnateurs des budgets locaux (maires et présidents des conseils régionaux) chargés de la tâche d'élaboration. Une fois adopté par vote de l'organe délibérant, l'avant-projet devient le projet de budget de la collectivité qui doit ensuite être soumis à l'autorité de tutelle pour approbation. Autrement dit et ainsi qu'il résulte des tableaux II.4 et II.6 (cf. chapitre II) et des articles 150 et 229 du CGCT, le projet de budget ne devient un budget exécutoire qu'après avoir été approuvé par le Haut-commissaire pour la commune et par le Gouverneur pour la région CT.

L'approbation du projet de budget local par l'autorité de tutelle rapprochée s'inscrit dans le procédé de contrôle de tutelle a priori. Mais avant toute décision formelle d'approbation ou non dudit projet de budget, ce dernier doit avoir été préalablement soumis à l'examen et validation d'une commission administrative d'approbation. Pour ce faire, il est en principe institué dans chaque région circonscription administrative, une « commission régionale d'approbation des budgets » (CGCT, art. 30) et dans chaque province, une « commission provinciale d'approbation des budgets » (CGCT, art. 54). Créées par arrêté conjoint du ministre en charge de l'Administration du territoire et du ministre chargé des Finances et du Budget, chacune de ces commissions est composée de représentants locaux de ces deux ministres. Les ordonnateurs des budgets locaux sont tenus de participer aux travaux desdites commissions d'approbation. Il faut toutefois signaler que plus d'une quinzaine d'années après l'institution par le CGCT des commissions provinciales et régionales ci-dessus évoquées, les deux ministères concernés n'ont pas encore actés les deux arrêtés conjoints de création desdites commissions. En conséquence, les projets de budget des régions CT et des communes à statut particulier sont examinés par une commission technique interministérielle (CTI) basée à Ouagadougou et les projets de budget des autres communes par des commissions techniques régionales (CTR) basées dans les chefs-lieux de région. Ces CTI et CTR avaient été créées par un arrêté conjoint (n°2006-68/MATD/MFB du 20/11/2006) dont la validité est très douteuse de nos jours.

Outre la correction d'éventuelles erreurs matérielles, les tâches concrètes de ces commissions consistent à vérifier que les projets de budget à elles soumis sont conformes, non seulement aux règles institutionnelles consacrées par le régime financier et comptable des CT mais aussi aux instructions du gouvernement central contenues dans la circulaire budgétaire de l'année. Une synthèse desdites règles est proposée dans l'encadré IV.4 ci-après. Il faut signaler, ainsi qu'il sera ultérieurement évoqué, que ces règles ne sont pas seulement valables que pour l'examen et l'approbation des projets de budget, elles le sont également pour leurs exécutions.

Après les travaux des commissions techniques, trois situations peuvent se présenter :

- Premièrement, le projet de budget est substantiellement conforme aux critères d'approbation. Dans ce cas, ledit projet est approuvé par la tutelle.
- Deuxièmement, le projet de budget comporte des insuffisances et fait l'objet d'observations de la part de la commission. La CT concernée est invitée à apporter les corrections nécessaires selon un délai fixé par l'autorité de tutelle concernée. Cette démarche a lieu dans les cas suivants (décret 2019-575, art. 68) : (**i**) lorsque le projet de budget n'a pas été établi conformément aux lois et règlements ; (**ii**) lorsque des dépenses obligatoires ne figurent pas dans le projet ou qu'elles y figurent sans être suffisamment abondées ; (**iii**) lorsque la commission estime que des recettes ou dépenses ont été surestimées ou sous-estimées dans le projet de budget.
- Troisièmement, la CT ne s'exécute pas dans le délai imparti pour opérer les corrections ci-dessus évoquées. L'autorité de tutelle arrête « d'office » le budget tout en y apportant elle-même les différentes corrections. La CT est donc tenue d'exécuter le budget tel qu'il a été arrêté d'office par l'autorité de tutelle.

Encadré IV.4 : Les critères d'approbation du projet de budget de la CT

Les commissions administratives d'examen des projets de budget (CTI et CTR) doivent vérifier l'application effective des principes et règles financiers et comptables dont les plus importants sont exposés ci-dessous :

1/ L'équilibre : il implique que le projet de budget local doit être en « équilibre réel », c'est-à-dire que les recettes et dépenses prévisionnelles ont été évaluées de façon sincère, sans omission, majoration, ni minoration. En outre, que le remboursement de la dette en capital est prévu pour être exclusivement couvert par des ressources définitives. Autrement dit, ledit remboursement doit être couvert par les recettes de la section de fonctionnement et non par de nouveaux emprunts. Enfin, l'équilibre réel suppose, en principe, un équilibre par section. Toutefois, un éventuel excédent de la section de fonctionnement peut équilibrer la section d'investissement, mais pas l'inverse. Du reste, la section de fonctionnement doit effectivement dégager un excédent de recettes d'au moins 20 % des « recettes budgétaires propres » de la CT en vue d'abonder la section d'investissement. De même, les différentes sections peuvent reprendre d'éventuels résultats du compte administratif de l'exercice budgétaire précédent mais tout en préservant l'équilibre d'ensemble du projet de budget. Cependant, sous l'angle analytique, la notion d'équilibre réel est beaucoup plus un équilibre asymétrique impliquant uniquement une interdiction de « déficit » de la section de fonctionnement. En fait, cette dernière section ne doit même pas être équilibrée, elle doit plutôt dégager un excédent devant servir à compenser le besoin de financement de la section d'investissement.

2/ L'annualité : les prévisions du projet de budget local doivent couvrir et ne concerner que la période allant du 1er janvier au 31 décembre. Toutefois, certains aménagements sont prévus par le régime financier. Exemple : la reprise d'excédents d'exercices clos.

3/ L'unité : le projet de budget doit retracer dans un document unique l'ensemble des prévisions budgétaires de la CT.

4/ L'universalité : ce principe signifie que toutes les dépenses et toutes les recettes doivent être prévues au budget sans compensation, sans affectation, sans omission, ni dissimulation. L'ensemble des recettes est destiné à couvrir l'ensemble des dépenses. Toutefois, les dons, legs, aides spécifiques, dotations, transferts et subventions d'équipement ou de fonctionnement affectés à un équipement ou à une catégorie de dépenses de fonctionnement doivent conserver leur destination.

5/ La sincérité : elle implique que les prévisions de ressources et de charges de la collectivité territoriale soient évaluées de façon sincère. Elles doivent être effectuées avec réalisme compte tenu des informations disponibles au moment où le projet de budget est établi.

6/ La spécialité : la spécialité des crédits implique que les crédits sont ventilés par chapitres, articles et paragraphes et affectés à des dépenses données.

7/ La légalité : ce principe qui concerne principalement la fiscalité implique que la création des impôts et taxes locaux est du domaine de la loi.

8/Autres critères : (i) le respect de la hiérarchie des dépenses qui signifie que toutes les dépenses dites obligatoires doivent figurer dans le projet de budget avec des crédits suffisants pour les couvrir. Après quoi, d'éventuelles dépenses dites facultatives peuvent être inscrites. Il faut rappeler que la quasi-totalité des dépenses des CT sont constituées de dépenses obligatoires ; (ii) le respect des instructions contenues dans la circulaire budgétaire ; (iii) le respect de diverses autres normes permettant de garantir la régularité des prévisions budgétaires. Exemples : barème de solde, régime indemnitaire, mercuriale des prix, etc.

Source *: Élaboration de l'auteur sur la base du décret 2019-0575 portant régime financier et comptable des CT.*

V.1.2. Le processus d'exécution budgétaire des CT

Comme indiqué précédemment, le budget adopté de la CT ne peut être mis en exécution qu'après son approbation par l'autorité de tutelle. Afin de mieux expliciter la procédure de cette exécution, certains principes d'exécution, les modalités et contrôles d'exécution sont successivement évoqués ci-dessous.

V.1.2.1. Les principes comptables d'exécution du budget

L'exécution budgétaire des CT repose sur onze (11) principes comptables[28] ainsi qu'il résulte du régime financier et comptable des CT

[28] Il s'agit des principes suivants : la séparation des fonctions d'ordonnateur et de comptable, l'unité de caisse, l'unité de trésorerie, les droits constatés, l'intangibilité du bilan d'ouverture, la permanence des méthodes, la transparence, la prudence, l'indépendance des exercices, les coûts historiques et la continuité de l'exploitation.

(décret 2019-575, art. 15). Mais pour demeurer en cohérence avec les objectifs de ce chapitre, seuls trois principaux principes sont examinés. Il s'agit du principe de séparation des fonctions d'ordonnateur et de comptable, du principe de l'unité de caisse et de celui de l'unité de trésorerie.

A/ Du principe de séparation des fonctions d'ordonnateur et de comptable

Valable aussi bien au niveau de l'État central qu'au niveau des CT, le principe de séparation des fonctions d'ordonnateur et de comptable est l'un des principaux socles principiels de l'arrangement institutionnel de la comptabilité publique. En ce qui concerne les CT, le principe implique que la fonction d'ordonnateur du budget communal ou régional (maire ou président de conseil régional) et celle de receveur (municipal ou régional) sont incompatibles. Tel qu'il sera évoqué ci-après en détail, l'ordonnateur et le receveur sont des acteurs qui interviennent à des phases distinctes de la procédure d'exécution du budget. Aussi, la principale finalité de cette incompatibilité des fonctions est-elle de permettre un contrôle réciproque entre ces deux acteurs d'exécution du budget, c'est-à-dire que le receveur exerce un contrôle sur l'ordonnateur et ce dernier exerce également un contrôle sur le premier mais de façon plus marginale dans ce dernier cas. La conséquence du principe est qu'il ne saurait y avoir de relations hiérarchiques directes entre maire ou président de conseil régional et receveur municipal ou régional. Lesdites relations ne peuvent être que fonctionnelles. Du reste, le receveur est toujours un fonctionnaire du gouvernement central nommé par ce dernier et qui relève hiérarchiquement du ministre en charge des Finances et du Budget.

B/ Du principe de l'unité de caisse

Le principe de l'unité de caisse signifie qu'une seule caisse recueille toutes les recettes et paie toutes les dépenses de la collectivité territoriale (décret 2019-0575, art. 17). Toutefois, des dérogations expresses peuvent être accordées par arrêté du ministre en charge des Finances.

C/ Du principe de l'unité de trésorerie

Ce principe est la principale norme de référence en matière de gestion de la trésorerie de l'État central, des collectivités territoriales et des établissements publics centraux ou locaux (cf. LOLF, art. 31). Étant entendu que la tâche de gestion de ladite trésorerie incombe exclusivement aux comptables publics que sont les receveurs municipaux ou régionaux nommés par le gouvernement central de qui ils relèvent hiérarchiquement. Le principe de l'unité de trésorerie a deux déclinaisons : **(i)** l'obligation de comptabiliser à un seul compte financier toutes les disponibilités des comptables publics, quelle qu'en soit la nature ; (**ii**) l'obligation de déposer tous les fonds disponibles de l'État central, des CT et autres établissements publics dans les caisses du Trésor public. Des dérogations expresses au principe peuvent être accordées par décret du gouvernement central sur saisine du ministre en charge des Finances.

V.1.2.2. Les modalités d'exécution budgétaire

Trois acteurs interviennent dans l'exécution du budget de la CT. Il s'agit de l'ordonnateur du budget et de deux fonctionnaires du gouvernement central que sont le contrôleur financier en matière de dépenses et le receveur en matière de recettes et dépenses. Les tâches de chacun de ces acteurs peuvent être mieux appréhendées à travers la description succincte des modalités d'exécution du budget. Ces dernières comprennent deux aspects : les modalités des opérations de recettes et celles relatives aux dépenses.

A/ Les modalités d'exécution des recettes

Il existe plusieurs modalités d'exécution des recettes en fonction de leurs natures. Mais seule est décrite ci-dessous la modalité concernant les impôts ainsi qu'il résulte de la classification des recettes exposées précédemment au chapitre IV. En effet, c'est l'exécution de cette catégorie de recette qui présente un intérêt heuristique en rapport avec l'analyse des capacités décisionnelles des CT en matière d'exécution budgétaire. Sous ce rapport, l'exécution des impôts comprend deux phases : Une phase administrative ou d'assiette et une autre dite phase comptable ou de recouvrement. La phase administrative qui consiste à constater, liquider et ordonnancer l'impôt est censée relever de la compétence de l'ordonnateur du budget (décret 2019-0575, art. 29). Comme déjà indiqué, l'ordonnateur est en principe tenu de liquider l'impôt à partir des bases fixées par la loi. Cependant, en l'état actuel de la pratique fiscale liée principalement à l'incohérence de certaines dispositions institutionnelles, la phase administrative de l'exécution des principaux impôts locaux est en mains des services de constatation et d'assiette des administrations fiscales déconcentrées du gouvernement central.

La phase comptable de l'exécution de l'impôt consiste en la prise en charge comptable des titres de perception selon le principe des droits constatés. Après quoi le recouvrement peut être effectué à l'amiable de principe et forcé au besoin. La prise en charge comptable et le recouvrement de l'impôt sont en principe de la compétence du receveur de la CT. Cependant, la pratique actuelle est tout autre pour ce qui concerne la majorité des impôts locaux. En effet, les opérations de recouvrement des impôts sont effectuées par les services de recouvrement des administrations fiscales et non directement par les receveurs des CT. En revanche, l'ensemble des produits recouvrés sont reversés au Trésor public pour le compte des CT concernées en vertu du principe de l'unité de trésorerie.

B/ Les modalités d'exécution des dépenses

Les modalités d'exécution des dépenses des CT se déclinent en modalité de droit commun dite procédure normale, et en modalités dérogatoires (procédure simplifiée, paiement sans ordonnancement préalable). Seule la modalité de droit commun comprenant une phase administrative et une phase comptable et qui présente un intérêt pour l'analyse ultérieure est décrite ci-dessous.

L'engagement, la liquidation et l'ordonnancement de la dépense constituent les trois enchaînements de la phase administrative. L'engagement juridique, qui est l'acte par lequel la CT crée ou constate à son encontre une obligation de laquelle résultera une charge, est initié par l'ordonnateur du budget. L'engagement comptable, qui consiste à affecter des crédits au paiement de la dépense, doit rester dans les limites des dotations budgétaires autorisées et être appuyé de documents qui le justifient. Toutefois, pour acquérir toute validité et constituer une obligation opposable à la CT, l'engagement doit avoir été visé par le contrôleur financier (CF). En d'autres termes, l'ordonnateur du budget n'initie en réalité qu'une proposition d'engagement qui peut être validée ou non par le représentant du gouvernement central qu'est le contrôleur financier. Les critères de contrôle de la proposition d'engagement par le CF sont décrits ci-après. Quant à la liquidation, elle a pour objet de vérifier la réalité de la dette et d'arrêter le montant de la dépense. Initiée également par l'ordonnateur du budget, la liquidation est faite sur la base de pièces comptables (contrats approuvés, factures définitives, mémoires, décomptes, procès-verbaux de réception, etc.) offrant la preuve des droits acquis par le créancier de la CT. La liquidation est donc la suite logique de l'engagement, celui-ci étant la condition préalable de celle-là. Sauf avance autorisée par la réglementation en vigueur, la liquidation ne peut être effectuée qu'après service fait, et elle doit également être visée par le CF.

L'ordonnancement est l'acte par lequel, conformément au résultat de la liquidation, l'ordre est donné par l'ordonnateur principal au comptable assignataire de payer la dette de la CT. Il est matérialisé par l'établissement d'une ordonnance de paiement (ou d'un mandat de paiement). Cette dernière est établie après exécution des services, travaux, prestations ou livraison de fourniture donnant naissance à la créance sur la collectivité territoriale.

La phase comptable de la dépense est mise en œuvre par le receveur. Le but de cette phase est de prendre en charge, d'un point de vue comptable, l'ordonnance ou le mandat de paiement pour ensuite procéder au paiement de la dépense en mains du créancier de la CT. Mais avant toute prise en charge comptable et paiement, le receveur de la collectivité territoriale doit préalablement vérifier les droits et qualités des parties prenantes et la régularité de leurs acquits et, à cet effet, d'exiger les pièces justificatives appropriées. Le paiement de la dépense est fait par remise d'espèces, de chèques, par virement, ou par d'autres instruments de paiement.

V.1.2.3. Les contrôles de l'exécution du budget

Les contrôles de l'exécution du budget de la CT peuvent être scindés en deux catégories : la première catégorie a lieu en permanence au cours de l'exécution, la seconde concerne des contrôles qui peuvent intervenir de façon intermittente.

A/ Les contrôles permanents de l'exécution budgétaire

Ainsi qu'il a été suggéré par les développements précédents, les contrôles permanents dans le cadre de l'exécution du budget local font intervenir trois acteurs que sont le contrôleur financier (CF), le receveur et l'ordonnateur. Le contrôle de l'ordonnateur sur le receveur résultant de l'incompatibilité des deux fonctions n'a pas un intérêt particulier dans la présente espèce. Ce sont donc le contrôle a priori exercé par le CF et les vérifications préalables du receveur qui sont succinctement et successivement décrits ci-dessous.

1) Le contrôle a priori exercé par le CF

Placé auprès de chaque CT par l'État central, le contrôleur financier exerce un contrôle de conformité a priori de l'exécution des dépenses. En effet, le visa du CF est requis pour tout engagement et liquidation de dépense. Mais avant d'apposer ou non son visa pour valider la dépense, le CF doit procéder à des vérifications suivant trois critères (Ky, 2001 : 29-30) :

- **(i)** Le premier critère est celui de la légalité de la dépense. Il consiste à vérifier que la dépense est conforme aux diverses dispositions institutionnelles (lois de finances annuelles, règles de la commande publique, réglementations salariales et sociales, etc.) qui encadrent l'exécution budgétaire de la CT.
- **(ii)** La régularité budgétaire et administrative de la dépense constitue le deuxième critère. Il s'agit de vérifier l'exacte imputation comptable de la dépense, la disponibilité de crédits dans les limites autorisées pour couvrir la dépense (spécialité quantitative, qualitative et temporelle), la validité des pièces justificatives, etc.
- **(iii)** Le dernier critère est la sincérité des propositions des dépenses. Pour mettre en œuvre ce dernier critère, le CF se réfère à la mercuriale des prix en vigueur et à défaut, il procède par sondage.

En fonction du résultat des différentes vérifications, le CF peut prendre trois types de décisions : (i) en premier lieu, il peut viser la dépense si celle-ci est conforme aux trois critères ci-dessus évoqués ; (ii) il peut viser sous réserve si la dépense est substantiellement conforme aux critères avec toutefois des insuffisances mineures qui peuvent être régularisées ultérieurement ; (iii) enfin, le CF peut refuser de viser la dépense si cette dernière s'avère substantiellement non conforme aux critères de vérification. Il faut signaler que ce refus de visa doit être motivé et exprimé par écrit dans un délai de huit (8) jours à compter de la date à laquelle la proposition de dépense a été communiquée au CF (décret 2017-0182, art. 118). Le refus de visa d'une dépense par le CF ne peut éventuellement être levé que par le ministre en charge des Finances.

2) Les vérifications préalables du receveur

Les vérifications du receveur s'inscrivent également dans la catégorie des contrôles permanents de l'exécution budgétaire. Lesdites vérifications portent aussi bien sur l'exécution des recettes que sur celle des dépenses.

- En matière de recettes, les vérifications du receveur se fondent sur deux critères : **(i)** La légalité des titres de recettes est le premier de ces critères. Il s'agit de vérifier la conformité des titres de recettes émis par l'ordonnateur par rapport aux lois et règlements en matière de fiscalité et par rapport aux autorisations de perception des recettes contenues dans le budget de la CT. **(ii)** La régularité de la liquidation et de la mise en recouvrement des titres de recettes forme le second critère. Sous cet angle, le receveur doit notamment vérifier la régularité d'éventuelles déductions ou des annulations de titres de recettes. Comme signalé précédemment, la gestion administrative (constatation et assiette) et comptable (prise en charge et recouvrement) des principaux impôts locaux est encore en mains des services fiscaux déconcentrés de l'État central. En conséquence, les vérifications du receveur ci-dessus évoquées sont, en la matière, réservées. Par contre, pour les autres recettes (les taxes essentiellement) recouvrées par le receveur, les titres non conformes relevés par celui-ci sont renvoyés à l'ordonnateur avec une note explicative relative aux corrections à apporter.
- En ce qui concerne les dépenses, le contrôle du receveur doit consister à vérifier la conformité des ordonnances (ou des mandats) de paiement émises à la phase comptable par l'ordonnateur (ou son délégué) du budget de la CT. Ceci, principalement sur la base du critère de la régularité administrative et budgétaire des titres émis. Ce critère implique la vérification de la qualité de l'ordonnateur, l'exacte imputation comptable de la dépense, la disponibilité des crédits, la justification du service fait (présence de pièces justificatives valides), l'exactitude des calculs de liquidation, la présence du visa du contrôleur financier, la suffisante disponibilité de fonds pour acquitter le paiement, la non-prescription de la créance, le caractère libératoire du paiement, etc.

Selon le résultat de ses vérifications, le receveur peut, soit prendre en charge et payer la dépense, soit suspendre la prise en charge pour demander des pièces ou informations complémentaires auprès de l'ordonnateur, soit encore refuser toute prise en charge et paiement. Cependant, dans ce dernier cas et sous certaines conditions, l'ordonnateur peut, par « ordre de réquisition », obliger le receveur à payer la dépense. Étant entendu que si toutes les conditions de la réquisition sont réunies, le receveur est tenu d'y déférer avant de rendre compte au ministre en charge des Finances et à la Cour des comptes. Toutefois, le receveur de la collectivité territoriale ne devra pas déférer à l'ordre de réquisition de l'ordonnateur dès lors que son refus de visa est motivé par le caractère non libératoire du règlement. Ceci étant, l'exécution d'une réquisition régulière dégage la responsabilité personnelle et pécuniaire du receveur (RFCCT, art. 121).

B/ Les contrôles budgétaires intermittents

Les contrôles intermittents de l'exécution des budgets locaux sont de deux ordres qu'il convient de distinguer : le contrôle administratif exercé a posteriori par des structures administratives de l'État central et celui juridictionnel implémenté par la juridiction supérieure de contrôle des finances publiques, c'est-à-dire la Cour des comptes.

1) Le contrôle administratif a posteriori

Le contrôle administratif exercé a posteriori dans le cadre de l'exécution budgétaire des CT est mis en œuvre de façon concurrente et complémentaire par le Contrôleur financier (cf. LOLF, art. 72), l'Inspection générale des finances (IGF), l'Inspection générale du trésor (IGT), l'Inspection technique des services du ministère en charge de la Décentralisation et par l'Autorité supérieure de contrôle d'État et de lutte contre la corruption (ASCE-LC). À l'exception notable du contrôleur financier placé auprès de chaque CT, les autres corps de contrôle sont tous situés au niveau central (Ouagadougou) et ne font que faire des missions inopinées ou annoncées pour inspecter ou auditer la gestion budgétaire des CT. Il convient toutefois de préciser qu'en dehors de l'IGF et l'ASCE-LC qui ont des compétences générales de contrôle de la gestion budgétaire des CT, les autres structures ont des champs de compétence limités. Ainsi, l'inspection technique des services du ministère en charge de la Décentralisation n'est compétente que pour le contrôle des actes de gestion des ordonnateurs, et l'IGT, à un champ de compétence qui se limite à la vérification des gestions comptables des receveurs communaux et régionaux. Quant au contrôleur financier, son champ de compétence en matière de contrôle a posteriori se limite aux opérations budgétaires des CT qui n'ont pas fait l'objet en amont de contrôle a priori en raison de la modulation de ce dernier contrôle décidé par le CF lui-même. Autrement dit, ce contrôle a posteriori qu'il doit exercer en fin d'année budgétaire se fait en compensation de la modulation du contrôle a priori. En conséquence, les critères dudit contrôle a posteriori sont pratiquement les mêmes que ceux déclinés précédemment concernant le contrôle a priori exercé par le même acteur (cf. décret 2017-182, art. 53 et 54).

Pour ce qui concerne les critères des contrôles a posteriori des autres corps de contrôle, ils sont de trois ordres : **(i)** la légalité qui implique la vérification de la conformité des décisions de dépenses ou de recettes aux principes, lois, règlements, etc. applicables en matière d'exécution budgétaire des CT ; **(ii)** la régularité administrative et budgétaire des documents justificatifs des dépenses et recettes. Ce critère implique également la vérification de la trésorerie du receveur et la conformité des pièces justificatives des différents mouvements en la matière ; **(iii)** l'opportunité des décisions forme le dernier critère de contrôle. Il s'agit d'apprécier la diligence mise dans le recouvrement des recettes et dans le paiement des dépenses, le bon emploi des crédits budgétaires et/ou de la trésorerie, la prudence dans la gestion budgétaire, la pertinence des décisions de dépenses et de recettes, etc. En somme, le but principal de ce critère est de déceler d'éventuelles diversions des deniers publics de même que d'éventuels actes de déviance impliquant des acteurs de la chaîne d'exécution budgétaire des CT.

Toutes les structures de contrôle administratif a posteriori dressent des rapports à la fin de leurs travaux d'investigation. Chaque structure, à l'exception de l'ASCE-LC, doit adresser son rapport à sa hiérarchie au niveau du gouvernement central pour les suites appropriées à donner et en fait ampliation à l'ASCE-LC. Cette dernière qui jouit d'une certaine autonomie peut, quant à elle et si cela est nécessaire, donner directement des suites judiciaires à ses propres rapports et à ceux reçus des autres corps de contrôle. En d'autres termes, l'ASCE-LC peut en principe ester en justice contre tout acteur budgétaire de la CT soupçonné de malversations financières révélées par les rapports de contrôle.

2) Le contrôle de la Cour des comptes

Outre les jugements des comptes administratifs des ordonnateurs et des comptes de gestion des receveurs, la Cour des comptes, en tant que juridiction supérieure de contrôle des finances publiques, a une compétence générale pour contrôler a posteriori la gestion budgétaire des CT. En effet, les « juges-conseillers » de la Cour peuvent effectuer des missions inopinées ou annoncées dans les CT afin de contrôler ou auditer la gestion budgétaire prenant en compte les actes de gestion de l'ordonnateur et du receveur, de même que les tâches de contrôle du contrôleur financier.

Les critères de contrôle de la Cour des comptes sont globalement les mêmes que ceux des corps administratifs de contrôle a posteriori ci-dessus évoqués. Par contre, la Cour des comptes est, quant à elle, compétente pour infliger au besoin des sanctions pécuniaires en cas de faute de gestion avérée de tout acteur budgétaire local tout en ayant en outre la latitude d'engager d'éventuelles poursuites judiciaires en cas de soupçons d'infraction révélés par les résultats de ses contrôles.

V.1.3. Le processus d'adoption et d'approbation des comptes de clôture

Dans le courant du premier trimestre de chaque année, deux comptes sont élaborés en tant que comptes de clôture de l'exercice budgétaire de la CT : un premier compte, dit compte administratif (CA), est élaboré par l'ordonnateur tandis que le receveur établit un second compte dénommé compte de gestion (CG).

Le compte administratif présente les résultats de l'exécution administrative du budget de la CT. Faisant ressortir les résultats ordinaire et extraordinaire du budget, le solde général du compte administratif doit correspondre exactement au solde de la situation financière qui résulte du compte de gestion du receveur. Le compte de gestion, quant à lui, reprend l'exécution entière du budget et présente la situation générale des opérations de l'exercice clos.

Les deux comptes devront être soumis à délibération et adoption de l'organe délibérant de la CT au plus tard le 31 mars de l'année suivant la clôture de l'exercice budgétaire. Après quoi, le CA, accompagné du CG, est adressé à l'autorité de tutelle pour approbation au plus tard le 15 avril.

Comme dans le cas de l'approbation du projet de budget primitif évoqué précédemment, les projets des comptes de clôture sont préalablement soumis à une commission administrative (CTI ou CTR) pour examen. Cet examen consiste à vérifier si au cours de l'exécution budgétaire, les principes budgétaires et comptables évoqués précédemment ont été effectivement appliqués. Si les deux comptes, qui doivent avoir été élaborés indépendamment l'un de l'autre, sont en cohérence tant en recettes qu'en dépenses et sont conformes aux critères d'approbation, l'autorité de tutelle prend une décision d'approbation du CA. Dans le cas contraire, les documents sont retournés à la CT pour régularisation avant toute approbation.

Le CA approuvé par l'autorité de tutelle reste déposé à la collectivité territoriale où il est tenu à la disposition des citoyens/contribuables pour toutes fins utiles.

Quant au compte de gestion, il est adressé par le receveur au directeur chargé de la comptabilité publique, accompagné de toutes les justifications conformément à la réglementation en vigueur, pour mise en état d'examen et transmission au juge des comptes au plus tard le 30 juin de l'année suivant la clôture de l'exercice. En effet, l'arrêt définitif du CG de la CT est de la compétence de la Cour des comptes en tant que juge des comptes publics. Il en résulte que cette Cour est également la seule à pouvoir accorder la décharge (« Quitus » dans le jargon de la comptabilité publique) de gestion aux receveurs. Mais si les vérifications aux fins d'arrêt définitif des comptes révèlent des irrégularités, la Cour peut infliger des sanctions pécuniaires. Et si lesdites irrégularités sont constitutives d'infractions, la Cour des comptes peut saisir les juridictions pénales compétentes.

V.2. Lecture analytique des processus budgétaires

Le paragraphe vise à lire sous l'angle de l'analyse en économie politique de la décentralisation les enseignements découlant de la description des processus budgétaires des CT. Pour ce faire, il convient de rappeler préalablement la grille de lecture avant d'exposer les éléments de commentaire qui résultent de la lecture analytique.

V.2.1. De la grille d'analyse des processus budgétaires

Ainsi qu'il résulte de la figure **IV.7** *supra*, le budget d'une CT peut être illustré par deux blocs : **(1)** Le bloc « dépenses » qui est la traduction budgétaire des BCL que la CT entend offrir aux citoyens/contribuables locaux. Étant entendu que lesdits BCL peuvent être décidés, soit de façon autonome par la CT elle-même (tâches dévolues), soit sous contrainte de normes et/ou standards minimaux fixés par l'État central (tâches déléguées). **(2)** Le bloc « recettes » qui comprend la fiscalité propre (impôts dévolus) de la CT destinée au financement des BCL décidés de façon autonome (tâches dévolues) ; les redevances d'utilisation destinées à couvrir des tâches spécifiques qui se prêtent au modèle de financement suivant le principe d'équivalence (utilisateur-payeur/pollueur-payeur) et les transferts financiers qui sont destinés à financer les tâches déléguées par l'État central. Ceci étant rappelé, il en résulte que l'autonomie budgétaire d'une CT devrait être appréhendée de façon différenciée suivant la modalité de transfert de tâche en jeu. Dans le cas d'une dévolution, la collectivité territoriale devrait pouvoir décider de façon autonome en matière de dépenses et de recettes budgétaires. Par contre, dans le cadre d'une délégation, les dépenses sont dites des dépenses liées. Il en résulte que les décisions de la CT sur lesdites dépenses devraient respecter les normes et/ou standards fixés par le gouvernement central. En effet, la CT joue en l'espèce un rôle d'agence (délégataire) pour le compte du gouvernement central qui est le délégant et pourvoyeur des ressources pour le financement des dépenses liées.

On peut inférer de ce qui précède et à titre de rappel deux principes en termes de niveau d'autonomie budgétaire et de nature de contrôle des processus budgétaires des CT par l'État central :

1) Premièrement, dans un contexte de dévolution, la CT devrait jouir d'une pleine autonomie budgétaire. Cette dernière étant entendue au sens de la capacité de la CT de décider seule, en toute liberté, des catégories, des quantités et des qualités des biens et services locaux qu'elle entend offrir à ses résidents. Conséquemment, le contrôle des processus budgétaires par l'État central devrait être un contrôle exclusivement de légalité et/ou de régularité exercé a posteriori aux fins de préserver et garantir l'autonomie budgétaire.

2) Deuxièmement, dans un contexte de délégation, la CT ne devrait pas jouir d'une pleine autonomie budgétaire. Elle devrait se conformer au moins (avec possibilité éventuelle de faire mieux) aux normes et standards édictés par l'État central en termes de catégories, quantités, qualités des biens et services à offrir aux résidents. Ceci implique que le contrôle des processus budgétaires par l'État central devrait être un contrôle de légalité, de régularité et/ou d'opportunité exercé a priori et/ou a posteriori.

Ces éléments principiels de la grille de lecture ayant été rappelés et déclinés, quels commentaires analytiques peut-on faire sur l'autonomie budgétaire et sur le contrôle des processus budgétaires des CT ?

V.2.2. Des éléments d'analyse du processus d'adoption et d'approbation du budget

Ainsi qu'il a été développé précédemment (cf. III.2.1.2), la lecture combinée des dispositions institutionnelles de référence indique que toutes les tâches transférées aux CT sont censées être des tâches dévolues à l'exception de la tâche d'état civil au niveau communal. On peut en déduire, sous réserve du cas de l'état civil, que les CT devraient être pleinement autonomes dans le cadre du processus de budgétisation et d'adoption du budget. En outre, au regard des principes de contrôle ci-dessus énoncés, le contrôle qui doit être exercé par l'État central sur ledit processus devrait être un contrôle de légalité et/ou de régularité a posteriori à l'exception du processus concernant l'état civil qui pourrait être soumis au contrôle de légalité, de régularité et/ou d'opportunité exercé a priori et/ou a posteriori.

Pourtant, les enseignements résultant de la description du processus d'adoption des budgets des CT ne confirment pas les déductions logiques ci-dessus évoquées. En effet, le projet de budget primitif de toute CT, une fois adopté par l'organe délibérant, doit être soumis à l'approbation préalable de l'autorité de tutelle avant toute mise en exécution. Si les critères d'examen en vue de l'approbation sont censés être de l'ordre de la légalité et de la régularité, il reste que la commission technique de l'État central mise en place pour examiner les documents budgétaires peut, à l'occasion de ces travaux, modifier les prévisions budgétaires de la CT. Par expérience, l'on sait que lesdites modifications consistent généralement en de réductions de certaines prévisions et, par conséquent, une réduction du projet de budget dans son ensemble alors que celui-ci a été adopté par le conseil de collectivité avant d'être soumis par l'exécutif local. Ceci implique qu'à travers ce mécanisme, l'autorité de tutelle peut réduire les quantités et/ou les qualités des BCL que la CT entendait offrir aux citoyens/contribuables. En somme, l'approbation préalable du budget primitif des CT et de toutes les modifications ultérieures dudit budget, le fort contenu de contrôle d'opportunité exercé sur les décisions de budgétisation à travers notamment des modifications de certaines dotations sont tous incohérents avec la dévolution de tâches dans le sens qu'ils brident l'autonomie budgétaire des CT. De même, le fait que la quasi-totalité des dépenses des CT soient des dépenses obligatoires dont la liste a été arrêtée par l'État central à travers la loi, le fait que ledit État central puisse inscrire et abonder d'office les dépenses obligatoires qui auraient été omises du budget sont de nature à davantage brider cette autonomie budgétaire. Enfin, le fait que l'autorité de tutelle ait la possibilité de régler d'office le budget de toute CT qui n'aurait pas adopté son budget primitif avant le 31 mars (décret 2017-575, art. 72) participe, nonobstant toute justification, d'une éviction des organes de la CT à travers une substitution d'action qui vide l'autonomie budgétaire de son contenu.

V.2.3. Des éléments d'analyse du processus d'exécution du budget

Si l'ordonnateur de la CT est en principe maître de l'opportunité de la dépense, y compris de ses différentes phases d'exécution, il reste que dans certaines circonstances, l'autorité de tutelle (en l'occurrence le ministre en charge des Finances) peut se substituer à lui pour procéder à l'ordonnancement d'office de certaines dépenses (décret 2017-575, art. 118) : (i) lorsque l'ordonnancement ou le mandatement d'une dépense obligatoire inscrite au budget n'est pas effectué, le ministre en charge des Finances peut mettre en demeure l'ordonnateur ou son délégué de l'effectuer. Si la mise en demeure n'est pas suivie d'effet dans le délai d'un mois, le ministre procède à l'ordonnancement d'office ; (ii) lorsque l'ordonnateur ou son délégué refuse d'émettre une ordonnance ou un mandat de paiement, le créancier peut se pourvoir devant le ministre en charge des Finances qui procède, s'il y a lieu, à un ordonnancement d'office. Il est évident que de telles évictions de l'ordonnateur du budget par le ministre en charge des Finances en se substituant à lui sont de nature à brider fortement l'autonomie budgétaire de la CT, nonobstant le fait qu'il s'agit ici de remédier à une défaillance de ladite CT ou de rétablir un créancier dans ses droits.

En outre, l'ordonnateur du budget de la CT est tenu de soumettre ses propositions d'engagement au contrôle a priori du contrôleur financier. Il en est de même des ordonnances ou mandats émis par l'ordonnateur ou par son délégué qui doivent être soumis aux vérifications et validations préalables du receveur avant tout paiement. Compte tenu de leur finalité (prévention des irrégularités), ces deux contrôles fondés essentiellement sur la légalité et/ou sur la régularité des documents de dépenses ne semblent pas à première vue poser des problèmes. Pourtant, sous un angle analytique, le fait même que lesdits contrôles soient exercés a priori par des agents du gouvernement central constitue un dispositif qui bride l'autonomie budgétaire des CT, nonobstant la noblesse de la finalité. En outre, un tel modèle de contrôle pourrait inciter l'ordonnateur du budget à se soucier plus de la conformité des justificatifs des dépenses aux critères de contrôle au lieu de se préoccuper davantage de la production efficace et efficiente de BCL au profit des électeurs/citoyens/contribuables locaux. De même, au regard des critères du contrôle exercé par le CF et par le receveur, une certaine redondance est perceptible dans ce contrôle permanent de l'exécution budgétaire des CT.

Tous ces éléments appréhendés, suivant la perspective de l'analyse en économie politique de la décentralisation, révèlent une certaine incohérence de l'arrangement institutionnel de ce contrôle et pourraient même faire douter de la pertinence de son maintien en l'état dans un contexte où, en dehors de l'état civil, toutes les autres tâches sont censées avoir été dévolues aux CT. Cependant, sous l'angle de la bonne gouvernance des finances publiques locales et en l'état actuel des capacités de la grande majorité des CT, au regard de certaines limites objectives du contrôle a posteriori exposées ci-après, de même qu'au regard de la faiblesse du contrôle populaire sur la gestion des élus locaux pouvant favoriser des comportements stratégiques et des aléas moraux, le dispositif de contrôle budgétaire permanent actuellement en vigueur demeure, sous réserve de quelques adaptations et/ou modulations, l'alternative la moins coûteuse aussi bien pour les citoyens locaux que pour ceux du pays tout entier.

En ce qui concerne le contrôle intermittent de l'exécution budgétaire des CT, le fait qu'il intervient a posteriori est beaucoup plus cohérent avec la dévolution. Toutefois, il y a une limite inhérente à cette intervention a posteriori qui est que ledit contrôle ne peut pas prévenir (il ne fait que constater ex-post) les éventuelles irrégularités et/ou concussions. En outre, le fait que les structures chargées de ce contrôle ne soient pas déconcentrées auprès des CT (à l'exception du contrôleur financier) et le fait que leurs moyens d'intervention (humains, matériels, etc.) ne soient pas toujours au niveau des exigences de la tâche alors qu'elles sont censées contrôler, et la gestion budgétaire de l'État central, et celle de toutes les CT constituent des limites supplémentaires. De même, la multiplicité des structures de contrôle sans une véritable coordination[29] entre elles n'est certainement pas une

[29] La mise en place sous le leadership de l'ASCE-LC du cadre de concertation des corps de contrôle de l'ordre administratif vise à remédier, entre autres, aux difficultés de coordination desdits corps de contrôle.

garantie d'efficacité et d'efficience du contrôle administratif a posteriori dans son ensemble. Enfin, à l'exception de l'ASCE-LC et de la Cour des comptes, les autres structures de contrôle a posteriori ne sont pas compétentes pour donner elles-mêmes d'éventuelles suites judiciaires aux résultats de leurs investigations. Seules les autorités hiérarchiques desdites structures, par ailleurs autorités de tutelle des CT, peuvent donner de telles suites judiciaires, ce qui signifie que d'éventuels effets filtre sont de l'ordre du possible.

Les autres aspects du processus d'exécution budgétaire des CT qui peuvent être intéressants sous l'angle analytique sont relatifs aux principes de l'unité de trésorerie et de l'unité de caisse. Si le principe de l'unité de caisse ne pose pas un problème majeur, tel n'est pas le cas pour l'unité de trésorerie. En effet, l'unité de trésorerie qui est une unité verticale et horizontale de toutes les disponibilités du Trésor public implique en réalité la centralisation par l'État central de la gestion de toutes les trésoreries des CT à son niveau, ce qui bride l'autonomie de gestion desdites CT. Au-delà de cet aspect, le principe de l'unité de trésorerie comporte un risque. En effet, la gestion de la trésorerie par le gouvernement central peut inciter les CT à planifier des engagements de dépenses ne tenant pas compte du rythme des recouvrements de recettes puisqu'elles sont assurées de pouvoir bénéficier des avances de trésorerie sans intérêt. Mais compte tenu de ce que la procédure d'exécution du budget est étroitement surveillée par les agents de l'État central (contrôleur financier, receveur), la survenue de ce risque devrait pouvoir être en principe minimisée.

Il y a lieu de signaler que le principe de l'unité de trésorerie peut, tout de même, comporter des avantages pour les CT : **(i)** la possibilité pour les CT de bénéficier d'avances de trésorerie sans intérêt en cas d'insuffisance momentanée de fonds disponibles au cours d'un exercice budgétaire ; **(ii)** la gestion sans frais des opérations de trésorerie des CT par le Trésor public ; **(iii)** l'assurance que les dépenses urgentes et incompressibles (par exemple, les salaires) seront toujours payées, même en cas de tension de trésorerie.

V.2.4. Des éléments d'analyse du processus d'adoption et d'approbation des comptes

D'un point de vue analytique, l'examen et l'approbation des comptes de clôture des CT par l'autorité de tutelle ne posent pas un problème particulier de cohérence avec la dévolution. En effet, non seulement ce processus d'approbation s'inscrit dans un mécanisme normal de reddition des comptes qui est un des critères essentiels de la bonne gouvernance des finances publiques locales mais en plus, l'approbation des comptes intervient a posteriori, ce qui n'est pas de nature à porter atteinte de façon significative à l'autonomie budgétaire des CT.

Conclusion

Il s'est agi de faire dans ce chapitre V la description suivie de l'analyse des processus budgétaires des CT aux fins d'apprécier leur autonomie budgétaire. Ainsi, le processus de budgétisation, d'adoption et d'approbation du budget, le processus d'exécution budgétaire, de même que le processus d'adoption et d'approbation des comptes de clôture ont été succinctement décrits. Ensuite, les éléments d'analyse par processus ont été exposés après avoir rappelé et décliné préalablement une grille d'analyse.

Suivant la perspective de l'analyse en économie politique de la décentralisation, on s'aperçoit que les dispositions institutionnelles qui encadrent les processus budgétaires sont globalement incohérentes avec la dévolution des tâches qui est pourtant censée être la modalité de transfert de la totalité des tâches attribuées aux CT, à l'exception de la tâche d'état civil. En effet, l'autonomie budgétaire, des CT est bridée tout au long de leur cycle budgétaire à l'exception notable du processus d'adoption et d'approbation des comptes de clôture qui ne porte pas atteinte à ladite autonomie budgétaire. Ce dernier processus ne bride pas l'autonomie budgétaire des CT en ce sens que l'approbation des comptes par l'État central qui intervient à la suite de leur adoption par le conseil de collectivité a lieu a posteriori en fin d'exercice budgétaire. Étant entendu que cette approbation des comptes de clôture participe du processus de reddition des comptes qui est un des critères importants de la bonne gouvernance des finances publiques locales.

Mais en plus de présenter des incohérences, les dispositions institutionnelles relatives aux processus budgétaires des CT ont le défaut de n'avoir pas aménagé certaines innovations budgétaires indispensables pour l'arrimage desdites CT au budget-programme que lesdites dispositions institutionnelles ont pourtant institué. Ainsi, alors que le RFCCT (décret 2019-0575, articles 61 et 62) a prévu la possibilité de présenter le budget par programme, il fait une totale impasse sur le plan communal de développement (PCD) et le plan régional de développement (PRD) qui devront pourtant être, à travers leurs outils de cadrages budgétaires, les principaux intrants d'une démarche de budgétisation par programme dans les CT. En effet, cette démarche de budgétisation implique l'intégration du cycle budgétaire dans une chaîne cohérente de « planning, programming and budgeting system » (PPBS) aux fins de garantir l'efficacité des allocations budgétaires. De même, l'évaluation des performances budgétaires, fondée sur les critères dits des 4E que sont l'efficacité, l'efficience, l'économicité et la durabilité, a été omise. Ceci, en dépit du fait que la gestion axée sur les résultats qui constitue la base du budget-programme suppose l'implémentation d'une telle démarche d'évaluation permettant de savoir si les CT réalisent les résultats souhaités des politiques publiques locales (Efficacité) tout en respectant les normes et standards de coûts (Efficience) à travers les meilleures combinaisons de coûts et de rendements (Économicité) et suivant des choix d'économie durable (Durabilité).

CONCLUSION GÉNÉRALE

Cet ouvrage se veut être une contribution à une meilleure connaissance du processus de décentralisation burkinabè à travers la mise en évidence de ses défis actuels qu'il conviendrait de relever. De ce fait la présente conclusion générale, dont le but principal est de faire la synthèse des résultats de la recherche, comporte deux points : le premier point résume les principaux enseignements de la recherche en termes de défis à relever et le second point est consacré aux mesures recommandées de même qu'aux perspectives.

I. Les principaux enseignements de la recherche

La question centrale au cœur de cette recherche était de savoir si les dispositions institutionnelles de la décentralisation burkinabè sont performantes pour permettre de capter tous ses avantages. La réponse provisoire qui lui avait été donnée, sous réserve de vérification, était que le niveau de performance des dispositions institutionnelles ne permettait pas de capter tous les avantages attendus de la politique publique de décentralisation. Pour les besoins de vérification de cette hypothèse formulée en introduction générale, les principales thématiques du processus de décentralisation ont été passées sous le rouleau compresseur de l'analyse en économie politique des institutions suivant une démarche qualitative. Il en a résulté des enseignements dont les principaux se déclinent en termes de défis à relever en matière d'amélioration du cadre institutionnel, de désenchevêtrement des tâches et de leur meilleure imputation, d'autonomie financière des collectivités territoriales, de même qu'en matière d'autonomie budgétaire des communes et des régions et de leur arrimage à la gestion axée sur les résultats. Lesdits enseignements qui permettent de conclure finalement à la confirmation de l'hypothèse de départ sont déclinés successivement ci-dessous.

I.1. Des défis de l'amélioration du cadre institutionnel

Les principaux défis concernent le fondement principiel de la décentralisation et les arrangements politico-administratifs des collectivités territoriales.

I.1.1. Le défi de clarification du fondement principiel de la décentralisation : la subsidiarité

Le principe de subsidiarité est consacré par les dispositions institutionnelles comme étant le principe devant régir la mise en œuvre de la décentralisation et la répartition des compétences entre l'État central et les collectivités territoriales. Cependant, lesdites dispositions institutionnelles n'ont décliné ni définition conceptuelle, ni contenu opérationnel du principe de subsidiarité alors que ledit principe n'a aucune définition précise faisant consensus dans la littérature d'économie politique ni même dans la littérature des sciences sociales en général. Les définitions proposées en littérature sont le plus souvent variables suivant les auteurs et/ou suivant les disciplines. Cette lacune des dispositions institutionnelles ne permet pas d'analyser ou d'évaluer objectivement la cohérence de la mise en œuvre de la décentralisation et de la répartition des tâches et ressources avec leur fondement principiel qu'est la subsidiarité. En conséquence, les collectivités territoriales se trouvent être dépourvues, par exemple, de tout argument objectif fondé sur ledit principe pour exprimer auprès de l'État central d'éventuelles insatisfactions en matière de transferts de tâches et/ou de ressources. De même, l'État central se trouve dans l'impossibilité de pouvoir justifier lesdits transferts sur la base d'arguments objectifs tirés du principe de subsidiarité. Du reste, il est très courant de lire comme une antienne des recommandations appelant au respect du principe de subsidiarité par l'État central dans des rapports produits sur commande par des bureaux d'études et autres consultants dans le cadre d'études relatives à la gouvernance locale. Le problème est que de telles recommandations, appelant au respect du principe de subsidiarité, ne peuvent avoir en l'état actuel aucune portée pratique. En effet, faute de définition et de déclinaison opérationnelle consacrées par les dispositions institutionnelles, il n'est pas du tout évident que les acteurs de l'État central et ceux des CT aient la même perception du principe ni la même lecture de ces recommandations, ni la même conception de leur mise en œuvre. En somme, la déclinaison d'un contenu concret et explicite du principe de subsidiarité est donc le défi préalable à relever pour des raisons opérationnelles et pratiques, mais aussi pour dissiper ce doute persistant sur la pertinence même de la subsidiarité comme fondement principiel d'une décentralisation top-down comme celle du Burkina Faso.

I.1.2. Le défi du renforcement des performances des arrangements politico-administratifs

Analysés sur la base des critères de performance retenus dans le cadre de la présente recherche, les arrangements politico-administratifs des collectivités territoriales ont révélé des lacunes qui sont autant de défis dont les plus significatifs sont résumés ci-dessous :

1/ La première lacune résulte de la définition et de la classification des communes rurales et urbaines sur la base de deux critères cumulatifs que sont la taille de la population et les ressources propres. En effet, ces critères qui sont susceptibles de variation dans le temps font dépendre lesdites définition et classification de cette contingence temporelle. Pourtant, si le CGCT a prévu, pour ce qui concerne les communes urbaines, le passage du statut ordinaire au statut particulier dans l'hypothèse d'une variation à la hausse des critères ci-dessus évoqués, il n'a, en revanche, prévu aucune disposition en ce qui concerne les communes rurales. Autrement dit, aucune solution institutionnelle n'est prévue pour ce qui concerne la situation d'une commune rurale qui se retrouverait de fait, suite à la variation à la hausse des critères, dans la catégorie des communes urbaines. De même, aucune solution institutionnelle n'a été prévue dans le cas où une commune rurale se serait vidée de façon durable et/ou définitive d'une partie importante de sa population (ce qui n'est pas qu'une simple hypothèse d'école dans la situation actuelle du Burkina Faso marquée par le phénomène des nombreux déplacés internes) pour ne se retrouver qu'avec beaucoup moins que le minimum des cinq mille (5 000) habitants admis pour demeurer une commune rurale. Du reste, dans une telle hypothèse de dépeuplement de ladite commune rurale, on devrait s'attendre logiquement à une baisse des ressources propres annuelles en dessous du montant plancher de cinq millions (5 000 000) de francs CFA[30] puisque ce sont les activités économiques des émigrés qui devraient permettre de générer lesdites ressources propres.

2/ Outre la question de la légitimité des organes de la région CT et du risque de faire passer cette dernière pour une simple excroissance des communes du territoire régional, l'élection des conseillers régionaux par les conseils municipaux constitue une des incohérences du dispositif institutionnel. En effet, d'un point de vue institutionnel, la région est une CT au même titre que les communes avec en principe tous les attributs qui sont liés à ce statut. Il n'est donc pas cohérent que les membres du conseil régional soient désignés au suffrage indirect par les organes délibérants des

---

[30] 1 Euro = 655,957 Francs CFA.

communes. En outre, un tel arrangement institutionnel n'est pas de nature à inciter les organes (délibérant et exécutif) de la région à offrir des politiques publiques régionales en quantité et qualité conformes aux préférences des citoyens régionaux puisque non seulement, lesdits organes n'ont pas été directement élus par ces derniers mais en plus, leur éventuelle réélection ne dépend pas directement de ces citoyens. Au total, cette modalité d'élection permet probablement de réduire le coût des élections mais elle galvaude la légitimité des organes régionaux et ne favorise pas la redevabilité desdits organes et des élus régionaux vis-à-vis des citoyens/contribuables de la région.

3/ L'élection au suffrage indirect du maire et du président du conseil régional (PCR) de même que leur double « casquette »[31] constituent également des aspects lacunaires des arrangements politico-administratifs des collectivités territoriales. En effet, le maire est non seulement l'organe exécutif unipersonnel de la commune mais il est en plus le président de l'organe délibérant. Il convoque et préside les séances de ce dernier organe avec voix prépondérante en cas d'égalité des voix à l'occasion des délibérations. La situation est identique en ce qui concerne la région puisque le président du conseil régional est en même temps l'organe exécutif unipersonnel de la région. En d'autres termes, le maire et le président du conseil régional président les instances (organes délibérants) qui décident sur les offres des biens et services collectifs pour ensuite se charger du management de la production. Le maire est ainsi partie intégrante du « principal » (conseil municipal) qu'il dirige et est également « agent » du même conseil en tant qu'organe exécutif pour la mise en œuvre des décisions. Il en est de même, mutatis mutandis, en ce qui concerne le président du conseil régional. De tels « dédoublements » fonctionnels comportent des risques de comportements stratégiques et d'aléas moraux et ne sont pas de nature à favoriser une meilleure transparence des décisions d'offre et de gestion des fonctions de production des politiques publiques locales. En outre, ces arrangements peuvent difficilement permettre aux citoyens/contribuables de situer avec précision les responsabilités des différents organes en cas d'éventuels dysfonctionnements dans l'offre et/ou dans la gestion de la production des biens et services locaux. Du reste, même s'il arrive que ces dysfonctionnements soient du fait des exécutifs locaux,

[31] On pourrait même parler de multiples casquettes, même si tel n'est pas l'objet du présent propos. En effet, le maire, en plus d'être président du conseil municipal et l'exécutif communal, est également officier d'état civil et officier de police judiciaire. Quant au PCR, il est, comme son nom l'indique, le président du conseil régional, l'exécutif régional et officier de police judiciaire.

ceux-ci pourraient échapper à la sanction populaire à l'occasion des renouvellements des mandats puisque le maire et le PCR ne sont pas élus au suffrage direct par les citoyens mais plutôt au suffrage indirect par les conseils de collectivités qui agissent le plus souvent suivant des rationalités partitaires, voire clientélistes.

4/ L'attribution du statut hybride ou, à tout le moins, ambigu aux arrondissements de la commune urbaine à statut particulier n'est pas la moindre des lacunes de l'arrangement politico-administratif de cette catégorie de commune. En effet, lesdits arrondissements ne sont pas considérés comme étant des collectivités territoriales par les dispositions institutionnelles. De ce fait, on pourrait les considérer en l'espèce comme étant des entités « déconcentrées » des communes urbaines à statut particulier. Cependant, il se trouve que lesdits arrondissements sont dotés d'organes délibérants et d'exécutifs désignés par élection, ce qui les rapproche beaucoup plus des CT sous le rapport de la légitimé démocratique des organes. Ce statut ambivalent porte en germe des risques de conflits entre les organes de la commune et ceux des arrondissements. Il comporte également des risques de dysfonctionnement dans l'offre et/ou la gestion de la production des biens et services locaux, de même que des risques de dilution des responsabilités des organes de la commune et des arrondissements. Ceci est d'autant plus plausible que les attributions des arrondissements ne sont pas déterminées de façon cohérente, précise et clairement distincte d'avec celles de la commune urbaine à statut particulier.

5/ L'incohérence de l'arrangement institutionnel de la tutelle exercée par l'État central sur les CT constitue un des défis majeurs des APA, qu'il conviendrait de relever. Ainsi qu'elle a été largement développée dans la section qui lui a été consacrée dans le corps de l'ouvrage, la tutelle peut aussi bien porter sur les organes des CT que sur les actes desdits organes. Seuls les enseignements relatifs à la tutelle sur les actes et délibérations sont synthétisés ci-dessous. Si, dans un contexte de décentralisation top-down, la tutelle de l'État central sur les actes et délibérations des CT n'est pas à exclure, il reste que l'exercice de cette tutelle devrait se faire en faisant la distinction entre les tâches dévolues et les tâches déléguées. En ce qui concerne les actes et délibérations portant sur les tâches dévolues, la tutelle de l'État central, si elle doit exister, devrait consister en une tutelle de légalité exercée a posteriori. Les CT étant en matière de dévolution seules responsables de l'opportunité des décisions d'offre, de production et de financement des biens et services locaux, il s'agit de préserver en l'espèce cette autonomie de décision. Autrement dit, les variantes du procédé de la tutelle a priori que sont l'autorisation et l'approbation préalables, compte tenu de ce qu'elles sont étroitement liées à l'appréciation d'opportunité, ne devraient pas gagner à s'exercer sur les actes et délibérations portant sur des tâches dévolues. Par contre, pour ce qui concerne les actes et délibérations portant sur les tâches déléguées, l'État central en tant que « principal » devant s'assurer que les « agents » que sont les CT respectent les objectifs, normes et/ou standards minimaux qu'il a fixés en matière de production desdites tâches, la tutelle peut s'exercer sous toutes les formes voulues par le principal. Pourtant, les dispositions institutionnelles relatives à la tutelle et à son exercice n'opèrent pas une telle différenciation. La distinction qu'elles opèrent porte plutôt sur le caractère financier ou non des actes et délibérations des CT. Dans cette perspective, les actes et délibérations qui ne présentent aucun enjeu financier sont soumis à un contrôle exclusif de toute considération d'opportunité, et exercés a posteriori. Par contre, tous les actes et délibérations ayant un caractère financier ou ayant une incidence financière sont soumis aux procédures d'autorisation ou d'approbation préalables. Il en résulte que la quasi-totalité des tâches des CT est soumise à la tutelle a priori de l'État central d'où toute l'incohérence du dispositif qui n'est pas en ligne avec la dévolution des tâches.

I.2. Des défis du désenchevêtrement des tâches et de leur cohérente et lisible imputation

En matière de transfert de tâches, les principaux défis révélés par l'analyse du dispositif institutionnel se présentent ainsi qu'il suit :

1/ Le premier défi réside dans les lacunes du dispositif institutionnel en matière de transfert des tâches. Censé être la modalité de transfert de tâches, le dispositif institutionnel n'a pourtant décliné aucune conceptualisation, ni aucune dimension explicites et précises de la notion de dévolution. Alors que de telles conceptualisation et déclinaison des dimensions auraient permis d'analyser la cohérence interne du dispositif institutionnel de transfert de tâches. Elles auraient permis en particulier de vérifier la cohérence des tâches attribuées aux collectivités territoriales avec les dimensions institutionnelles de la dévolution. En tous les cas, une lecture combinée suivie d'une interprétation téléologique des dispositions institutionnelles consacrées au transfert des tâches et à leur opérationnalisation ont permis de déduire que toutes les tâches transférées aux collectivités territoriales sont censées être des tâches dévolues. La seule exception ne concernant que la tâche d'état civil censée être, du point de vue des dispositions institutionnelles, une tâche déléguée « intuitu personae » au maire et à ses adjoints.

Par contre, l'analyse, sur la base d'une grille conçue à cet effet, d'un échantillon de tâches communales ne confirme que partiellement la déduction résultant des dispositions institutionnelles. En effet, les résultats du test d'analyse ont révélé que les tâches du domaine « culture, sports et loisirs » sont des tâches dévolues. Par contre, les résultats relatifs aux tâches des domaines de l'« éducation » et de la « santé » indiquent que les tâches desdits domaines sont des tâches déléguées. De même, du point de vue analytique, la tâche « état civil » est une tâche déléguée de la commune et non une tâche déléguée « intuitu personae » du maire et de ses adjoints. En somme, ces résultats de l'analyse permettent de conclure que les dispositions institutionnelles ont opéré implicitement, toutes choses étant égales par ailleurs, des transferts-dévolution pour ce qui concerne les tâches du domaine « culture, sports et loisirs » et des transferts-délégation pour les tâches des domaines « éducation », « santé » et « état civil ». Étant entendu que la catégorie des transferts-dévolution renvoie à des tâches exclusives de la commune tandis que celle des transferts-délégation concerne des tâches partagées entre l'État central, en principe responsable du pilotage des offres et donc du financement desdites tâches, et la commune, responsable des fonctions de production. En tout état de cause, l'analyse met en évidence l'incohérence interne, en plus du caractère non explicitement lisible, de la répartition des tâches consacrée par les dispositions institutionnelles. Il y a donc un défi de désenchevêtrement des tâches en vue d'une transparente et lisible imputation des responsabilités respectives de l'État central et des collectivités territoriales qui doit être relevé.

2/ Le second groupe de lacunes comporte trois principaux aspects : **(i)** Le premier aspect concerne l'incohérence dans la classification de certaines tâches par domaine et par collectivités territoriales, de même que la superposition d'autres tâches. En effet, certaines tâches ont été énumérées par le CGCT sous des domaines avec lesquels lesdites tâches ne sont pas en ligne. En outre, la loi n'a fait qu'une simple énumération formelle des tâches par domaine sans proposer une classification fonctionnelle de ces tâches suivant leurs objectifs socio-économiques. En conséquence, il n'y a aucune cohérence entre les tâches transférées aux CT et la classification fonctionnelle des dépenses de la nomenclature budgétaire des CT adoptée courant l'année 2019. **(ii)** Le deuxième aspect est relatif à l'imprécision, au chevauchement et/ou au caractère équivoque de certains intitulés de tâches, toute chose pouvant entraîner des confusions. Ainsi, certaines tâches énumérées comme telles par le CGCT sont, en réalité et après analyse, des transferts financiers.

I.3. Du défi de l'autonomie financière des collectivités territoriales

L'analyse relative au transfert des ressources a mis en évidence de nombreux enseignements qui sont autant de défis à relever. Toutefois, la présente synthèse se focalise prioritairement sur les principaux défis relatifs à la problématique de l'autonomie financière des collectivités territoriales.

1/ L'aspect le plus lacunaire de la fiscalité locale qu'il convient de signaler concerne la question des critères de transfert des impôts aux CT. Le constat est que les règles institutionnelles n'ont décliné aucun critère explicite de transfert. Mais l'interprétation téléologique du CGCT laisse à penser que l'autonomie financière des CT est considérée comme étant implicitement le seul critère de transfert des impôts. Cette interprétation est d'autant plus justifiée et cohérente que l'autonomie financière est, en plus de la personnalité juridique, un critère qui fonde l'existence même de toute CT. Dans cette perspective, l'autonomie financière, entendue au sens de la capacité d'une collectivité territoriale à obtenir par ses propres moyens les ressources financières dont elle a besoin, sans recourir ou dépendre d'autres collectivités territoriales ou de l'État central, implique tout au moins une autonomie fiscale. À défaut de cette autonomie fiscale, la flexibilité fiscale peut conférer une certaine autonomie financière aux CT pour autant que cette flexibilité concerne des impôts ayant des rendements élevés et dont les CT peuvent disposer librement des produits. Pourtant, l'analyse a révélé que les CT évoluent sous un régime de fiscalité obligatoire, ce qui met en évidence toute l'incohérence entre le critère de transfert des impôts aux CT et leur pouvoir fiscal.

En outre, l'analyse dudit pouvoir fiscal a également révélé son caractère atypique et incohérent avec la dévolution des tâches. Le caractère atypique du pouvoir fiscal tient au fait que les dispositions institutionnelles de référence attribuent formellement aux CT des impôts dits « impôts propres », c'est-à-dire des impôts qui sont censés leur être dévolus. Pourtant, lesdites CT ne disposent d'aucune véritable marge de manœuvre fiscale puisqu'elles sont soumises, ainsi qu'il a été indiqué ci-dessus, à un régime de fiscalité obligatoire. Autrement dit, les CT ne contrôlent aucune composante de l'équation fiscale. Quant à l'incohérence, elle tient notamment au fait qu'aux tâches dévolues aux CT devraient en contrepartie correspondre des impôts dévolus pour les financer, ceci signifiant que les CT devraient être, tout au moins, soumises à un régime de flexibilité fiscale à défaut de pouvoir créer des impôts et d'accéder aux sources d'impôt à leur discrétion. De même, ce « design » institutionnel du pouvoir fiscal local est incohérent avec certains objectifs projetés de la décentralisation. En effet, l'arrangement institutionnel ne permet pas aux conseils de collectivités de pouvoir moduler éventuellement la pression fiscale locale et donc, les niveaux des budgets locaux en fonction des besoins et préférences variables des citoyens/contribuables locaux.

Au total, au sens de l'économie politique de la décentralisation, les CT ne sont dotées d'aucune autonomie fiscale et n'ont de ce fait qu'une autonomie financière beaucoup plus formelle que réelle. Du reste, le tout n'est même pas que les collectivités territoires aient une prétendue autonomie financière, encore faut-il qu'elles puissent décider de façon autonome, dans le cadre des processus budgétaires, des catégories, des quantités et des qualités de biens et services locaux qu'elles entendent financer au profit des citoyens/contribuables. La synthèse ci-après consacrée aux processus budgétaires des CT révèle que leur autonomie dans le cadre desdits processus est également essentiellement formelle. Pourtant, le fait que l'autonomie financière des CT soit bridée peut avoir pour conséquences les problèmes non exhaustifs suivants :(**i**) l'absence d'une véritable responsabilité budgétaire au niveau local. Ceci, tant au niveau des citoyens/contribuables en raison du fait qu'ils auront des informations biaisées sur les coûts des biens et services collectifs locaux qu'au niveau des décideurs locaux puisque l'État central est en réalité le décideur ultime sur les besoins locaux en tant que pourvoyeur des financements ; (**ii**) l'instauration d'une iniquité territoriale. Ceci, en raison du régime de fiscalité obligatoire qui fait que les contribuables dotés des mêmes capacités contributives mais situés dans des collectivités territoriales différentes et bénéficiant de ce fait de biens et services collectifs locaux différents supportent, toutes choses étant égales par ailleurs, les mêmes charges fiscales.

C'est sans doute dans le but de remédier, tout au moins partiellement, aux problèmes ci-dessus évoqués qu'un régime de flexibilité fiscale a été édicté par l'article 16 de la directive 01-2011 portant régime financier des collectivités territoriales (RFCT) au sein de l'UEMOA.

2/ L'analyse des dispositions institutionnelles, relatives aux transferts budgétaires (dotations globales équipements et fonctionnement, transferts compensatoires) au profit des CT, a permis de mettre en évidence des lacunes dont les deux principales sont les suivantes : (**i**) premièrement, les règles institutionnelles n'indiquent aucun objectif explicite assigné aux dotations globales pour équipements et pour fonctionnement. Pourtant, sans indication à l'avance des résultats attendus, il serait difficile de distribuer de façon rationnelle les allocations, de même qu'il serait impossible d'évaluer de façon objective l'efficacité desdites allocations ; (**ii**) deuxièmement, les montants des dotations globales et des transferts budgétaires pour couvrir les tâches transférées n'étant connus de façon plus précise qu'annuellement par les CT récipiendaires, ceci pose des difficultés de stabilité et de prévisibilité au niveau desdites collectivités territoriales. En effet, ne pouvant pas savoir à moyen et long terme les montants précis qu'elles recevront, les CT ne peuvent pas faire de la programmation budgétaire pluriannuelle sur la base de ces ressources. S'il est vrai que le cadre budgétaire à moyen terme (CBMT) des CT contenu dans le document de programmation budgétaire et économique pluriannuelle (DPBEP) adopté annuellement par le gouvernement central et soumis à un débat d'orientation budgétaire (DOB) au Parlement au plus tard fin juin indique toujours des projections triennales des contributions que ledit gouvernement central entend verser aux CT, il reste que les montants qui figurent dans ce CBMT sont généralement indicatifs et cumulés pour toutes les CT. De ce fait, lesdites CT ne peuvent pas se fonder sur ces intentions de l'État central, qui ne se concrétisent que rarement en termes de montants promis, pour faire des programmations budgétaires à moyen terme qui soient rigoureuses et réalistes. Il en résulte que l'arrimage des CT au budget-programme, instauré par le régime financier et comptable des collectivités territoriales (RFCCT)[32] de juin 2019 qui implique tout au moins des programmations budgétaires à moyen terme, pourrait être contrarié, entre autres, par cette instabilité et cette imprévisibilité des allocations budgétaires provenant de l'État central. Il y a lieu de signaler que le plan d'actions quinquennal, en cours de mise en œuvre de la stratégie décennale de la décentralisation (2017-2026), a prévu l'élaboration et l'adoption d'une loi de programmation des ressources financières à transférer aux CT comme la solution aux difficultés ci-dessus évoquées. Mais quand on sait qu'une telle loi une fois adoptée n'aura pas le caractère d'une loi de finances au sens de la loi organique relative aux lois de finances (LOLF)[33] et n'aura, par définition, aucun caractère contraignant pour l'État central, on est en droit de douter de l'efficacité, voire de la pertinence d'une telle solution aux difficultés de prévisibilité et de stabilité des transferts budgétaires auxquelles les CT sont confrontées. Cette loi de programmation risque de n'être qu'une simple « loi-vitrine » à but d'affichage politique. En réalité, l'état actuel des dispositions institutionnelles, y compris les outils de programmation budgétaire de l'État central, peut tout à fait permettre de traiter efficacement les

[32] Décret n° 2019-0575/PRES/PM/MINEFID/MATDC du 05/06/2019 portant Régime financier et comptable des collectivités territoriales du Burkina Faso.

[33] Seules, la loi de finances de l'année, les lois de finances rectificatives et la loi de règlement ont le caractère de lois de finances. « Aucune autre loi n'a le caractère de loi de finances et ne peut, par la suite, comporter des dispositions entrant dans l'objet des lois de finances, à l'exception des lois fiscales pour ce qui concerne les ressources » (Loi organique 073-2015/CNT relative aux lois de finances, article 6).

difficultés des CT. Le seul véritable défi demeure en la matière une forte et claire volonté politique de l'État central.

I.4. Des défis de l'autonomie budgétaire et de la gestion axée sur les résultats

I.4.1. Le défi de l'autonomie budgétaire des collectivités territoriales

L'autonomie budgétaire des CT qui n'est pas à confondre avec leur autonomie financière est le principal défi des processus budgétaires desdites CT qui doit être relevé. En effet, les dispositions institutionnelles de référence ont formellement consacré cette autonomie budgétaire comme étant un moyen de mise en œuvre de l'autonomie financière des CT de même qu'un moyen d'accomplissement de leur mission de développement. Ceci implique que l'autonomie budgétaire est le corollaire de la dévolution, de même que le moyen de mise en œuvre des tâches et ressources dévolues aux CT. Dans cette perspective, l'autonomie budgétaire d'une CT peut être entendue au sens de sa capacité à décider seule, en toute liberté, des catégories, des quantités et des qualités des biens et services locaux qu'elle entend offrir à ses résidents. En d'autres termes, l'autonomie budgétaire implique une autonomie de décision de la CT tout au long du cycle budgétaire de telle sorte que les contrôles de l'État central sur les différents processus budgétaires devront être, exclusivement, des contrôles de légalité et/ou de régularité exercés a posteriori aux fins de mieux préserver et garantir ladite autonomie budgétaire.

L'analyse des processus budgétaires des CT a mis en évidence le fait que l'autonomie budgétaire de ces dernières est bridée tout au long du cycle budgétaire, à l'exception notable de l'approbation des comptes de clôture par la tutelle qui, du fait qu'elle a lieu a posteriori en fin d'exercice budgétaire, n'impacte pas l'autonomie de décision. En fait, l'autonomie budgétaire est bridée principalement par le pouvoir de tutelle financière que détiennent l'État central et ses services techniques déconcentrés (STD) sur les CT. Ce pouvoir de tutelle financière bride les CT tant à l'occasion de l'élaboration et l'approbation du projet budget qu'au cours de l'exécution budgétaire :

1/ L'autonomie budgétaire est bridée à l'occasion de l'élaboration et l'adoption du projet de budget. En effet, la quasi-totalité des dépenses des CT sont des dépenses dites « obligatoires » dont la liste est déterminée par l'État central à travers la loi. À l'occasion de l'élaboration du projet de budget primitif et de son adoption par le conseil de collectivités, les dépenses obligatoires doivent figurer obligatoirement dans ledit projet de budget tout en étant pourvues de crédits suffisants avant toute éventuelle inscription des dépenses dites « facultatives ». Autrement dit, l'autonomie de décision des CT en matière de choix des catégories de dépenses ne tient qu'à une portion congrue que constituent les dépenses facultatives.

2/ L'autonomie budgétaire est bridée dans le cadre du processus d'approbation à travers l'exercice de la tutelle financière qui se décline sous trois principales modalités : (**i**) l'approbation préalable qui impose que le budget voté par l'organe délibérant de la CT soit obligatoirement et préalablement approuvé par l'autorité de tutelle centrale ou rapprochée concernée avant toute mise à exécution ; (**ii**) le pouvoir d'instruction qui confère à l'autorité de tutelle centrale ou rapprochée le pouvoir d'instruire les organes de la CT, de rétablir le projet de budget en équilibre réel au cas où il ne le serait pas, d'inscrire les dépenses obligatoires qui ne figurent pas dans le projet de budget, de mieux abonder les lignes des dépenses obligatoires au cas où ces lignes l'auraient été insuffisamment, d'ajuster les prévisions de recettes ou de dépenses lorsqu'elles sont considérées comme ayant été surestimées ou sous-estimées ; (**iii**) la substitution d'action qui permet à l'autorité de tutelle centrale ou rapprochée de se substituer aux organes de la CT pour rétablir l'équilibre réel du budget ou pour inscrire d'office une dépense obligatoire non inscrite au budget après des mises en demeure adressées aux organes de la CT restées sans suites appropriées. En outre, l'autorité de tutelle centrale ou rapprochée peut également se substituer aux organes de la CT pour régler et rendre exécutoire le budget dans le cas où l'organe délibérant de la CT ne se réunirait pas ou se séparerait sans avoir voté le budget avant le 31 mars de l'année considérée.

3/ L'autonomie budgétaire est bridée dans le cadre du processus d'exécution du budget à travers le pouvoir de substitution d'action de l'autorité de tutelle financière centrale et à travers les contrôles exercés par les STD de cette même autorité : (**i**) le ministre en charge des Finances en tant qu'autorité de tutelle financière des CT peut se substituer à l'ordonnateur du budget d'une CT pour procéder à l'ordonnancement d'office d'une dépense obligatoire lorsque ladite dépense n'est pas ordonnancée ou mandatée alors qu'elle est régulièrement inscrite au budget. Cette substitution d'action bride l'autonomie budgétaire de la CT, même si le ministre en charge des Finances est tenu, avant de se substituer à l'ordonnateur, de mettre préalablement celui-ci en demeure, en lui accordant un délai d'un mois, de procéder à l'ordonnancement. En outre, le ministre en charge des Finances peut, suite au recours d'un créancier légitime, procéder à un ordonnancement d'office de toute dépense lorsque l'ordonnateur d'une CT ou son délégué refuse d'émettre l'ordonnance ou le mandat de paiement ; (**ii**) le contrôleur financier (CF), placé auprès de chaque CT mais relevant directement de l'autorité du ministre en charge des Finances, exerce un contrôle permanent, exhaustif et a priori de l'exécution des opérations budgétaires de la collectivité. Le CF peut refuser d'apposer son visa pour valider toute proposition d'engagement de dépense initiée par l'ordonnateur du budget de la CT si ladite proposition d'engagement est jugée non conforme aux critères de contrôle. Le refus de visa ne peut être levé que par décision du ministre en charge des Finances ; **(iii)** le receveur, placé auprès de chaque ordonnateur de budget de CT et relevant hiérarchiquement du ministre en charge des Finances, effectue, avant tout paiement, des contrôles préalables sur les ordonnances ou mandat émis par l'ordonnateur ou par son délégué.

Appréhendé sous l'angle de l'économie politique de la décentralisation, le fait même que ces interventions dans le processus d'exécution budgétaire des CT soient le fait d'acteurs du gouvernement central constitue en soi un dispositif qui bride leur autonomie budgétaire, nonobstant toute la noblesse de la finalité desdites interventions. Du reste, ces interventions, notamment celles effectuées par le biais du dispositif permanent de contrôle a priori de l'exécution budgétaire des CT, ne sont pas cohérentes avec la dévolution des compétences censée être la seule modalité de la décentralisation instituée par les dispositions institutionnelles. Cependant, sous l'angle de la bonne gouvernance des finances publiques locales et en l'état actuel des capacités de la grande majorité des CT, tenant compte de certaines limites objectives du contrôle a posteriori, de même qu'au regard de la faiblesse du contrôle populaire de la gestion locale pouvant favoriser des comportements stratégiques et des autres aléas moraux de la part de certains acteurs, le dispositif de contrôle financier a priori en vigueur demeure l'alternative la moins coûteuse aussi bien pour les citoyens/contribuables locaux que pour ceux du pays tout entier. Par contre, ce modèle de contrôle a priori pourrait faire l'objet de modulations différenciées en fonction des capacités des CT, ceci, dans le cadre de l'arrimage de ces dernières au budget-programme.

I.4.2. Le défi de l'arrimage des collectivités territoriales à la gestion axée sur les résultats

À la suite de la LOLF qui l'a institué à compter de janvier 2017 au sein de l'État central, le RFCCT qui a transposé la directive 01-2011/CM/UEMOA a également prévu l'option de l'arrimage des CT à la gestion axée sur les résultats à travers l'instauration du budget-programme. Mais le passage d'une instauration formelle du budget-programme à sa mise en œuvre effective demeure un défi important à relever. En effet, le RFCCT est lacunaire en ce sens qu'il a le défaut de n'avoir pas aménagé certaines innovations budgétaires importantes et nécessaires pour le passage d'une logique de moyens axée sur la régularité budgétaire à une logique de programmes tournée vers l'efficacité et la performance de l'action publique locale. Sans prétendre à l'exhaustivité, trois catégories de lacunes peuvent être évoquées à titre illustratif : **(i)** en matière d'élaboration budgétaire, le RFCCT fait une totale impasse sur le plan communal de développement

(PCD) et le plan régional de développement (PRD) qui devront pourtant être, à travers leurs outils de cadrages budgétaires, les principaux intrants d'une démarche de budgétisation par programme dans les CT. En effet, la démarche de budgétisation par programme implique l'intégration du cycle budgétaire dans une chaîne cohérente de planification, de programmation et de budgétisation aux fins de garantir l'efficacité des allocations budgétaires. Étant entendu que les programmes budgétaires devront être en cohérence avec les axes stratégiques des PCD et PRD ; **(ii)** l'arrimage des CT au budget-programme implique l'instauration d'une démarche de performance, ce qui présuppose l'existence d'acteurs désignés pour assurer le pilotage de cette performance. Pourtant, le RFCCT évoque les programmes budgétaires sans donner aucune précision sur les éventuels responsables de programme qui sont pourtant, ainsi qu'on le sait, les acteurs majeurs des chaînes managériales des programmes ; **(iii)** le RFCCT n'a aménagé aucun dispositif particulier de contrôle interne ni aucun dispositif de contrôle de gestion qui sont pourtant indispensables dans le cadre de la GAR. En effet, en tant qu'outils et processus permettant de mieux connaître et maîtriser les activités, les coûts, les résultats et leurs liens mutuels, ces dispositifs permettent d'apprécier l'efficacité et l'efficience des différents programmes. Mieux, en tant qu'outils de pilotage, la qualité et l'efficacité de ces dispositifs de contrôle interne et de contrôle de gestion permettent d'alimenter en données objectives le dialogue de gestion au sein de la CT tout en éclairant les enjeux de la performance qui sont ceux de ladite CT. Du reste, la qualité et l'efficacité des dispositifs de contrôle interne et de contrôle de gestion d'une CT devraient avoir pour conséquence la mise en place au sein de ladite CT d'un contrôle financier modulé en compensation de l'allégement du contrôle a priori systématique et exhaustif.

En conclusion, on peut noter que les principaux enseignements de la recherche tels que synthétisés ci-dessus mettent en évidence les traits caractéristiques d'une décentralisation-délégation plutôt que ceux d'une véritable décentralisation-dévolution bien aboutie. De ce fait, le dispositif institutionnel est globalement incohérent, peu explicite et lacunaire en de nombreux aspects et finalement, moins incitatif pour permettre de capter tous les avantages attendus d'une politique publique de décentralisation. Ceci confirme l'hypothèse de la faiblesse du niveau de performance des dispositions institutionnelles de la décentralisation formulée en introduction générale de l'ouvrage.

II. Les recommandations et perspectives

Les principales recommandations suggérées par les résultats de la recherche se déclinent en mesures relatives aux dispositions institutionnelles de la décentralisation tandis que les perspectives concernent quelques autres pistes possibles de recherche relatives à la thématique de la décentralisation.

II.1. Des mesures recommandées

Les mesures recommandées visent prioritairement à relever les défis ci-dessus signalés concernant le processus de décentralisation : (**i**) La première mesure qu'il convient de recommander au regard, entre autres, de l'impressionnante inflation législative des dernières années en matière de décentralisation est l'élaboration d'un véritable Code général, entendu au sens d'un document qui regroupe l'ensemble des dispositions législatives et réglementaires relatives à la décentralisation. Il faut signaler que l'actuel CGCT est tout simplement mal nommé puisqu'il ne se réduit qu'à la seule loi 055-2004/AN, ensemble ses modificatifs et ne peut, de ce fait, être considéré comme un Code général. La finalité du Code général qui pourrait être dénommé Code général de la décentralisation (CGC) serait de rationaliser, d'ordonner et de consolider dans un document unique l'ensemble des très nombreuses et éparses dispositions institutionnelles (lois et décrets) relatives à la décentralisation aux fins d'en faciliter l'accès et l'exploitation. Le tableau II.3 de l'ouvrage qui synthétise l'essentiel des dispositions institutionnelles relatives au processus de décentralisation depuis ses débuts jusqu'à la période récente pourrait constituer une bonne base pour l'élaboration dudit CGC. Il va sans dire qu'un tel code serait d'une grande utilité pour les acteurs des collectivités territoriales, des services techniques déconcentrés et des organisations de la société civile actives dans le domaine de la gouvernance locale. Il serait également d'un intérêt certain pour les étudiants, les enseignants, les chercheurs, etc. (**ii**) La deuxième mesure suggérée par les résultats de la recherche est la nécessaire relecture de la loi 055-2004 en s'inspirant utilement des techniques de la légistique moderne. Ainsi, pour la forme, un titre entier de la loi pourrait idéalement être consacré aux définitions des concepts importants parmi lesquels le principe de subsidiarité. En effet, ce principe qui est censé avoir guidé le transfert des tâches et ressources de même que l'implémentation de la décentralisation n'a aucun contenu précis et opérationnel résultant des dispositions institutionnelles. Or, la littérature propose plusieurs approches définitionnelles du principe de subsidiarité tout en le présentant comme étant conceptuellement plus proche de la décentralisation bottom-up que de celle top-down. La correction de cette lacune est une nécessité dans la mesure où les transferts de tâches et ressources ne sont pas définitivement figés et que la mise en œuvre de la décentralisation est un processus. Dans cette perspective, les dispositions relatives à la subsidiarité contenues dans la Charte africaine (l'article 6 en l'occurrence) des valeurs et des principes de la décentralisation, de la gouvernance locale et du développement local pourraient constituer une bonne source d'inspiration. Du reste, le Burkina Faso, ayant ratifié ladite Charte et déposé les instruments de ratification en fin octobre 2019, il est tenu d'implémenter des mesures législatives, exécutives et administratives appropriées pour aligner les lois et règlements nationaux sur les valeurs, principes et objectifs de la Charte. En outre, il serait indiqué que l'exercice de relecture de la loi 055-2004/AN soit l'occasion de donner une définition conceptuelle précise à la commune sans référence à des critères variables dans le temps. (**iii**) Pour le fond, il serait indiqué d'ériger les arrondissements en de véritables CT avec tous les attributs de ce statut. De même, outre la nécessité de transformer la tutelle a priori (autorisation et approbation préalables) exercée sur les actes et délibérations des CT en un contrôle de légalité exercé a posteriori sous réserve du contrôle modulé en matière budgétaire, il serait indiqué de prendre en charge toutes les autres lacunes ou incohérences des arrangements institutionnels qui relèvent du champ de la loi 055-2004 ou d'autres textes de portées inférieures à cette loi aux fins d'opérer les corrections et ajustements appropriés. Dans cette perspective, il serait indiqué d'alléger ces excessives concentrations des pouvoirs en remplaçant les exécutifs unipersonnels actuels par des exécutifs collégiaux plus efficaces de plusieurs membres coordonnés par un maire *primus inter pares* pour la commune et par un PCR *primus inter pares* pour la région. De même, il serait plus efficace et efficient de mettre en cohérence le maillage territorial de la déconcentration avec celui de la décentralisation en supprimant un des trois niveaux de déconcentration à travers la relecture du texte relatif à l'organisation administrative du territoire et aux attributions des CCA[34]. En effet, le maintien en l'état de ces trois niveaux est incohérent, inefficace et inutilement coûteux dans un contexte de communalisation intégrale. Du reste, on note que les Préfets des départements qui sont pourtant plus proches des communes n'assurent aucune tâche de tutelle sur ces dernières. Ceci, en dépit du fait qu'il existe de forts risques d'engorgements et de dysfonctionnements au niveau local liés au fait que seuls les quarante-cinq (45) haut-commissaires de provinces ont la charge de la tutelle dite rapprochée des 351 communes urbaines et rurales. En tout état de cause, la décision d'opérer ce nécessaire ajustement de l'organisation administrative de la tutelle rapprochée devra, idéalement, être prise par l'État central après un diagnostic objectif du dispositif actuel et à la suite de larges concertations avec les CT. (**iv**) Le Code électoral (loi 014-2001) devra faire l'objet de relecture aux fins d'intégrer l'élection des conseils régionaux, des exécutifs collégiaux régionaux et communaux au suffrage universel direct. Pour des raisons déjà largement expliquées précédemment, les arrangements politico-administratifs des CT seront plus performants et plus en cohérence avec les objectifs projetés de la décentralisation si tous les organes délibérants et les exécutifs collégiaux desdites CT sont élus au suffrage universel direct. (**v**) Les ajustements qu'il conviendrait d'apporter à la loi 055-2004 (article 116), à la loi 014-2006/AN portant détermination des ressources et charges des CT (articles 13-1 et 16) et au régime financier et comptable des CT (article 13)

[34] En l'occurrence le décret n° 2016-878/PRES/PM/MATDSI/MINEFID du 14 septembre 2016 portant organisation administrative du territoire et attributions des chefs de circonscription administrative.

en matière fiscale découlent également des enseignements de la recherche. Ces ajustements devraient consister à supprimer les relations d'agence ou de dépendance entre les régions CT et les communes en matière de collecte des impôts locaux. En outre, les dispositions ci-dessus mentionnées de la loi 055-2004 et de la loi 014-2006 devront être mises en conformité en matière fiscale avec les dispositions de la directive 01-2011 portant régime financier des collectivités territoriales (RFCT) au sein de l'UEMOA. Du reste, il convient de noter pour le déplorer le fait que l'article 13 du RFCCT burkinabè soit une transposition *contra legem* de l'article 16 de la directive ci-dessus évoquée. En effet, contrairement à cet article 13 dudit RFCCT qui dispose que « *le conseil de collectivité territoriale, par sa délibération, fixe le taux des taxes locales dans les conditions déterminées par la loi* », la directive a, quant à elle, institué en cohérence avec la dévolution des tâches et ressources un régime de flexibilité fiscale au profit des CT en ces termes (directive 01-2011, art. 16) : « *Le principe de la légalité de l'impôt implique que la création des impôts et taxes est du domaine de la loi. Le conseil de collectivité territoriale, par sa délibération, fixe le taux des impôts et taxes locaux dans la limite du plafond déterminé par la loi.* » Autrement dit, pour la directive, si l'institution des impôts et taxes relève de la compétence de l'État central à travers la loi, la fixation des taux des impositions de toute nature (impôts et taxes locaux) relève par contre des attributions des conseils de collectivités dans la limite d'un plafond fixé par l'État central. Ces termes sont bien différents de ceux du RFCCT qui n'ont fait que réaffirmer un statu quo ante qui réduit le pouvoir fiscal des CT à la fixation des taux des seules taxes locales. En tout état de cause, il y a lieu de signaler que les dispositions de la loi 055-2004, de la loi 014-2006/AN et de l'article du RFCCT ci-dessus évoqués devront être conformés à celles de la directive en vertu des dispositions de l'article 43, al. 2 du Traité de l'UEMOA du 10 janvier 1994 qui précisent que « les directives lient tout État membre quant aux résultats à atteindre ». Mieux, l'article 6 du même traité pose la règle de la primauté[35] des actes édictés par les organes de l'UEMOA sur les législations nationales, qu'elles soient antérieures ou postérieures, et la Constitution burkinabè consacre la primauté[36] des traités

[35] Cette primauté des actes édictés par les organes de l'UEMOA sur les législations nationales a été rappelée dans l'Avis 001/2003 du 18 mars 2003 de la Cour de justice de l'UEMOA qui s'était prononcée sur saisine des autorités maliennes en ces termes: « la primauté bénéficie à toutes les normes communautaires, primaires comme dérivées, immédiatement applicables ou non, et s'exerce à l'encontre de toutes les normes nationales administratives, législatives, juridictionnelles et, même constitutionnelles parce que l'ordre juridique communautaire l'emporte dans son intégralité sur les ordres juridiques nationaux » (Avis 001/2003 du 18/03/2003, Création de la Cour des comptes du Mali).

[36] « Les traités ou accords régulièrement ratifiés ou approuvés ont, dès leur publication, une autorité supérieure à celle des lois, sous réserve, pour chaque accord ou traité, de son application par l'autre partie » (Cst. 1991, art. 151).

régulièrement ratifiés sur les lois nationales. (**vi**) La relecture du décret portant régime financier et comptable des collectivités territoriales devrait également viser à relever les défis de l'autonomie budgétaire des CT et de leur arrimage au budget-programme à travers la relecture conséquente des dispositions qui brident ladite autonomie budgétaire et le complément et/ou la consolidation des dispositions relatives au mode de gestion budgétaire par programme. Pour ce qui concerne la relecture, elle devrait particulièrement consister à substituer au contrôle a priori exhaustif, systématique et uniforme de l'exécution budgétaire des CT, un contrôle financier modulé en fonction tant de la qualité et l'efficacité du contrôle interne que du contrôle de gestion mis en place par chaque CT. La mise en place d'un tel contrôle modulé qui serait par ailleurs en cohérence avec la gestion axée sur les résultats pourrait se faire progressivement en tenant compte des gaps de capacités des différentes catégories de CT. Du reste, la consécration du contrôle financier modulé permettrait de préserver et mieux garantir l'autonomie budgétaire des CT tout en étant conforme aux principes de ladite modulation aménagés par les dispositions de la LOLF (art. 15). En tout état de cause, le principal enjeu de l'arrimage des CT au budget-programme et de leur autonomie budgétaire réside dans la construction d'une véritable fonction budgétaire dans lesdites CT et la capacité managériale de ces dernières à servir une gestion axée sur les résultats au profit des citoyens/contribuables. La performance des arrangements institutionnels de ces CT devra être conséquemment mise au niveau des exigences d'un tel enjeu. (**vii**) Enfin, il est urgent d'opérationnaliser effectivement la série des vingt et un (21) décrets du 10 octobre 2014 portant modalités de transfert des compétences et ressources de l'État central aux communes et régions dans les différents domaines concernés. Une célérité particulière devrait être diligentée pour ce qui concerne notamment la mise en œuvre concrète des dix (10) décrets qui ont précisé les modalités des transferts de tâches et ressources aux régions. En effet, alors que les tout premiers organes élus des régions sont en place et fonctionnels depuis plus d'une décennie et que chacune des régions a vocation à être un espace économique et un cadre d'aménagement, de planification et coordination du développement aux fins de réaliser un des objectifs majeurs de la décentralisation qu'est le développement local, l'État central a jusqu'à présent fait montre d'une manifeste absence de volonté dans l'opérationnalisation desdits transferts. Cette absence de volonté politique est si manifeste que plusieurs années après la publication des décrets ci-dessus évoqués, l'opérationnalisation du transfert des ressources et tâches aux régions se fait toujours attendre[37].

Pour terminer sur ce point des mesures recommandées, il convient de signaler que les processus de leurs implémentations devraient être, idéalement, conduits de façon ouverte et participative impliquant tous les

---

[37] Seul un transfert très symbolique de certaines activités liées à l'entretien des pistes rurales a été opéré courant 2019.

acteurs de la décentralisation, y compris bien entendu les CT elles-mêmes à travers notamment leurs associations faîtières.

II.2. Des perspectives

La décentralisation dans un État est un processus et l'expression conjuguée d'interactions complexes entre acteurs ou groupes d'acteurs évoluant dans le contexte économique, politique et socio-historique dudit État. Aussi, toute approche de la question de la décentralisation pour ne pas être partielle devra-t-elle procéder d'une prise en compte de cette complexité des interactions et de cette toile de fond contextuelle. Du reste, le bref aperçu historique exposé au chapitre II du présent ouvrage a montré combien les enjeux et défis de la décentralisation sont liés à des problématiques relevant d'autres disciplines des sciences sociales que sont, entre autres, l'histoire, la sociologie, la science politique, le droit, etc. L'économie politique des institutions a également et certainement sa place. La preuve, le présent ouvrage s'est inscrit dans cette dernière perspective suivant une démarche méthodologique volontairement hétérodoxe tout en ayant à l'esprit que la rationalité en économie politique des institutions est loin de suffire, à elle seule, pour rendre entièrement intelligibles les différentes problématiques de la décentralisation. Notre conviction est que la décentralisation est, par excellence, un objet de la recherche interdisciplinaire et de la triangulation des théories. Sous ce rapport, deux pistes indicatives de recherche peuvent être suggérées à l'avenir : la première piste pourrait porter sur la perception de l'autonomie des collectivités territoriales par les parties prenantes de la décentralisation et la deuxième thématique pourrait consister en l'analyse et l'évaluation des impacts et/ou des *outcomes* de la mise en œuvre de la décentralisation burkinabè.

BIBLIOGRAPHIE

I. Ouvrages et articles

Arrow, K. (1970), "The organization of Economic Activity: Issues Pertinent to the choice of Market Versus Non-Market Allocation", in *Joint Economic committee, The Analysis and Evaluation of Publuc Expenditures: The PPB System*, vol. I. Washington, D.C.: U.S. GPO.

Bâ A., T. (2000), « Crise et réforme de la fiscalité locale (1983-1999) », in *Revue burkinabè de droit* n° 38-2e semestre 2000, p. 199-236.

Baguenard, J. (2002), *La décentralisation*, Collection « Que sais-je », PUF, Paris.

Baguenard, J. et Becet J. M. (1985), *La démocratie locale*, Collection « Que sais-je », PUF, Paris.

Baraki Ghebrehiwet Tesfai, (2014), The Pratice of federalism in Ethiopia: a Critical Assessment 1991 – 2012 and an Institutional Approach, Thèse de doctorat, Faculté des Sciences économiques et Sociales, Université de Fribourg (Suisse).

Bazzoli, L. (2000), *L'économie politique de John R. Commons : Essai sur l'institutionnalisme en sciences sociales*, L'Harmattan, Paris.

Beaud, M. (2001), *L'art de la thèse*, Éditions La Découverte, Paris. Bénard, J. (1986), Économie publique, Economica, Paris.

Beer-Toth, K. (2009), Local financial autonomy in theory and practice: The impact of fiscal decentralization in Hungary, Thèse de doctorat, Université de Fribourg, Suisse.

Bernard-Gelabert, M.-C. (1996), *L'intercommunalité, Politiques locales*, LGDJ, Paris.

Billaz, R., (2003), Les Etats francophones d'Afrique de l'ouest face à la décentralisation, le poids et les acquis du passé. Et si l'on interrogeait l'histoire coloniale ?, in La décentralisation en Afrique de l'ouest : entre politique et développement, Editions Karthala, Paris, pp. 25-36.

Bird R., B. Dafflon, C. Jeanrenaud and G. Kirchgässner, (2002), Assignment of Responsibilities and Fiscal Federalism, in Blindenbacher R. and A. Koller,(eds.), op.cit.

Bird, R. et Vaillancourt, F. (1997), « Décentralisation financière et pays en développement : Concepts, mesure et évaluation », in *L'Actualité économique, Revue d'analyse économique*, vol. 74, n° 3 septembre 1998, p. 343-362.

Blindenbacher R. and A. Koller, (eds.), (2002), "Federalism in a Changing World – Learning from Each Other", Mc Gill-Queen's University Press, Montreal and Kinston.

Blöchliger, H. et D. King (2006), "Less than you thought: the fiscal autonomy of sub-central gouvernments", OECD Economie studies, n°.43, 2006/2.

Blum, M. (2008), « Le pilotage des services médico-sociaux aux personnes âgées fragilisées : une approche de politique économique », BENEFRI, série : « Thèse de doctorat », Université de Fribourg (Suisse).

Bodineau, P. et Verpeaux, M. (1993), *Histoire de la décentralisation*, Collection « Que sais-je », PUF, Paris.

Champagne, E. et Ouédraogo, B. M. (2008), « Le Burkina Faso face aux défis de la décentralisation », Andrew Young School of policy Studies, International Studies Program, Georgia State University, September 21-23, 2008.

Clauzel, J. (1997), « La décentralisation dans les pays d'Afrique subsaharienne » ; in Anonyme (dir.), *Décentralisation et expérience concrète de modernisation de l'administration africaine*, Paris, IIAP/ENA de Tunis.

Conseil de l'Europe (1986), *Charte européenne de l'autonomie locale et rapport explicatif, 1986*, réimpression de 1996, Éditions du Conseil de l'Europe, Strasbourg.

COREI, T. (1985), *L'Économie institutionnaliste : les fondateurs*, Economica, Paris.

Dafflon, B. (1995), *Fédéralisme et solidarité : étude de la péréquation en Suisse*, PIFF, Fribourg.

Dafflon, B. (1998), *La gestion des finances publiques locales*, 2e édition, Economica, Paris.

Dafflon, B. (1999), « Comment organiser la performance des politiques publiques : présentation d'un concept nouveau », revue *Politique et Management public*, volume 17, n° 2 p. 105-121.

Dafflon, B. (2002), « Structures communales : qu'est-ce qui distingue la collaboration intercommunale, l'agglomération et la fusion ? », document relatif à la Journée d'étude du 5 novembre « Réforme et politique communale », Berne.

Dafflon, B. (2004), « La péréquation intercommunale dans le canton de Fribourg : bilan et enjeux », BENEFRI, série : « Études et Rapports », Université de Fribourg.

Dafflon, B. (2005), « La nouvelle péréquation financière après le référendum du 28 novembre 2004 », *in* Mazzoleni, O. (éd.), *Fédéralisme et décentralisation/Federalismo e decentramento*, Casagrande Editore, Lugano et Milano, 2005, p. 127-181.

Dafflon, B. (2006), "The assignment of functions to decentralized government: from theory to practice", in *Handbook of fiscal federalism*, Ehtisham Ahmad and Giorgio Brosio (eds), 2006, p. 171-305.

Dafflon, B. et Madiès, T. (2008), « Décentralisation : quelques principes issus de la théorie du fédéralisme financier », *Notes et documents* n° 42, Paris : Agence française de développement, Département de la recherche.

Dafflon, B. et Perritaz, S. (2000a), « L'influence de la taille des communes sur leur degré d'autonomie budgétaire, présentation d'une méthode d'analyse et application aux communes fribourgeoises », *Working paper* n° 336, version du 29 juin 2000, BENEFRI, Université de Fribourg.

Dafflon, B. et Perritaz S. (2000b), « De la définition de l'agglomération à la délimitation de son périmètre : Éléments de réflexion pour une démarche de référence », *Working paper* n° 340, version du 22 décembre 2000, BENEFRI, Université de Fribourg.

Dafflon B. Madiès, T. (2013), "The Political economy of decentralization in Sub-Saharan Africa : A new Implementation Model in Burkina Faso, Ghana. Kenya and Senegal". Africa Development Forum Serie. Washington DC : World Bank.

Dafflon B. Madiès, T. (2011), *L'Économie politique de la décentralisation dans quatre pays d'Afrique subsaharienne : Burkina Faso, Sénégal, Ghana, Kenya*. Éd. Agence française de développement.

Dafflon B., Madies T., (2013), The Political economy of decentralization in Sub-Saharan Africa : A new Implementation Model in Burkina Faso, Ghana. Kenya and Senegal. Africa Development Forum Serie. Washington DC : World Bank.

Dafflon B.et G. Gilbert, 2018, L'Économie Politique et Institutionnelle de la Décentralisation en Tunisie, état des lieux, bilan et enjeux. Agence Française de Développement, Paris, http://editions.afd.fr

Dahou, K. (2003), « La bonne gouvernance selon la Banque mondiale : au-delà de l'habillage juridique », in *La décentralisation en Afrique de l'Ouest : entre politique et développement*, Éditions Karthala, Paris, p. 55-70.

DDC (2001), *Décentralisation, document d'orientation, groupe de travail « décentralisation »*, Berne.

DDC (2007), *Décentralisation et développement local. Module 1 : définitions et concepts*, novembre 2007, Berne.

De Laubier, P. in FRAGNIERE, J-P. et GIROD, R. (2002), Le dictionnaire suisse de la politique sociale, 2ème édition, Réalités sociales, Lausanne, Suisse.

Della, S. (1996), « Della collaborazione alla fusione, analisi degli aspetti economici, instituionali e sociogici del comine », Thèse de doctorat, Université de Fribourg, Suisse.

Dente, B. (1998), « La politique d'évaluation des politiques publiques », in *Évaluation des politiques publiques*, L'Harmattan, Paris.

Derycke, P.-H. ; Gilbert, G. (1998), *Économie publique locale*, Bibliothèque de sciences régionales, Economica, Paris.

De villers, G. (2003), « L'État en Afrique et les lignes de forces de l'évolution des politiques de coopération internationale : dans quel contexte institutionnel ont émergé les politiques publiques de coopération ? », in *La décentralisation en Afrique de l'Ouest : entre politique et développement*, Éditions Karthala, Paris, p. 37-53.

Diallo N., Ky, A. (2019), Budget programme dans les collectivités territoriales décentralisées : Les défis de mise en œuvre au Cameroun, in A+ International, L'expertise nord-américaine au service de votre administration, numéro 1, 27 mai 2019, École nationale d'administration publique, Canada.

Downs, A. (1957), *An economic theory of democracy*, Harper and Row, New York.

Ebel, R. et D. Yilmaz, S. (2001), « Le concept de décentralisation fiscal et survol mondial », Institut de la Banque mondiale, Symposium international sur le déséquilibre fiscal du 13-14 septembre 2001, Québec.

Ernesto, R. (1999), « La décentralisation et les relations entre administrations en Amérique latine », in *La décentralisation budgétaire dans les économies émergentes, problèmes de gestion des affaires publiques*, OCDE.

Frizon, R. *et alii* (2001), « La perception de l'autonomie financière des collectivités locales en Europe : quels enseignements pour la France ? », CNFPT/INET.

Gapany, H. et Friboulet, J. J. (1998), « La dynamique culturelle du développement : concepts et mesures », *Working paper* n° 307, Faculté des sciences économiques et sociales, Université de Fribourg.

Gautier, I. et F. Vaillancourt (2002), « Décentralisation, délégation et dévolution : nature, choix et mise en place », *Miméo*, Institut de la Banque mondiale, Washington.

Gerbaux, F. et Muller, P. (1992), « Les interventions économiques locales », in revue *Pouvoir* n° 60, 1992, Paris.

Giauque, D. (2003), *La bureaucratie libérale : nouvelle gestion publique et régulation organisationnelle*, L'Harmattan, série « Publi-Thèse », Paris.

Gilbert, G. et Guengant, A. (1998), *La fiscalité locale en question*, 2e édition, Montchrestien, Paris.

Goita, M. (2003), « Communalisation et gestion de territoire : une incursion dans la commune de Niangoloko au Burkina Faso », in *La*

décentralisation en Afrique de l'Ouest : entre politique et développement, Éditions Karthala, Paris, p. 277-290.
Gravot, P. (1993), *Économie de l'éducation*, Economica, Paris.
Greffe, X. (1992), *La décentralisation*, Éditions La Découverte, Paris.
Greffe, X. (1997), *Économie des politiques publiques*, 2e édition, Dalloz, Paris.
Greffe, X. (1999), *Gestion publique*, Dalloz, Paris.
Greffe, X. (2005), *La décentralisation*, 2e édition, Éditions La Découverte, Paris.
Guengant, A. (1999), « Performance financière des communes : De nouveaux outils de diagnostic », in revue *Politique et Management public*, volume 17, n° 3, septembre 1999, p. 2-21.
IIEDH/APENF (2005), *La mesure du droit à l'éducation (Tableau de bord de l'éducation pour tous au Burkina Faso)*, Éd. Karthala, Paris.
Hugon, P., « Institutionnalisme et développement : les performances des institutions scolaires », *Économie et institutions* [en ligne], 20-21/2014, mis en ligne le 1er juin 2014, consulté le 23 avril 2020. URL : http://journals.openedition.org/ei/5644;
DOI : https://doi.org/10.4000/ei.5644
Hugon, P. (2006), *L'économie de l'Afrique*, cinquième Édition, La Découverte, Paris.
Jonin, D. (1991), « Éléments pour une répartition optimale des tâches entre le canton et les communes (application au canton de Fribourg) », mémoire de licence, Université de Fribourg.
Kassibo, B. (1997), « La décentralisation au Mali : état des lieux », *Le Bulletin de l'APAD* n° 14 de décembre 1997.
Kessler, M.-C. (1998), *Évaluation des politiques publiques, Série logiques politiques*, L'Harmattan, Paris.
King (1994), *Fiscal Tiers: the Economics of Multilevel Government*, Allen and Unwin, London.
Knoepfel, P. ; Larrue, C. et Varone, F. (2006), *Analyse et pilotage des politiques publiques*, Verlag Rüegger, Zurich, Suisse.
Ky, A. (2010), « Décentralisation au Burkina Faso : une approche en économie institutionnelle », thèse de doctorat, Faculté des sciences économiques et sociales, Université de Fribourg, Suisse.
Ky, A. (2001), « Essai d'analyse critique du contrôle administratif des finances publiques au Burkina Faso », mémoire de fin de cycle supérieur, École nationale d'administration et de magistrature (ENAM), Ouagadougou.
Lachaume, J.-F. (1997), *La commune*, Collection politique locale, LGDJ, Paris.
Lascoumes, P. (1998), « Pratiques et modèles de l'évaluation », in *Évaluation des politiques publiques*, L'Harmattan, Paris.

Le Lidec, P. (2005), « La relance de la décentralisation en France : de la rhétorique managériale aux réalités politiques de “l’acte II” », in revue *Politique et Management public*, volume 23, n° 3, septembre 2005, p. 102-125.

Liechti, V. (2007), « Du capital humain au droit à l’éducation : analyse théorique et empirique », thèse de doctorat, Université de Fribourg.

Luyet, S. (2000), « Le Capital humain : analyse de modèles et vision politique », mémoire de licence, Faculté de sciences économiques et sociales, Université de Fribourg.

Mabileau, A. (1992), « L’élu local : nouveau professionnel de la République », revue *Pouvoir* n° 60, PUF, Paris.

Mahon, J. (1985), « La décentralisation administrative, étude de droit public français, allemand et suisse », Thèse de licence et de doctorat, Université de Lausanne, Imprimerie typoffsot – La Chaux-de-fonds, Suisse.

Macheret, A. (1997), « L’organisation et le subventionnement des structures d’accueil de la petite enfance », Mémoire de licences, Université de Fribourg.

Marcou, G. (1993), *Principe de subsidiarité, Constitution française et décentralisation*, Collection « Pouvoirs locaux », Paris.

Maury, E. (1998), « Le Parlement français face aux défis de l’évaluation des politiques publiques », in *Évaluation des politiques*, L’Harmattan, Paris.

Mback, C. N. (2003), *Démocratisation et décentralisation : Genèse et dynamique comparés des processus de décentralisation en Afrique subsaharienne*, Éditions Karthala/PDM, Paris, Cotonou.

NEDE, N. (2016), *Finances publiques. Espace UEMOA/UMOA*, L’Harmattan-Sénégal, Dakar.

Meylan, J. ; Martin, G. et Dahinden, P. (1972), *Communes suisses et autonomie communale*, Imprimerie populaire, Lausanne, Suisse.

Meny, Y. et Thoenig, J. C. (1998), *Politiques publiques*, Coll. « Sciences politiques », PUF, Paris.

Million-Delsol, C. (1993), *Le principe de la subsidiarité*, PUF, Paris.

Mottet, M. (1994), « Tutelle sur les actes communaux en Côte d’Ivoire », in *Bulletin du crédit communal* n° 188, 1994, p. 65-75.

Moussa, L. L. et Ilboudo, E. (2007), « Décentralisation en Afrique de l’Ouest et du centre, apprendre des expériences locales et intersectorielles : études de cas du Ghana et du Mali ». Rapport de recherche, Bamako : ROCARE/ERNWACA.

Musgrave, R. A. (1959), *Theory of public finance*, New York, Mc Greaw Hill.

Musgrave, R. A. (1983), “Who should tax, where, and what?”, Mc Lure (ed.), in *Tax assignment in Federal Countries, Center for research on Federal Financial Relations*, Australian National University, Canberra.

Musgrave, P. (2000), “Interjurisdictional Equity in Company Taxation: Principles and Applications to the European Union”, Cnossen S. (ed.),

Taxing Capital Income in the European Union, Issues and Options for Reform, Oxford University Press.
Novaresi, N. (2001), « Discipline budgétaire : Étude de l'influence du référendum financier sur les finances publiques des vingt-six cantons suisses », Série « Thèse de doctorat », Centre d'études en économie du secteur public, BENEFRI, Université de Fribourg.
Oates, W., (1972), Fiscal federalism, Harcourt Brace Jovanovich, New York.
Oates, W., 1999, An Essay on Fiscal Federalism, Journal of Economic Literature, 37, pp. 1120-1149
Oates, W. (2005), "Toward a second-Generation theory of fiscal federalism", *International tax and public*, vol. 12, Number 4/August 2005, p. 349-373.
Oates, W. (1972), *Fiscal federalism*, Harcourt Brace Jovanovich, New York.
OCDE (1992), *La décentralisation et les locaux scolaires : les conséquences des réformes administratives récentes*, éditions de l'OCDE, Paris.
OCDE (2006), *Fiscal autonomy of sub-central governments*, "OCDE network on fiscal relations across levels of government", *Working paper* n° 2.
Ouattara, S. (2007), Gouvernance et liberté locales pour une renaissance de l'Afrique, Éditions Karthala, Paris.
Ouédraogo, G. (2003), « La problématique de la décentralisation en milieu rural au Burkina Faso », in *La décentralisation en Afrique de l'Ouest : entre politique et développement*, Éditions Karthala, Paris, p. 291-298.
Perritaz, S. (2003), « Intercommunalité, agglomération et fusion de communes : l'optimal et le possible dans les zones urbaines suisses », série « Thèse de doctorat », Centre d'études en économie du secteur public, BENEFRI, Université de Fribourg.
Prud'homme, R. (1995), "The Dangers of decentralization", The World Bank Research Observer 10.
Prud'homme, R. (2001), *Décentralisation fiscale et relations fiscales intergouvernementales*, FENU.
Roxin, C. (1992), « L'introuvable fonction publique territoriale », in revue *Pouvoir* n° 60, PUF, Paris.
Samuelson, P. A. (1954), "The Pure Theory of Public Expenditure", *Review of Economics and Statistics 36*, p. 387-389.
Samuelson, P. A. (1955), "Diagrammatic Exposition of a Theory of public Expenditure", *Review of Economics and Statistics 37*, p. 350-356.
Sawadogo, F. M. (1991), *Précis de droit fiscal burkinabé*, Éditions André Boland, Namur-Flawinne, Belgique.
Sawadogo, R. A. (2001), *L'État africain face à la décentralisation*, Éditions Karthala, Paris. Sawadogo, R. A. (2003), « État, pouvoir et citoyenneté en Afrique », in *La décentralisation en Afrique de l'Ouest : entre politique et développement*, Éditions Karthala, Paris, p. 87-101. Shah, A. (2004), "Fiscal decentralization in developing and transition countries", *World Bank Policy Research, Working paper* n° 3282.

Totté, M. ; Dahou, T. et Billaz, R. (2003), *La décentralisation en Afrique de l'Ouest : entre politique et développement*, Éditions Karthala, Paris.

Tanzi, V. (1995) Taxation in an integrating world, The Brookings Institution, Washington. The urban Institute, (2000), Intergovernmental fiscal relations in Eastern Europe: A sourcebook for policy analysts and trainers, U. S. Agency for international development, ENI/DG/LGUD, Washington.

Thoenig, J. C. (1992), « La décentralisation, dix ans après », in revue *Pouvoir* n° 60, PUF, Paris.

Tiebout, C. M. (1964), "A pure theory of local expenditure", in *Journal of Political Economy*, 1964, p. 16-24.

Totté, M. (2003), « La bonne gouvernance selon l'UE : entre accords commerciaux et coopération décentralisée ? », in *La décentralisation en Afrique de l'Ouest : entre politique et développement*, Éditions Karthala, Paris, p. 71-86.

Weber, L. (1997), *L'État, acteur économique*, 3e édition, Economica, Paris.

Weber, L. (1992), *Les finances publiques d'un État fédératif : la Suisse*, Economica, Paris.

Weingast, B. R. (2006), "Second generation fiscal federalism: Implication for decentralised democratic governance and economic development", *Working paper*, Hoover Institution, Stanford University.

Whynes, D. et Bowles, R. (1986), *La théorie économique de l'État*, Éditions Labor, Bruxelles.

Yao, J. (2005), *Méthode d'études et de recherche en sciences économiques et sociales : avec applications au contexte de l'Afrique noire*, L'Harmattan, Paris.

Yatta, F. P. (2009), *La décentralisation fiscale en Afrique : enjeux et perspectives*, Karthala, Paris.

II. Documents institutionnels

II.1. Documents institutionnels supranationaux

« Charte africaine des valeurs et des principes de la décentralisation, de la gouvernance locale et du développement local, adoptée à Malabo en Guinée Équatoriale par les Etats membres de l'Union africaine le 27 juin 2014 .» ;

« Traité constitutif de l'Union économique et monétaire ouest-africaine (UEMOA) du 10 janvier 1994 » ;
http://www.uemoa.int/fr/system/files/fichier_article/traitreviseuemoa.pdf

« Directive n° 01/2009/CM/UEMOA du 27 mars 2009 portant Code de transparence dans la gestion des finances publiques au sein de l'UEMOA. »

« Directive n° 01/2011/CM/UEMOA du 24 juin 2011 portant Régime financier des collectivités territoriales au sein de l'UEMOA. »

II.2. Documents institutionnels internes

II.2.1 Documents de nature législative

Constitution de la IVe République, 2 juin 1991 ;

Loi organique n° 014-2000/AN du 16 mai 2000 portant composition, attribution, organisation et fonctionnement de la Cour des comptes et procédure applicable devant elle.

Loi organique n° 073-2015/CNT du 6 novembre 2015 relative aux lois de finances.

Loi organique n° 082-2015/CNT du 24 novembre 2015 portant attribution, composition, organisation et fonctionnement de l'Autorité supérieure de contrôle d'État et de lutte contre la corruption (ASCE-LC).

Loi n° 023-94/ADP du 19 mai 1994 portant Code de la santé publique.

Zatu (Ordonnance) n° AN-VII-13 du 16 juin 1989 relative au Code des personnes et de la famille (CPF).

Loi n° 014-2001/AN du 3 juillet 2001 relative au Code électoral, ensemble ses modificatifs.

Loi n° 06-2003/AN du 24 janvier 2003 relative aux lois de finances de l'État.

Loi n° 055-2004/AN du 21 décembre 2004 relative au Code général des collectivités territoriales (CGCT) au Burkina Faso, ensemble ses modificatifs.

Loi n° 022-2005/AN du 24 mai 2005 relative au Code de l'hygiène publique.

Loi n° 014-2006/AN du 9 mai 2006 relative à la détermination des ressources et des charges des collectivités territoriales.

Loi n° 013-2007/AN du 30 juillet 2007 relative à l'orientation de l'éducation au Burkina Faso.

Loi n° 024-2007/AN du 13 novembre 2007 relative à la protection du patrimoine national.

Loi n° 066-2009/AN du 22 décembre 2009 portant découpage des communes urbaines à statut particulier au Burkina Faso.

Loi n° 008-2013/AN du 23/04/2013 portant Code de transparence dans la gestion des finances publiques au Burkina Faso.

Loi 081-2015/CNT du 24/11/2015 portant statut de la fonction publique.

Loi 039-2016/AN du 2 décembre 2016 portant réglementation générale de la commande publique.

Loi n° 002-2017/AN du 13 janvier 2017 portant création de la fonction publique territoriale.

Loi n° 003-2017/AN du 13 janvier 2017 portant statut de la fonction publique territoriale.

Loi n° 057-2017/AN du 19 décembre 2017 portant statut de la fonction publique hospitalière.

Loi n° 058-2017/AN du 20 décembre 2017 portant Code général des impôts, ensemble ses modificatifs (à jour au 31/12/2019).

Loi n° 004-2019/AN du 26 mars 2019 portant autorisation de ratification de la Charte africaine des valeurs et des principes de la décentralisation, de la gouvernance locale et du développement local adopté à Malabo en Guinée équatoriale, le 27 juin 2014.

II.2.2. Documents de nature règlementaire

II.2.2.1. Des décrets

Décret n° 2000-163 du 25 avril 2000 relatif aux modalités d'octroi des avances de trésorerie aux collectivités territoriales.

Décret n° 2005-459 du 31 août 2005 relatif à l'adoption du document de Politique nationale de bonne gouvernance (2005-2015).

Décret n° 2006-208 du 15 mai 2006 relatif au règlement intérieur-type du conseil de collectivité territoriale.

Décret n° 2006-325 du 6 juillet 2006 portant attributions, organisation et fonctionnement de la police de l'hygiène publique.

Décret n° 2007-069 du 7 février 2007 relatif à la nomenclature budgétaire des collectivités territoriales.

Décret n° 2007-032 du 22 janvier 2007 relatif à l'organisation, composition et fonctionnement des Conseils villageois de développement (CVD).

Décret n° 2007-095 du 1er mars 2007 relatif à la fixation des modalités de répartition des impôts et taxes entre les communes et les régions.

Décret n° 2007-254 du 27 avril 2007 relatif à l'approbation des statuts du Fonds permanent de développement des collectivités territoriales (FPDCT).

Décret n° 2007-306 du 18 mai 2007 relatif à l'organisation du ministère de l'Administration territoriale et de la Décentralisation.

Décret n° 2014-155 du 10 mars 2014 portant création, composition, attribution, organisation et fonctionnement de la Conférence nationale de la décentralisation.

Décret n° 2014-931 du 10 octobre 2014 portant transfert des compétences et ressources de l'État aux communes dans le domaine de l'éducation, de la formation professionnelle et de l'alphabétisation.

Décret n° 2014-934 du 10 octobre 2014 portant transfert des compétences et ressources de l'État aux communes dans le domaine de la santé et de l'hygiène.

Décret n° 2014-939 du 10 octobre 2014 portant transfert des compétences et ressources de l'État aux communes dans le domaine de la culture, des sports et des loisirs.

Décret n° 2016-598/PRES/PM/MINEFID du 08/07/2016 portant réglementation générale sur la comptabilité publique.

Décret n° 2016-602/PRES/PM/MINEFID du 08/07/2016 portant tableau des opérations financières de l'État.

Décret n° 2016-603/PRES/PM/MINEFID du 08/07/2016 portant comptabilité des matières de l'État et des autres organismes publics.

Décret n° 2016-878/PRES/PM/MATDSI/MINEFID du 14/09/2016 portant organisation administrative du territoire et attributions des chefs de circonscription administrative au Burkina Faso.

Décret n° 2017-049/PRES/PM/MINEFID du 01/02/2017 portant procédures de passation, d'exécution et de règlement des marchés publics et délégations de service public.

Décret n° 2017-106/PRES/PM/MINEFID du 13/03/2017 portant régime juridique des ordonnateurs de l'État et autres organismes publics.

Décret n° 2017-182/PRES/PM/MINEFID du 10/04/2017 portant modalités de contrôle des opérations financières de l'État et autres organismes publics.

Décret n° 2018-0269/PRES/PM/MATDC du 9 avril 2018 portant adoption des référentiels de la décentralisation au Burkina Faso.

Décret n° 2019-0575/PRES/PM/MINEFID/MATDC du 05/06/2019 portant régime financier et comptable des collectivités territoriales du Burkina Faso.

Décret n° 2019-0621/PRES/PM/MINEFID/MATDC du 14/06/2019 portant nomenclature budgétaire des collectivités territoriales du Burkina Faso.

II.2.2.2. Des arrêtés

Arrêté n° 2006-67 relatif aux modalités de répartition de la dotation globale de fonctionnement et pour les charges récurrentes entre les communes urbaines.

Arrêté interministériel n° 2009-021 du 05/03/2009 portant protocole-type d'opérations entre l'État et les communes dans le cadre du transfert des compétences et ressources de l'État aux communes dans les domaines de la culture, jeunesse, des sports et des loisirs ;

Arrêté interministériel n° 2009-022 du 05/03/2009 portant protocole-type d'opérations entre l'État et les communes dans le cadre du transfert des compétences et ressources de l'État aux communes dans les domaines du préscolaire, de l'enseignement primaire et alphabétisation.

Arrêté interministériel n° 2009-024 du 05/03/2009 portant protocole-type d'opérations entre l'État et les communes dans le cadre du transfert des compétences et ressources de l'État aux communes dans le domaine de la santé.

II.3. Autres documents institutionnels

Commission nationale de la décentralisation, Action collective, édition spéciale, juin 1998, Ouagadougou.

Commission nationale de la décentralisation, Action collective, édition spéciale, avril 1999, Ouagadougou.

Commission nationale de la décentralisation, Action collective, édition spéciale, mars 2000, Ouagadougou.

Commission nationale de la décentralisation, Action collective, *Bulletin bimestriel* n° 05, juillet 2001, Ouagadougou.

Commission nationale de la décentralisation, Action collective, *Bulletin bimestriel* n° 7, janvier-février 2002, Ouagadougou.

Ministère de l'Administration territoriale et de la Décentralisation (MATD), « Vade-mecum de l'élu local », juin 2005, Ouagadougou.

Ministère de l'Administration territoriale et de la Décentralisation (MATD), « Guide méthodologique pratique du contrôle de légalité des actes des collectivités territoriales », sd, Ouagadougou.

Ministère de l'Économie et du Développement (2002), Lettre de Politique de développement rural décentralisé du 26 décembre 2002.

Ministère de la Fonction publique et de la Réforme de l'État (2005), document de « Politique nationale de bonne gouvernance (2005-2015) ».

Ministère de l'Économie, des Finances et du Développement, Plan national de développement économique et social (2016-2020).

Plan d'actions quinquennal de mise en œuvre de la Stratégie décennale de la décentralisation au Burkina Faso, avril 2018.

Politique nationale de décentralisation au Burkina Faso, « Document d'orientation de la décentralisation », avril 2018.

Stratégie décennale de la décentralisation 2017-2026, avril 2018.

Vision prospective de la décentralisation (VPD) au Burkina Faso à l'horizon 2040, avril 2018.

REMERCIEMENTS

J'adresse mes remerciements les plus sincères au professeur Bernard Dafflon, professeur émérite de finances publiques de l'université de Fribourg (Suisse) pour avoir accepté de rédiger la préface du présent ouvrage.

TABLE DES MATIÈRES

Structures éditoriales du groupe L'Harmattan

L'Harmattan Italie
Via degli Artisti, 15
10124 Torino
harmattan.italia@gmail.com

L'Harmattan Hongrie
Kossuth l. u. 14-16.
1053 Budapest
harmattan@harmattan.hu

L'Harmattan Sénégal
10 VDN en face Mermoz
BP 45034 Dakar-Fann
senharmattan@gmail.com

L'Harmattan Cameroun
TSINGA/FECAFOOT
BP 11486 Yaoundé
inkoukam@gmail.com

L'Harmattan Burkina Faso
Achille Somé – tengnule@hotmail.fr

L'Harmattan Guinée
Almamya, rue KA 028 OKB Agency
BP 3470 Conakry
harmattanguinee@yahoo.fr

L'Harmattan RDC
185, avenue Nyangwe
Commune de Lingwala – Kinshasa
matangilamusadila@yahoo.fr

L'Harmattan Congo
67, boulevard Denis-Sassou-N'Guesso
BP 2874 Brazzaville
harmattan.congo@yahoo.fr

L'Harmattan Mali
Sirakoro-Meguetana V31
Bamako
syllaka@yahoo.fr

L'Harmattan Togo
Djidjole – Lomé
Maison Amela
face EPP BATOME
ddamela@aol.com

L'Harmattan Côte d'Ivoire
Résidence Karl – Cité des Arts
Abidjan-Cocody
03 BP 1588 Abidjan
espace_harmattan.ci@hotmail.fr

L'Harmattan Algérie
22, rue Moulay-Mohamed
31000 Oran
info2@harmattan-algerie.com

L'Harmattan Maroc
5, rue Ferrane-Kouicha, Talaâ-Elkbira
Chrableyine, Fès-Médine
30000 Fès
harmattan.maroc@gmail.com

Nos librairies en France

Librairie internationale
16, rue des Écoles – 75005 Paris
librairie.internationale@harmattan.fr
01 40 46 79 11
www.librairieharmattan.com

Librairie l'Espace Harmattan
21 bis, rue des Écoles – 75005 Paris
librairie.espace@harmattan.fr
01 43 29 49 42

Lib. sciences humaines & histoire
21, rue des Écoles – 75005 Paris
librairie.sh@harmattan.fr
01 46 34 13 71
www.librairieharmattansh.com

Lib. Méditerranée & Moyen-Orient
7, rue des Carmes – 75005 Paris
librairie.mediterranee@harmattan.fr
01 43 29 71 15

Librairie Le Lucernaire
53, rue Notre-Dame-des-Champs – 75006 Paris
librairie@lucernaire.fr
01 42 22 67 13

www.ingramcontent.com/pod-product-compliance
Lightning Source LLC
LaVergne TN
LVHW011316061026
849535LV00005B/1588
9782343210377